山川
歴史モノグラフ
㉛

胎動する国境

英領ビルマの移民問題と都市統治

長田紀之
Osada Noriyuki

山川出版社

The Border in Embryo:
Immigration and Urban Governance in Colonial Rangoon
by
OSADA Noriyuki
Yamakawa-Shuppansha Ltd 2016

胎動する国境　目次

序章　境界をうむ都市　3
重層する空間／領域性と境界管理／移民・都市・統治／植民地都市社会像

第一章　都市複合社会の諸相　16
1　植民地都市の誕生　16
祈りの丘、商いの岸辺／帝国的威容を求めて／植民地経済下の発展
2　ラングーンの住人たち　25
人口統計／流動する一時滞在者／定着と混淆
3　街区の地域性　32
核心部と沿岸工業区／都市の縁辺

第二章　華人統治──追放政策の始まり　42
1　都市社会における犯罪と警察　43
市警の設立と街区長制度／越境する犯罪者たち
2　海峡植民地からの制度移植　50
華人街の騒擾／ピーコック報告／華人諮詢局と外国人法

3 華人追放政策の展開 62
追放の実態／政治犯の追放／政治的脅威としてのラングーン華商／「平和的浸透」の危険視

第三章 帰属を問う――インド人犯罪者の追放 75

1 防犯措置の系譜 76
都市の拡大と治安悪化／収監から防犯へ／茶番めいた移動制限

2 望まれざるイギリス臣民の追放 85
外国人法の限界／売春婦と物乞い

3 「非ビルマ人」とは誰か? 91
貧困層統治のための追放／犯罪者追放法の射程

第四章 防疫線としての港――衛生管理と人種言説 100

1 労働者集合住宅の過密問題とインド人 101
「疫病の巣」／過密・不衛生・「人種的習慣」／流動する貧者と防疫

2 海港における移民の衛生管理制度の整備 106

揺らぐ統治技術／海港における強制種痘の法制化／防疫実践の恒常化

3 標的にされる人種と階級 120

自己主張する中間層と声なき労働者／人種差別に抗って／科学による裁定

第五章 都市空間の遠心力——都市計画とビルマ人住民 135

1 都市縁辺の人口過密問題 136

低湿地上の人口膨張／近代的都市空間の漸次的拡張／郊外におけるスラムの発見

2 都市計画の政策と実践 142

基本方針の設定／ラングーン開発トラストの誕生／庶民と地主のあいだで／ランマドーの変貌

3 ビルマ人都市住民の一九二〇年代 154

開発トラストへ寄せる期待／ビルマ人住民の失望／流民化から暴力の発現へ

終　章　居座る境界　168
移民都市と境界形成／国家的領域性の醸成／
都市社会からみた国家と国民

あとがき　178

地図１〜５

索　引　*1*

資料・参考文献　*4*

註　*24*

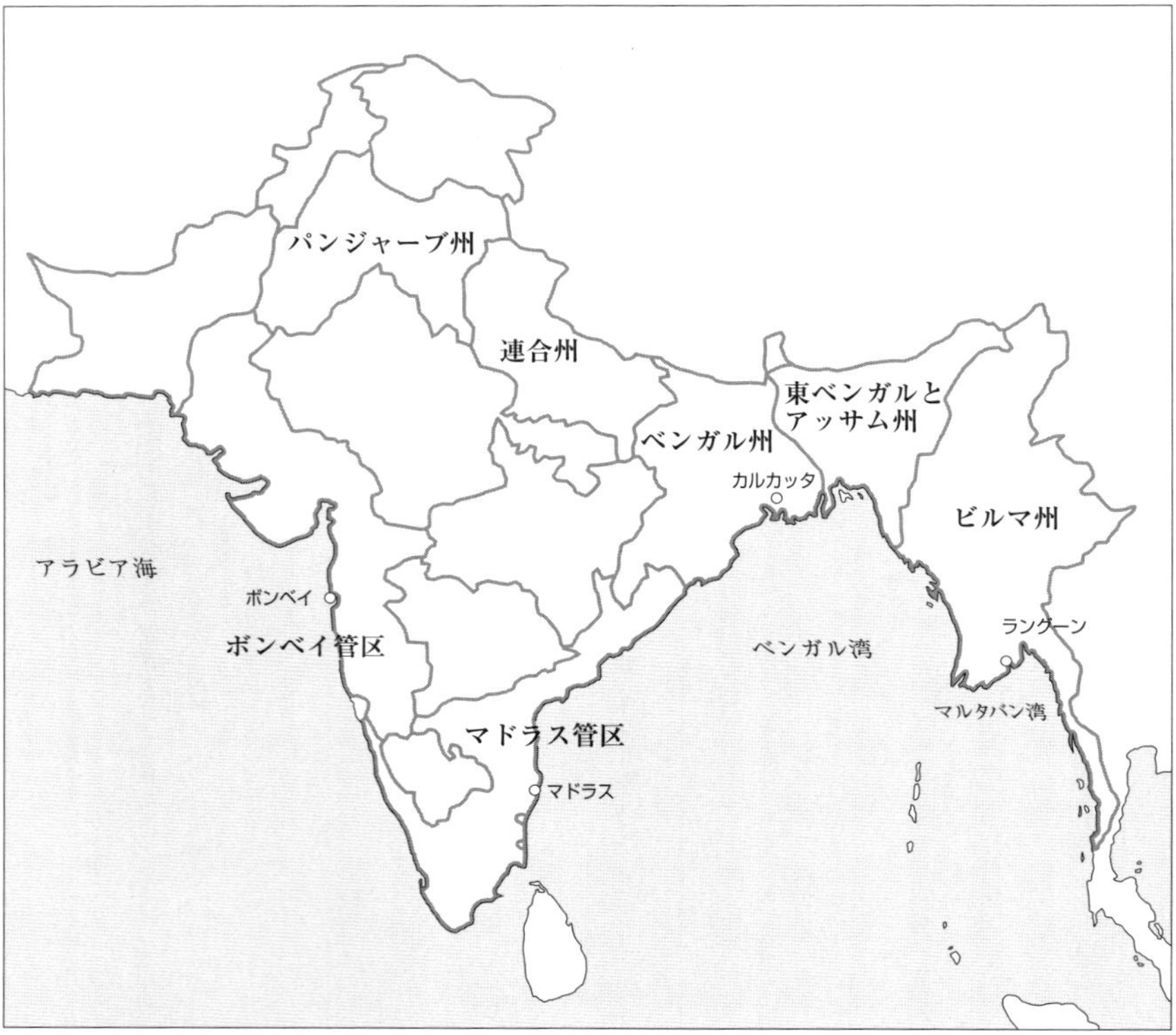

地図１　20世紀初頭の英領インド

ベンガル州は1905年に東西に分割され，「東ベンガルとアッサム」州が成立した。1911年にはふたたび東西ベンガルが統合され，1912年に北東部のアッサム州，西部の「ビハールとオリッサ」州が分離された。

出典：*The Imperial Gazetteer of India*, New edition, Vol. 1, Oxford: The Clarendon Press, 1909 所収地図より作成。

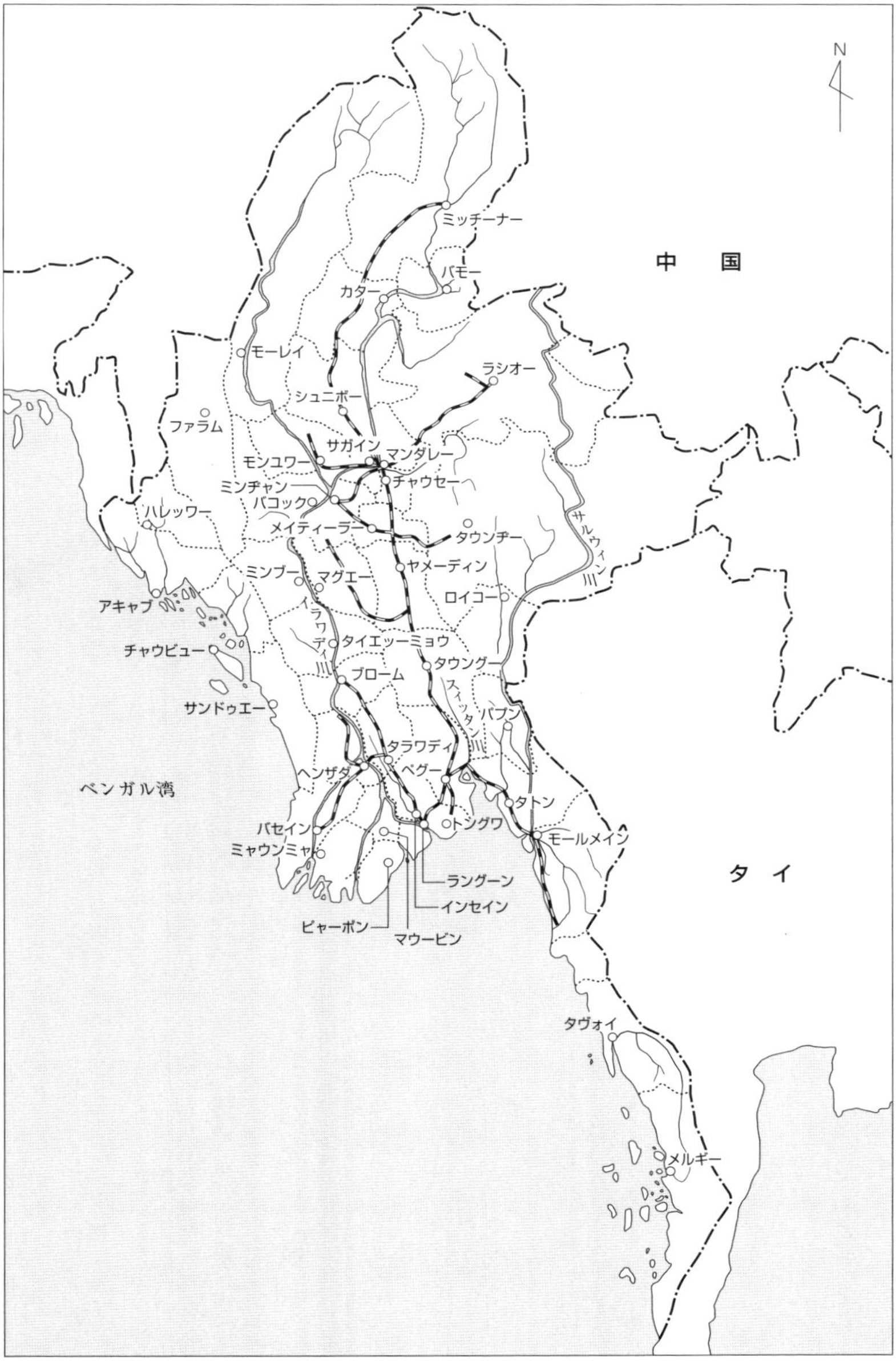

地図２　ビルマの行政区分（1930年頃）

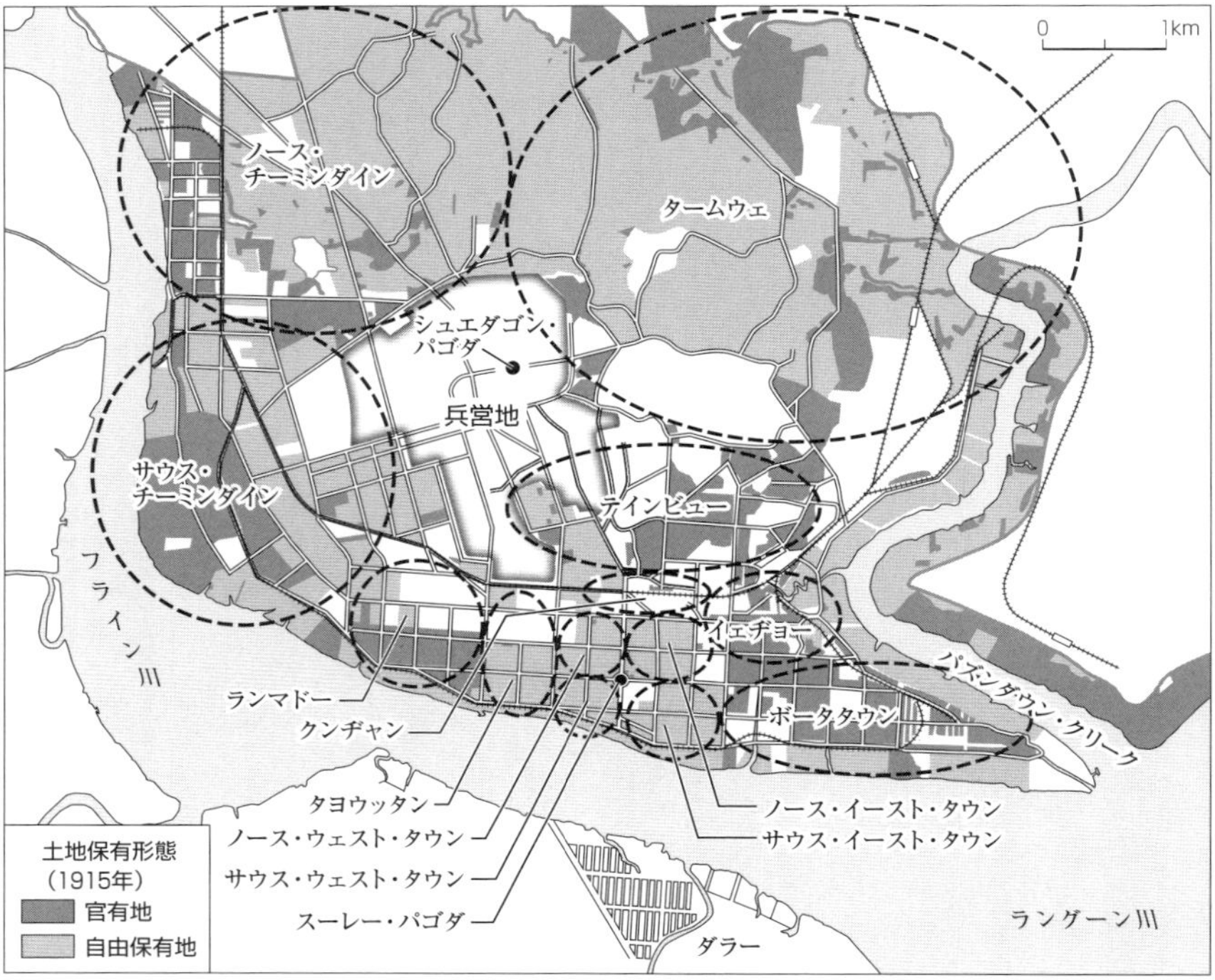

地図3　ラングーンの土地保有形態と諸地区の相対的位置

出典：*Reports of the Suburban Development Committee Rangoon: and the Departmental Committee on Town Planning Burma with Resolution of the Local Government*, Rangoon: Office of the Superintendent, Government Printing, 1921 所収地図より作成。

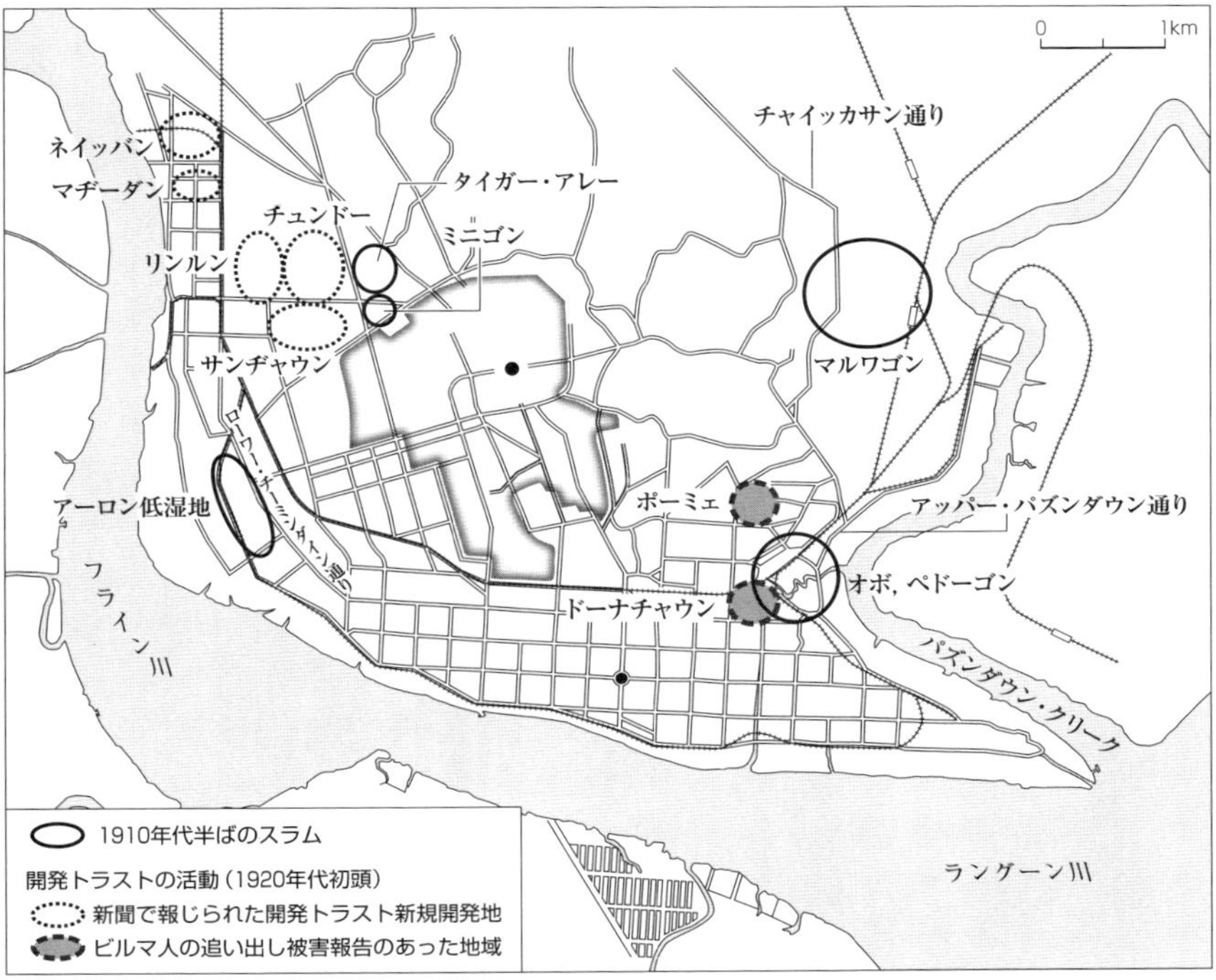

地図4　ラングーンのスラムと開発トラストの活動

出典：*Reports of the Suburban Development Committee Rangoon: and the Departmental Committee on Town Planning Burma with Resolution of the Local Government*, Rangoon: Office of the Superintendent, Government Printing, 1921 所収地図より作成。

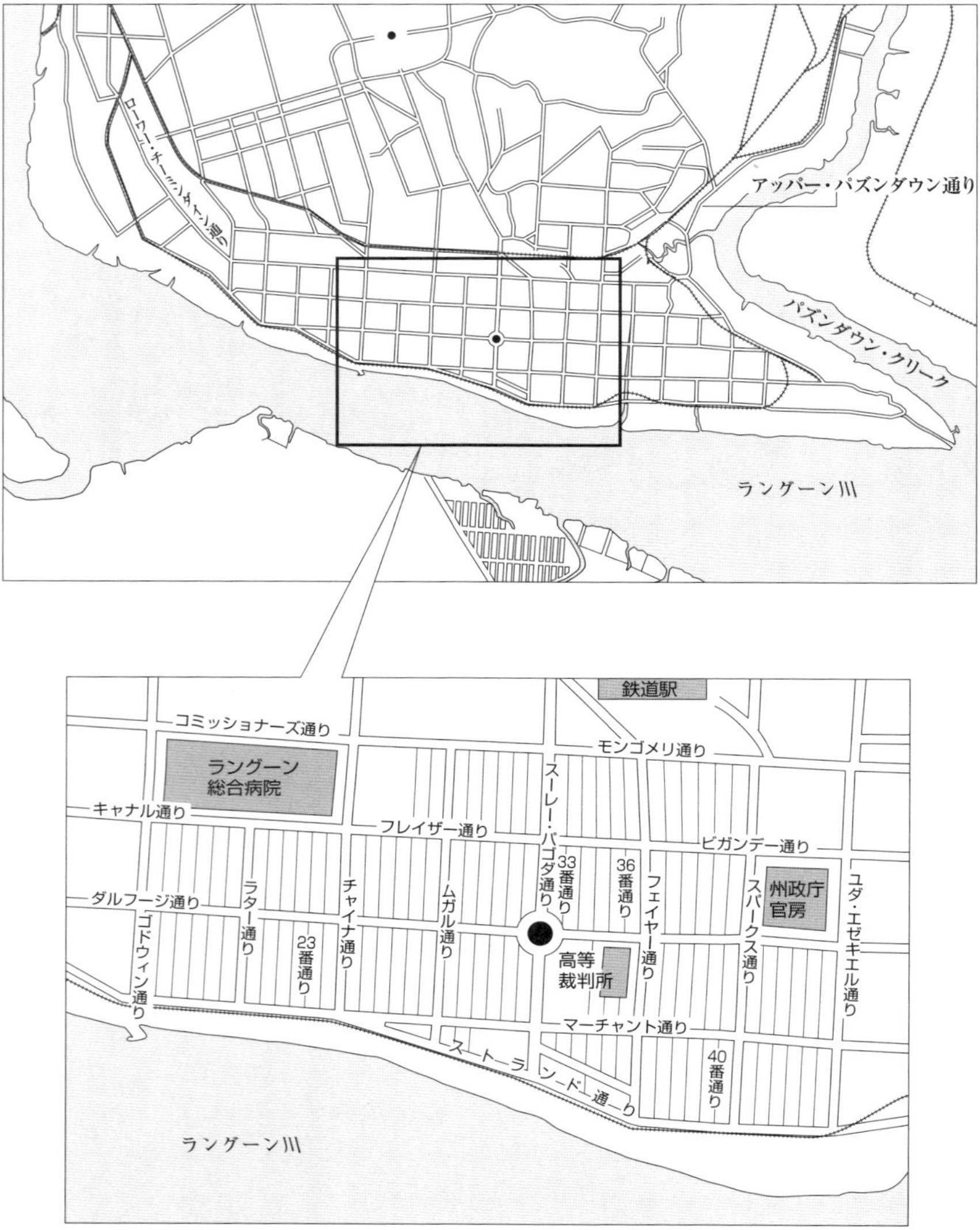

地図５　ラングーンのおもな街路名

凡　例

- ビルマ(Burma) は現在の国名ミャンマー(Myanmar)に相応する。これに限らず，ラングーン(Rangoon)とヤンゴン(Yangon)など，いくつかの理由により，イギリス植民地期の地名と現在通用している地名が違う場合が多々ある。本書は植民地期を主要な記述対象とするので，地名については原則として当時の英語名をカタカナで表記する(下表参照)。
- 日本のビルマ史研究では，ビルマ州内の地方行政区画である Division が慣例的に「管区」と訳されてきた。一方，インド史研究では，ベンガル，ボンベイ，マドラスの Presidency という大きな区画に「管区」という訳語があてられてきた。両者の行政レベルはまったく異なっており，同じ語を用いるのは紛らわしいが，本書では両研究領域における前例を尊重して，あえて両方とも管区と訳出した。
- 本書では，人種と民族を厳密に区別せずに用いる。本書で扱う史料中の英語レース race やビルマ語ルーミョウ lumyôu は，いずれもなんらかの生物学的・文化的な類似性をもつと考えられる人びとの集合を指している。英語のレースが20世紀に入ってからより生物学的な意味合いを濃くしてゆくのに対して，ビルマ語のルーミョウは現在まで「人種」とも「民族」とも「国民」とも訳しうる用いられ方をしている。

地名対照表

植民地時代の地名	現在の地名
ビルマの地名	
アキャブ　Akyab	スィットウェー　Sittwe
アラカン　Arakan	ラカイン　Rakhine
イラワディ川　Irrawaddy River	エーヤーワディー川　Ayeyarwaddy River
スィッタン川　Sittang River	スィッタウン川　Sittaung River
タヴォイ　Tavoy	ダウェー　Dawei
テナセリム　Tenasserim	タニンダーリー　Tanintharyi
バセイン　Bassein	パテイン　Pathein
プローム　Prome	ピィー　Pyay
ペグー　Pegu	バゴー　Bago
ヘンザダ　Henzada	ヒンダダ　Hinthada
マルタバン　Martaban	モッタマ　Mottama
メイミョー　Maymyo	ピンウールィン　Pyin Oo Lwin
メルギー　Mergui	ベイツ　Myeik
モールメイン　Moulmein	モーラミャイン　Mawlamyaing
その他の地名	
カルカッタ　Calcutta	コルカタ　Kolkata
ボンベイ　Bombay	ムンバイ　Mumbai
マドラス　Madras	チェンナイ　Chennai

胎動する国境

英領ビルマの移民問題と都市統治

序章　境界をうむ都市

私が報告を書き上げてまもなく、一人の男が駆け込んできて、恐怖におびえた大勢のインド人労働者が私の法廷の隣にある木造屋の二階に逃げ込んだといった。ビルマ人たちは彼らがはいっていくのをみて、その家を取り囲んだ。インド人たちを殺戮しようという意図をもっていたことは明白だった。私は通りへ駆け出たものの、かつてこれほど心細い思いをしたことはなかった。怒気と悪意を帯びた一群のビルマ人暴徒が、刀を手に、道路を闊歩していた。[1]

一九三〇年五月二六日、イギリス植民地統治下のビルマの首都ラングーンで未曽有の暴動が発生した。ここにあげたのは、ビルマでの長い勤務経験を有し、当時、ラングーン県治安判事の職にあった植民地官僚モーリス・コリスの回想録の一節である。今にも凄惨な殺戮が起こりそうなこの場面では、しばらくの緊迫のあと警察が駆けつけ、どうにかことなきをえた。しかし、のちの調査によると、この日を含む数日のあいだに二〇〇人ともいわれる大勢の命が失われ、一〇〇〇人以上が重傷を負い、商店の略奪や破壊などによる経済的被害も大きかったという。[2] 犠牲者や被害者のほとんどはインド亜大陸からベンガル湾を越えてラングーンに来ていた出稼ぎ労働者や商人たちであり、暴動はビルマ人とインド人との人種的対立という構図を示した。

擾乱のほとぼりが冷めやらぬ五月三〇日、『国家改革文書第一号』と題されたビルマ語の小冊子がラングーンで出版され、市中に頒布された。[3]『国家改革文書第一号』は、先の暴動でインド人がビルマ人を理由もなく「侮辱した」と述べ、「テルグ人《コーリンギー》とタミル・ムスリム《チューラヤー》の手にかかって死ななければならなかったビルマ人たちを記念すべきだ」と、ビルマ人犠牲者を顕彰する必要性を主張した。[4]これは、ビルマ人によって殺害されたインド人のほうが圧倒的に多かったことを考えると、自民族中心の独善的な主張ともとれる。しかし、その趣旨は、この事件を教訓として民族的団結を強め、政治的・経済的な自立の達成をめざそうとビルマ人に向けて呼びかけることにあった。暴動は、その宣伝効果を高めるための格好の舞台装置として利用されたものと思われる。

『国家改革文書第一号』を作成したのは我らビルマ人協会《ドバマーアスィーアヨウン》である。[5]同協会は、この時点からそう遠く遡らない時期に若手のビルマ人ナショナリスト数人によって設立されたと考えられ、この文書の出版と頒布によって組織としての公の活動を開始した。我らビルマ人協会という団体名には、植民地支配をおこない、またそれに加担する「彼ら」の側（体制に迎合するビルマ人も含む）との決別の意志が込められており、成員たちは「我らビルマ人」こそがビルマの主人であるという自負をもって、「主人」を意味するビルマ語「タキン」を互いの名前の前につけて呼び合った。そのため、同協会は英語通称でタキン党とも呼ばれる。これ以降、一九三〇年代を通じて、我らビルマ人協会は大衆の支持を得ながら発展をとげ、独立運動と独立後の国家運営を担う多くの政治指導者を輩出することになる。同協会が糾合した比較的若い世代のナショナリストたちは、議会参加を通じた漸進的改革路線をとる旧世代のエリートと一線を画し、直接行動志向と即時独立要求とに特徴づけられる急進的勢力を形成した。

一九三〇年五月末の出来事は、つぎの二点から、ビルマ近代史の重要な画期をなすものであった。第一に、さまざまな出自の人びとがひしめき合いつつ、曲がりなりにも平和裏に暮らしていたラングーンにおいて、突如、極めて暴力的なかたちで人種間の亀裂が顕在化したこと、第二に、独立運動を領導する政治主体がその混乱のなかで産声をあげたということである。しかしながら、これまで暴動の発生原因などについての研究はほとんど蓄積されてこなかった。とくに、現場であるラングーンの都市社会に即した分析を提示しているものは皆無といってよい。本書は、一九世紀末から一九二〇年代にかけての時期を主たる対象として、ラングーンに生起した社会問題と植民地権力の対応を描くことで、一九三〇年五月の出来事を準備した都市社会構造の仮説的提示を試みたい。これが本書のひとつの目的である。

人種暴動の被害者の多くがインドからの出稼ぎ労働者たちだったことに示唆されるように、ラングーンの社会問題とは、つまるところ移民の問題であった。ビルマのおかれた特殊な植民地的状況、すなわち、英領インドに組み込まれるかたちで植民地化され、その一地方行政体ビルマ州として近代国家形成の過程を経験したという事情が、ビルマ州政庁による移民問題への対応に大きな制約を課した。本書は、このような特殊状況下でビルマ州政庁がいびつな移民統制を敷いてゆく過程を具体的に検討する。移民統制は人口と領域について内と外との区分を前提にしている。本書の対象時期、ビルマ州と英領インドの残りの部分とのあいだには国境が存在しなかったが、ラングーンにおけるビルマ州政庁の移民統制は、そこに国境にも似たある種の境界を生み出すことになったと考えられる。移民統制の進展過程を地方行政体による国家形成の一環として捉え、当該時期のラングーンに生み出された特殊な境界の性質を考察すること、それが本書のもうひとつの目的である。この境界の形成過程は、都市社会における人種間の亀裂の深刻化とも密接に関わってくるだろう。

重層する空間

境界の形成とは空間の再編成を意味する。植民地期ラングーンに生まれた境界は、すでにそこにあるさまざまな空間に作用してゆくことになる。では、ラングーンやビルマを取り巻く諸空間とはどのようなものなのか、ここで簡単にふれておくこととしよう。現在の一般的な地域区分にしたがえば、ビルマは東南アジアに含まれ、その西北端に位置する。

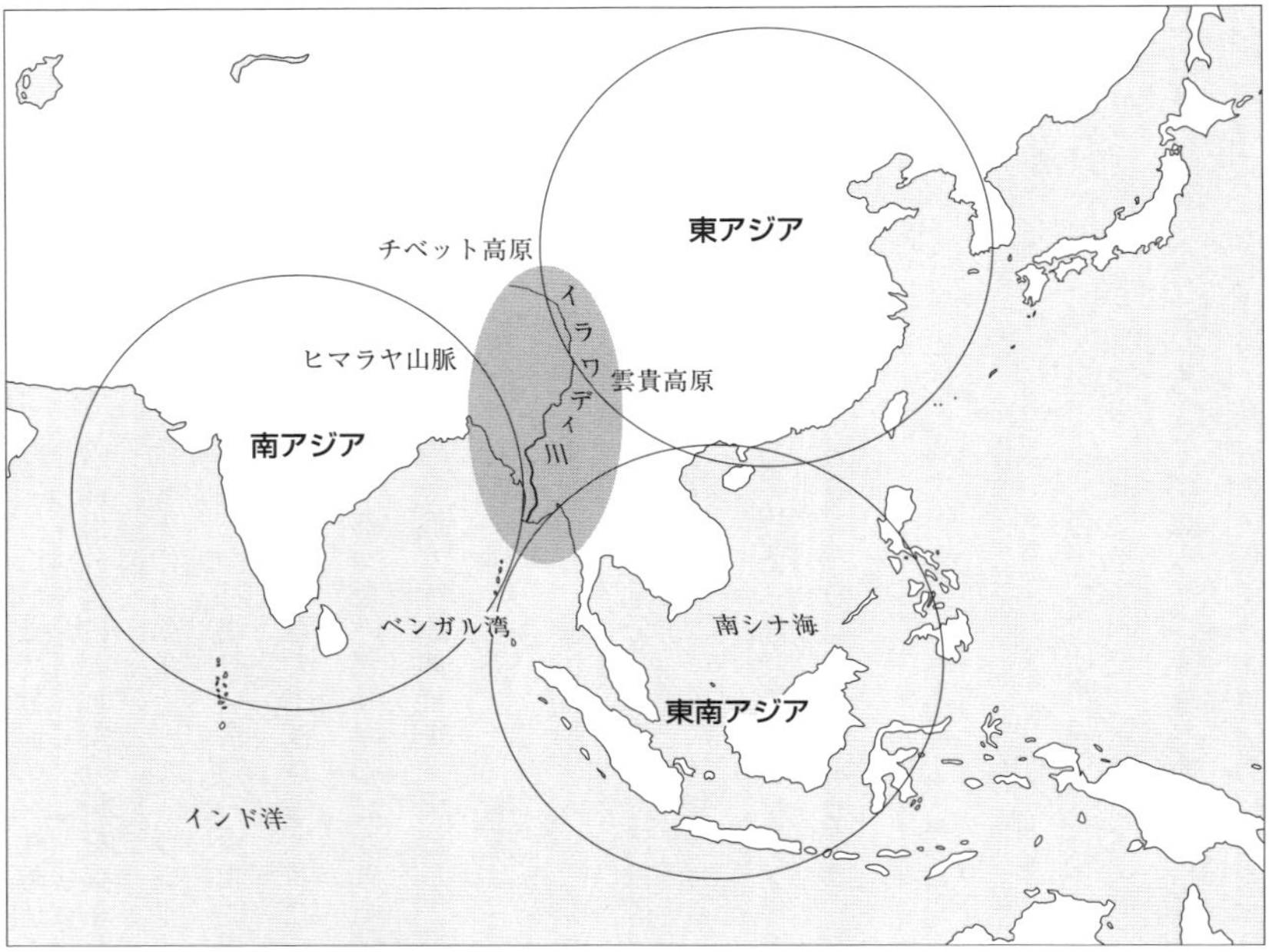

フロンティアとしてのビルマ歴史圏

このビルマや東南アジアは明確な境界で区切られた空間として認識される。しかし、これらの国家領域やその集合としての地域区分が、近代以降に設定されたものであることはいうまでもない。生態環境や文化、それらに規定された長期的な歴史経験に目を向ければ、厳密な境界をもたない圏的な空間の重層が立ち現われてくる。[6]

かつて社会人類学者エドマンド・リーチは、この地域の特質を単数形と複数形のフロンティアという言葉を用いて、つぎのように表現した。

「ビルマ」全体はインドと中国の双方からの影響を継続的に受けるひとつのフロンティア地域である。そして、「ビルマ」内の諸小政体を分け隔てる複数のフロンティアは、明確に定められた線《ライン》ではなく、〔諸小政体の〕利害関心が相互におよぶ帯《ゾーン》である。[7]

ここでの括弧つきの「ビルマ」は、ビルマの国家領域を含み込んで歴史的に緩やかな統合を示してきたような圏的空間——歴史圏——のことであり、インドと中国はやはり圏的な文明世界としての南アジアと東アジアを指している。つまりリーチは、歴史圏としてのビルマが、南アジアと東アジアのあいだにフロンティアとして横たわると同時に、そのうちにも複数の圏的な小政体を抱え込んできた、というのである。こうした特質はある程度、東南アジア全体に共通したもので、ここに描かれた互いの境界が曖昧な小政体の集まりは、東南アジア前近代国家の特徴として提示された「マンダラ国家」モデルに符合する。マンダラ政体は、中心である王の資質によって規定される不安定な空間であり、ある王を中心とした支配の同心円は、それぞれにそのような円をなす周辺の諸政体を含み込んだり失ったりして伸縮する。[8]

しかし、歴史圏としてのビルマは東南アジアのなかでも周縁的な位置にある。東南アジアを海の世界として特徴づけるとき、その海は南シナ海を指すことが多いが、ビルマ歴史圏は南シナ海からマレー半島で隔てられたベンガル湾・インド洋海域に向かって開かれている。また、海岸線はその長さに比して長大な内陸地を背負っており、この後背地を囲む山々は、チベット高原とヒマラヤ山麓から、雲貴高原をへて東南アジア大陸部まで広がる山地世界に連なる。山地を削って南北に流れるイラワディ川の流域平野は、それぞれに外世界へと開かれた山と海のあいだをつなぐ回廊をなす。ビルマ歴史圏の政治的中心はこの平野に位置することが多かったが、山と平野と海の相互関係のなかで諸政体が興亡し、歴史のダイナミズムが生み出されてきた。[9]

本書では、歴史圏としてのビルマを、南アジア、東アジア、東南アジアの三つの圏域がその周縁において薄まりながら重なり合っているような融通無碍なフロンティア空間として捉え、現在みられる国家領域は、この柔らかな空間のうえに固い境界線をともなって出現したと考える。

領域性と境界管理

近代国家の領域は厳密な境界線を有している。しかし、こう言い切ってしまうことにも注意を要する。一九世紀以降のさまざまなテクノロジーの進展によって、ヒトとモノの移動性が格段に増すとともに、権力がそれらをより確実に捕捉・管理する方途も生み出された。世界の一体化という趨勢のもとで、歴史に規定された地域的偏差を前提としつつ、複数の層でそれぞれに地域統合が試みられ、空間の再編成が絶え間なく起き続けている。このうち、近代国家の領域はもっとも持続性の高い空間の部類に属するが、それよりも大きかったり小さかったりする別の空間が卓越し、国家の領域が変化する可能性もある。だとすれば、重層する諸空間のなかで、ある空間がどれだけ統合された空間として機能しているのか、という問題が重要になる。この統合の程度を含んだ空間の性質を「領域性」と呼ぶことにしよう[10]。

境界はある空間をほかから切り出してそこに領域性を付与するが、その境界の機能が弱ければ切り取る空間の領域性も低くなる。したがって、境界があることと境界が機能していることとは区別して考えられなければならない。本書は、境界形成における画定と管理の二段階を区別し、後者をより重視する立場をとる。たしかに近代国家は地理的な身体としての「国土」を定め、その統合性や永続性を謳う神話を作り出しがちだが、境界の管理という側面に注目すれば、国家は領域を取り囲む境界線の全周囲にわたって完全な管理能力を備えているわけではない。本書の対象時期における、よちよち歩きを始めたばかりの近代国家であればなおさらのことである[11]。

そのため、国家権力は限られた人的・財的な資源を、境界線上のさまざまな地点に優先度に応じて配分し、効率的な境界管理をおこなわねばならない。例えば、陸上の隘路や港にもっとも強度の高い境界を設け、そこを通過するヒトやモノを監視する関所として機能させることになる。こうした局所での日々の行政実践が、空間の内と外という観念的区別を現実の世界に絶えず刻み込んでゆき、一定の領域性を醸し出す。境界の画定が一回性の出来事であるのに対して、境界管理は線分ごとに強度や質の違いを抱えたまま不断に続いてゆくプロセスである。国家自体を行政機構の作用として現われるものと捉えるならば、国家の領域性もそうした作用のひとつと考えられる[12]。

東南アジアでは、欧米の植民地主義の影響下で一九世紀末から二〇世紀初頭に画定された境界が、おおむねその後の諸国家の地図上のかたちを決めることになった。しかし、個々の国家の足跡をみると、複数の歴史圏を含むかたちで創出された広大な植民地国家の領域が、ほぼそのまま独立国家に引き継がれる場合(蘭領東インド)もあれば、植民地国家の領域と従来の歴史圏に基づく地方行政区画とのあいだで揺れ動いたのちに、後者にそって別々の国家が分立する場合(仏領インドシナ)もあった。[13] つまり、マンダラ様の圏的空間の連なりのうえに明確な境界線が画定されたとはいえ、実はそこに帝国—植民地—地方行政体という行政空間の重層が存在したのであり、脱植民地化の過程でどの行政空間を独立国家の領域とするかという境界の政治的選択がなされたことになる。このような近代国家の変容過程について考察する前提としても、植民地期の境界のどの線分において、どのような領域性が生み出されたのかが検討すべき課題になると思われる。

ビルマの場合に重要なのは、英領インドの一部として植民地化されたという事実である。一九世紀中のイギリスとの三度の戦争をへて、ビルマ最後の王朝国家の支配圏は段階的に英領インドに組み込まれ、一八八六年にのちの独立国家に継承される行政空間がインドの一地方行政体であるビルマ州として地図上に姿を現わした。[14] ビルマ州を区切る境界線は、北側と東側では、イギリス帝国あるいは植民地国家インドと、中国やタイ(シャム)といった外国を分かつ国境線として引かれた。一方、西側のそれはインド内部の州境にすぎなかった。山地部の多い陸の境界では、国境であっても権力の捕捉できない越境的なヒトやモノの移動が多発したが、いわんや州境については、植民地権力は管理しようとする意図すら持ち合わせていなかった。[15] しかし、世紀転換期頃から、にわかに港湾都市ラングーンでの境界管理が重要な問題として浮上してくる。そこで最大の焦点となったのが、英領インドという枠組みのもとでインド亜大陸とビルマとのあいだを往還する膨大な数の移民の統制であった。

伝統的に小人口世界を形成してきた東南アジアでは、一九世紀半ばから一次産品の輸出産業が急速に発達し、膨大な労働力需要が域外から多くの移民を引きつけた。それらの移民の多くは、中国南部あるいはインド亜大陸東部から短期的に出稼ぎにきた労働者たちだったので、南シナ海とベンガル湾にそれぞれ大規模な人口環流が生まれた。とくに国際交易ネットワークのハブをなす港湾都市は流動的な人口の集中点となり、それを吸収しながら成長を遂げた。港湾都市における人口の急増と大量の流動人口の存在は、衛生環境の悪化や治安の乱れを引き起こすリスクを高めたが、港湾都市は政治権力の中枢でもある場合が多く、そうした状況が社会問題化されやすかった。[16] ここにおいて、移民の統制が議論の俎上にのせられる。政治権力の側からすれば、移民労働者は経済発展に絶対必要な労働力であると同時に統治上のリスクでもあったから、具体的な移民統制のあり方は経済発展と統治というふたつのアジェンダの優先度に規定されることになった。

ビルマでは、一九世紀後半のイラワディ・デルタ開発と米産業の勃興が、ベンガル湾をまたぐ人口環流を生み出した。しかし、英領インドへの組み込みという特殊な植民地状況が、ラングーンにおける移民統制のあり方に影響を与えた。第一に、インド亜大陸東部とビルマのあいだのインド人の環流は英領インド内の国内移動とみなされた。同時代の南シナ海での華人の移動が、中国と東南アジアの諸国家とのあいだで国境を越えておこなわれたのとは対照的である。また、イギリス帝国内のインド人の移動を考えても、ほかの主要な渡航先であるマラヤやセイロン、南部および東部アフリカは、本国での管轄省庁がインドとは異なるので、それらへのインド人移民の問題は、インドの植民地政府にとっては外政に属する事項であった。

英領インドの内部では、カルカッタ、ボンベイ、マドラスなどの大都市において、一九世紀末から移民の流入が問題視されたが、そこで意味が大きかったのは鉄道や道路で結ばれた後背地からの流入であり、海路での移民の流入はさしたる問題にならなかった。[17] つまり、ラングーンは、英領インドの都市としては、「海外」からの移民が多いという点で例外的であり、東南アジアの都市としては、移民がドメスティックな移動として発生したという点で異色であった。

ビルマの移民統制の第二の特徴として、英領インド植民地行政におけるビルマ州の周縁性をあげられる。ビルマの地方分権化や自治拡充の進展は、インドの他の地域と比べて遅かった。そのため、ラングーンやビルマ州の統治といった地方的な問題よりも、米産業の発展という帝国の経済的要請が優先されがちであった。移民問題に関しては、国内移動への不干渉という名目のもとで、ビルマの新規開拓地への安価な労働力の無制限供給がめざされたのである。植民地権力がこのような放任主義をとったことは、先行する多くの社会経済史研究で指摘されてきた。とくにインド人コミュニティに焦点を絞った研究は、植民地権力のこうした態度がインド人労働者たちを過酷な状況に陥らせたと批判した。[18]

しかし、本国イギリス、インド、ビルマと重層的に存在した植民地権力を一枚岩的に、あるいは過度に中央集権的に捉えるべきではないだろう。実際、ビルマ州政庁は労働力供給をそこなわないという条件のもとで、ラングーンにおける統治上の問題に取り組んでいた。すなわち、移民の量を維持しながら、その質を可能な限り改善しようとする試みがなされたのである。この質の改善の意味するところは、必ずしも移民労働者たちの生活の改善や福祉の向上ではなく、あくまでも行政的な観点から統治上の危険を減じることにあったが、本書ではビルマ州政庁のこうした主体性に着目したい。ラングーンにおける移民統制は、帝国レベルの経済発展の論理と地方行政レベルの統治の論理との交錯する政策分野であったといえよう。[19] 前者の論理がつねに優位におかれるなかで、後者の論理による領域性の増進がはかられたことは、地方行政体がそれ自体をひとつの国家へと変身させてゆく兆しであったとも考えられる。

なお、従来の政治史研究では、ビルマ州内の政治課題としてインド人移民の統制の問題が扱われてきた。移民統制の問題はビルマをインドから分離するかどうかという問題の一環であり、移民統制や分離に向けた動きは議会政治の場でビルマ・ナショナリズムが推進したものと理解された。[20] これらの研究では、移民統制の動機がビルマ・ナショナリズムに求められたため、やはりビルマ州政庁の行政的な意図が後景に退けられ、移民統制の直接の動機となった都市社会の問題にもほとんど言及がなされなかった。

植民地都市社会像

では、種々の問題が発生し、それに対応するための行政実践が積み重ねられてゆく現場であるラングーン都市社会とは、どのようなところであっただろうか。これまで植民地期ラングーンの社会像は、大きく分けてふたつの立場から提示されてきた。都市社会が多様な要素から構成されていることを強調する点は両者に共通しているが、一方は諸要素のあいだの分断を強調する立場をとり、もう一方は共存関係を強調する立場をとる。

第一の立場は、J・S・ファーニヴァルの提唱した「複合社会」論に代表される。これは都市社会のみに限定せず、植民地期のビルマ社会全体を捉えようとするより広い視角をもつ議論である。ファーニヴァルは複合社会を定義した箇所でつぎのように述べる。

ジャワと同様にビルマでも、訪問者を最初に強く印象づけるものは、おそらく、ヨーロッパ人、華人、インド人、現地人といった人種のごったまぜ(the medley of peoples)であろう。それはもっとも厳密な意味でのごったまぜである。なぜなら、それらの人びとは混合すれども和合しないのだから。それぞれの集団はそれ自体の宗教、それ自体の文化や言語をもち、それ自体の思想や振舞い方を備えている。個人として出会うことはあっても、それは売り買いの場である市場においてに限られる。ここには複合社会がある。すなわち、そのコミュニティを構成する異質な部分部分が、ひとつの政治単位のもとで隣接して生活しながらも、互いに隔て合っている、そういった社会がある。[21]

この社会は共通意思をもたず、さまざまな人種はそれぞれ異なった機能をはたしながら、経済的領域においてのみ交錯するとされる。こうした社会像は、植民地官僚としてビルマの各地に赴任したファーニヴァルなりの現状分析を反映したものであった。
歴史学者マイケル・アダスもまた人種的分断を強調した論者といえる。アダスは分析対象とする空間を、ビルマ南部のデルタ地域と明確に設定することで、ファーニヴァルの静態的な複合社会論を動態的に捉え直し、好況期には人種間の分業と共棲を成り立たせていた複合社会が、二〇世紀にはいって経済的停滞に陥ると、人種間のコミュナルな競争を軸に動揺し、暴力をともないながら解体してゆくという歴史像を描いている。ここで好況期における人種間分業とされたものは、明らかに、都市部において加工・運搬に携わるインド人と農村部において生産に携わるビルマ人という空間的な棲み分けも含意している。そして、複合社会の解体は、インド人が都市から農村へ、ビルマ人が農村から都市へと相互浸透し、都市と農村の双方で雇用をめぐる対立が激化していく過程として描かれている。[22]
アダスの議論におけるラングーン都市社会像はつぎのようになる。すなわち、二〇世紀初頭までにインド人労働者が多数派をなす社会が形成されたものの、その後、農村部で職を失ったビルマ人農民が都市へ流入して、インド人労働者とのあいだで雇用をめぐる利害対立が激化し、一九二九年の世界大恐慌を引き金に三〇年の大規模な人種間暴動にいたる、というものである。[23]しかし、アダスは農村部に関する史料に依拠し、おもに農村部の変化を叙述したのであり、都市部は従属的にしか扱わなかった。
他方で、近年、都市内部の視点から都市社会を描き出そうとする第二の立場の研究がなされてきている。これらの研究では、国際ネットワーク上の結節点をなす植民地都市社会においてコスモポリタニズムが醸成されたことが強調され、社会の分断的側面よりも、多様な要素のあいだでの共存関係や、人種的分断を架橋する人びとの存在に光が当てられている。都市社会史研究は、複合社会論への批判のみならず、従来の歴史観が、男性、ビルマ・ナショナリズム、農村に偏って描かれてきたことに対する批判としても提示された。[24]例えば、チエ・イケヤはジェンダーの視点から、都市における「近代的」女性の登場や、土着男性の社会的・経済的な地位の低下を背景として、土着女性が外来男性(ヨーロッパ人とアジア人を含む)との結婚を選択し、「混血」人口が増加したことなどを指摘した[25]。また、アリシア・ターナーは宗教の復興をめざす都市の仏教徒たちの運動が、必ずしも狭量なビルマ・ナショナリズムには収斂しない、ゆるやかなモラル共同体を形成したと主張した[26]。

これら近年の都市社会史研究は、ジェンダーや宗教といった新たな論点から、都市の複合社会を構成する諸要素が共存し混淆する、コスモポリタンな局面を描き出すことによって、ファーニヴァルによる人種的分断の過剰な強調を是正した。とくにイケヤとターナーは、ビルマ語の新聞や雑誌を広範に利用することによって、都市のインド人と農村のビルマ人の棲み分け・分業というアダスの図式にあてはまらない、都市在来のビルマ人の存在を掬い出し、具体的な像を与えた点で高く評価されるべきである。

しかし、一九三〇年の反インド人暴動の歴史的重要性を鑑みたとき、近年の都市社会史研究がアダスほどにはうまく暴動の発生を説明できていないことが惜しまれる。なぜなら、アダスがデルタ農村部からのビルマ人労働者の流入と既存のインド人都市労働者との雇用をめぐる競争に暴動の原因を見出したのに対し、都市在来のビルマ人居住者に光を当てたイケヤやターナーには、都市社会の内部からこの暴動を捉え直すことが期待されたからである。イケヤは、一九二〇年代と三〇年代に、インド人男性とビルマ人女性との結婚をビルマ民族の退廃につながるとして批判する言説が広まったことを指摘し、ここにビルマ人のインド人に対する人種主義的な差別を見出したが、人種差別が暴力へと結びつく社会経済的な背景の説明については、おもにアダスに依拠している[27]。

本書は、都市住民の階級的な差異や都市内諸地区の地域性にも留意しながら、移民統制にまつわる植民地行政の日常的実践が都市の人びとの暮らしにおよぼした影響について考察する。そうすることで、都市にコスモポリタンな社会状況が存在していたにもかかわらず、大規模な人種主義的暴力の発生を導くことになった都市社会内部の構造的要因を動態的に描き出すことを試みたい。

以下では、まず、舞台となるラングーン都市社会の概要を説明する。その社会は、コスモポリタンと形容できる多様性を有しつつも、移民労働者の圧倒的な流動性に規定されていた(第一章)。続いて、そうした流動性の高さが都市にどのような問題をもたらし、地方的な植民地権力であるビルマ州政庁が、それにどのように対応したかを検討する。第二章と第三章、第四章と第五章は、それぞれまとまりをなしており、前者は治安維持の、後者は公衆衛生と都市計画の問題を扱う。対象時期は章ごとに少しずつ異なるが、おおむね世紀転換期から一九三〇年頃までを、各章で繰り返したどることになる。

治安維持については、外来犯罪者の追放政策に焦点を合わせ、その系譜をたどる。ビルマで追放政策の運用が開始されるきっかけとなったのは、華人統治の問題であった。その経緯は、東南アジアの都市であると同時に、英領インドの都市でもあるというラングーンの特徴を浮かび上がらせる(第二章)。やがて追放政策は、インド人犯罪者をその対象に含むかたちで拡充されてゆく(第三章)。追放という営為は、ある権力が管轄する人口と領域の範囲を前提にしつつ、それを不断に確認し続ける。そのため、追放政策はビルマ州政庁による境界形成の一環として捉えられる。

公衆衛生・都市計画については、都市の核心部とその周辺部とで性格の異なる過密問題が発生したことに注意する。都市核心部では、労働者集合住宅の深刻な過密が、植民地行政官のインド人労働者に対する人種主義的な言説を強化し、海港における移民の衛生管理を進展させた(第四章)。他方、都市周辺部では、過密地域が開発の対象とされ、強力な都市計画機関の登場によって、定着を志向する貧困層の都市空間からの疎外が進んだ(第五章)。これらの問題に対するビルマ州政庁の対応は、地方統治の問題に注力しつつも、根本的なところで自由主義的な経済政策に規定されざるをえない、植民地主義の矛盾を露呈することになるだろう。

第一章　都市複合社会の諸相

ビルマは上座仏教徒が多数派を占める国であり、ラングーンの丘の上に聳え立つシュエダゴン・パゴダはそれを象徴するように黄金色に輝いている。しかし、ひとたびラングーンの町中に足を踏み入れれば、そこにはモスクやヒンドゥー寺院、中国廟、キリスト教の教会が立ち並ぶ。現在でもみられるこうした多様性は、かつてのコスモポリタンな植民地都市の名残である。では、本書の舞台となる植民地都市ラングーンとはいかなる場所だったのであろうか。まずは地理的・歴史的な背景を踏まえつつ、その誕生の経緯をたどってみよう。

1　植民地都市の誕生

祈りの丘、商いの岸辺

ビルマ歴史圏は山と海を結びつける回廊として存在してきた。ラングーンを含む南部の諸港市はその一方の出口になる。ベンガル湾の東北の隅、マルタバン湾沿岸地域は、ビルマ語とは系統を別にするモン語が話され、モン歴史圏の一部にもなっている。他方で、山々から陸の通商路が集まるイラワディ川中流域の乾燥平原(以下、中央平原部)は、古来より灌漑農業が発達したこともあり、ビルマ歴史圏の伝統的な中心地であり続けた。ベンガル湾沿岸港市と中央平原部とを二本の河川が南北に結ぶ。ひとつは大幹線のイラワディ川で、もうひとつはその東方百数十キロのところを、ペグー山地をはさんでほぼ並行して流れるスィッタン川である。両河川のデルタはその末端で融合してM字型の低地を形成する。

ラングーンはペグー山地から南方へと突き出た山脚の最南端にあたる。そのラテライト土壌の隆起は海抜五〇メートルにいたることは稀であるが、周囲の低く平坦なデルタからは際立っている。ラングーンは丘陵がデルタへと沈み込んでいく斜面に建てられた町だといえよう。したがって、この町は北側では高度が高く、その丘陵のうえにシュエダゴン・パゴダが鎮座する。他方、残る三方面は水辺に囲まれている。町の西方にはクリークを介してイラワディ川と接続するフライン川、東方にはパズンダウン・クリークとスィッタン川流域への通路を提供するペグー川が流れ、これらが町の南方で合流し、ラングーン川となってマルタバン湾へと注ぎ込む。つまり、ラングーンはイラワディ川流域とスィッタン川流域の双方を通じて中央平原部へと連絡可能な好立地に恵まれている。[1]

とはいえ、ラングーンが港市として経済的な繁栄を享受するのはそれほど古い話ではない。一八世紀の中頃までこの地はダゴンと称されており、シュエダゴン・パゴダの門前として祭礼の時期などには多くの巡礼者でにぎわった。[2] しかし、政治的・経済的な中心となることはなく、ペグーやシリアムといった近隣の諸港市のほうが重要であったといえる。ラングーンが交易拠点としての中心性を帯び始めるのは、中央平原部に拠ってコンバウン朝を創始したアラウンパヤー王が、一七五五年にイラワディ川流域統一のための戦勝を祈念し、同地をヤンゴン(「敵が尽きる」)と改称してからのことである。[3] 以後、ラングーンはビルマ最後の王朝国家コンバウン朝の主要港として位置づけられる。中国船や西洋諸国の船が数多く来航して中国産の絹や茶、インド産の綿織物などをもたらす一方、ビルマからはおもに木材(とくにチーク材)が輸出され、さかんに交易がなされた。当時の人口規模は、ラングーンの町だけでおよそ一万、郊外を含めれば数万程度であったと推測されている。[4]

交易の拠点としてその地歩を固めたラングーンであったが、一九世紀に入ってコンバウン朝とイギリス東インド会社とのあいだで戦争が勃発すると、その戦略上の重要性ゆえに真っ先に後者による侵略の対象となった。第一次英緬戦争(一八二四〜二六年)では、一度占領されたものの、戦後にコンバウン朝へ返還され、ターヤーワディー王のもとで再建、復興を遂げた。[5] ところが、第二次英緬戦争(一八五二年)では、イギリス軍の砲弾をみまわれたのに加えて、退却するビルマ側が火を放ったこともあって、町は壊滅的な打撃をこうむった。イギリスは四月にラングーンを占領したのち、灰燼に帰した同地へ司令部をおいて作戦行動を継続し、一二月にはインド総督ダルフージによってイラワディ川下流域併合が宣言された。これによって英領インドのもとに新たにペグー州が設立され、ラングーンはその首都と位置づけられて政治的中心地としての歴史を歩み始める。[6]

帝国的威容を求めて

一九世紀初め、コンバウン朝下のラングーンを訪れたヨーロッパ人たちは、この町に対してほぼ同様の感想をいだいている。彼らはほとんどが、交易で繁栄している都市という前評判を耳にして、期待を胸にラングーンへやってくる。しかし、実際に町並みを目の当たりにすると、その外観のみすぼらしさにきまって肩を落とすのである。[7] 歴史学者サラ・マキシムによれば、当時のヨーロッパ人たちは都市とはかくあるべきという一定の尺度をもっており、ラングーンを、とりわけその外観において都市としての基準に満たない失敗作と判じたという。そのため、イギリス人たちが壊滅したラングーンを首都として再建しようとするとき、その町を交易拠点として、また、イギリス帝国の前哨基地としてふさわしい都市的な外観に仕立ててあげることが課題になった。[8]

一八五二年一二月に着任した初代ペグー州弁務官のアーサー・フェーヤーは、当面の最重要課題のひとつとして首都ラングーンの建設に取り組んだ。[9] 彼はインド総督ダルフージと密に連絡をとりながら、すでに提出されていた都市設計

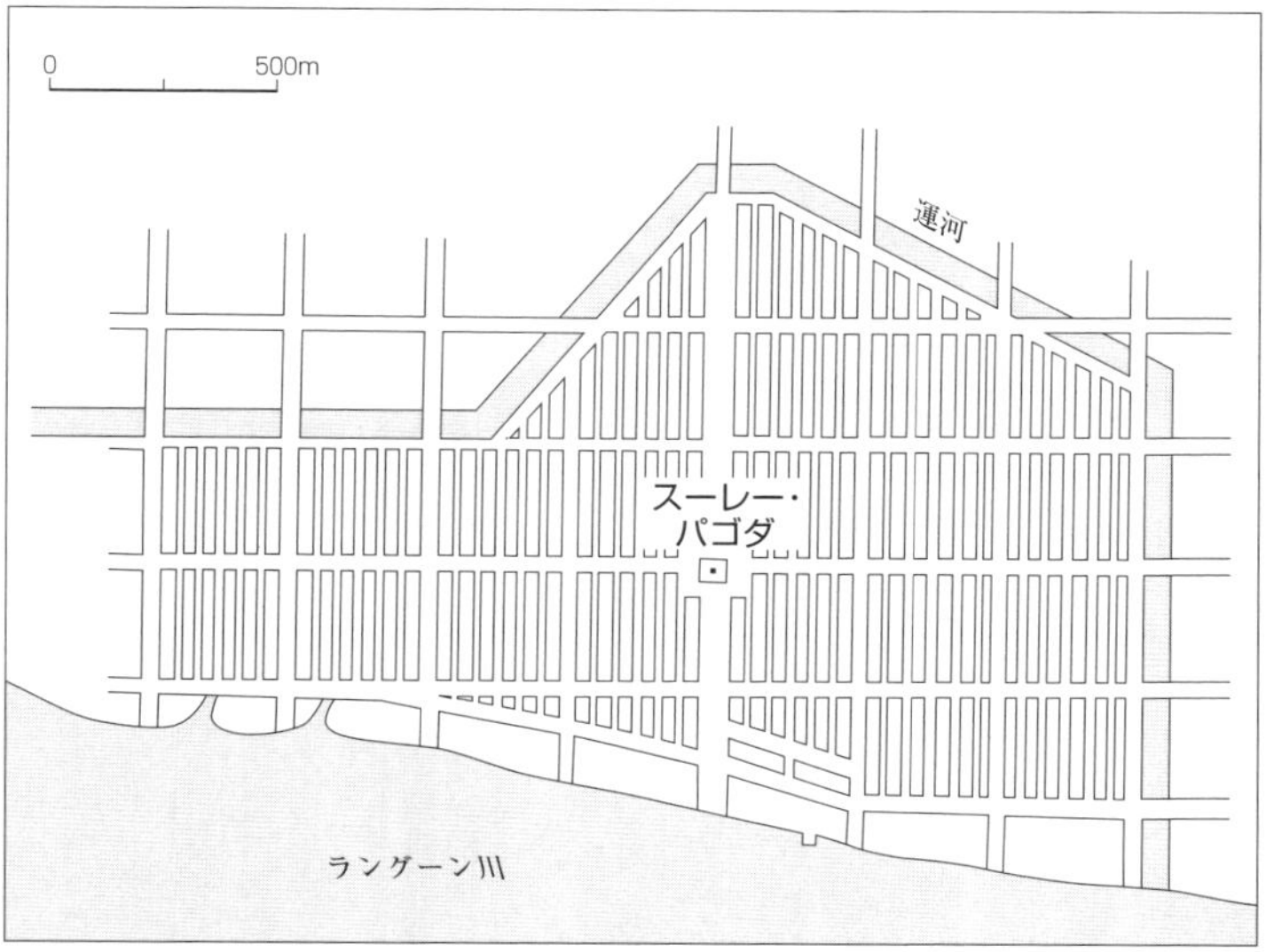

図1-1　採択されたラングーンの都市設計案(1853)

出典：Bertie Reginald Pearn, *A History of Rangoon*. 1939, Rangoon, plan no. 4.

案を修正し、最終的につぎのような設計案を採択する(図1-1)。基礎となるのはおよそ五〇〇エーカー(約二平方キロ)を覆う碁盤目状の道路網で、その中心はコンバウン朝期には町の北西に位置していたスーレー・パゴダにすえられた。スーレー・パゴダを通過する主軸の南北道路は幅員二〇〇フィート(約六〇メートル)であり、それと平行して一〇〇フィート(約三〇メートル)幅の道路が西側に四本、東側に三本、それぞれ八五〇フィート(約二六〇メートル)の間隔をおいて敷設される。それらの大通りのあいだにはさらに五本の細い南北道路が通され、その幅は中央の通りが五〇フィート(約一五メートル)、その他の四本が三〇フィート(一〇メートル弱)とされた。東西線は一〇〇フィート幅の道路が八〇〇フィート(二四〇メートル強)間隔で四本敷かれたが、最南端の道路については、二五〇フィート(八〇メートル弱)の十分な空き地を残して川岸に並行する道路を敷設し、その空き地は将来建設される埠頭や船渠、倉庫にあてられた。[10]

フェーヤーの採用した設計案は、既存の案を踏襲した部分が大きかった。それらの設計案ではすべて、碁盤目状の道路配置をもち、幅員の広い道路と、汚物を川へと流し去るための下水施設に特別な関心がはらわれていた。このような都市設計のモデルは、ヴィクトリア時代のイギリスでは防犯・防疫・防火に効果的であるとして一般的に受け入れられていたものであり、そこには秩序だっていて機能性に優れた理想的な近代都市の理念が体現されていたといえる[11]。

ところで、こうした理念を現実へと投射していく際、手を加えられる土地に対する権利を誰が有しているのかを明確にしておく必要があった。そもそもラングーンがイギリスによって占領された直後、占領軍の司令官ゴドウィン中将は、一度逃散して戻ってきた住民たちや新たな移民に対して、一時的な土地の占有と簡易な住居の建築を認めていた。しかし、この処遇はあくまでも戦時下の臨時的なものであり、戦後、戦勝国当局によって改めて処理されることになっていた[12]。

これを受けてフェーヤーは、着任後まもなく、ラングーン周辺の土地をすべて官有地とする旨の宣言を発した。つまり、併合以前の住民の土地に対する権利は一切認めないという方針を定めたのである。一八五三年三月一五日付のインド総督宛の手紙で、フェーヤーはつぎのようにこの施策の意図を説明している。

〔一八五二年〕一二月一日に私がラングーンへ到着した直後、私はこのとても重要な課題に注意を向けたのです。調査の結果、四月末日にゴドウィン将軍の隊が上陸するに先立って、現地ビルマ人当局はすでにあった建物をことごとくなぎ倒しており、町の住民はすべて逃げ出していたということがわかりました。元の住民になんらかの権利証書を有している者はおらず、占有権が前政府〔ビルマ王朝政府〕によって認められていたにすぎません。この間のなりゆきは、住民が土地に対してもっていたその唯一の権利も無効にしてしまったように思われます。

ラングーンがゴドウィン将軍の手に落ちたのち、人びとは周辺の土地やモールメインから集まり始めました。彼らは、以前の所有状況を考慮することなく、かつて町のあった場所に住み着いています。実のところ、みなが入手可能なところや占有を許されたところをとっているのです。しかしそれは、全員が将軍の命令によってたんに仮住まいやスクウォッター（不法居住者）とみなされ、いつなんどき退去を命じられたり追い出されたりするかもしれないということを明らかに承知したうえでのことなのです。

着任にともない、私はこのような状況下で将来的な利益を勘案して、ラングーンの町と近接する郊外のすべての土地を官有地とする宣言を発するのが得策だと考えました。[13]

さらにフェーヤーは土地を大きさと価格によって五等級の地片に区分けし、最低価格を設けた競売にかけて売却することで、都市建設の費用をまかなうこととした。一八六〇年までで土地売却の利益は一二〇万ルピーにも達し、そのほとんどがラングーンにおいて、ジャングルの開拓や湿地の埋立、その後の道路敷設といった目的に使用された。[14]このように官有地と宣言した土地を売却したり、一部を借地にすることで、初発段階の都市開発が実現されたのである。そして、そのような開発は、先に述べた設計案にそって推進され、一八六〇年代には町の核心部の骨格が完成した。こうして、植民地都市ラングーンが立ち現われてくる。

第一次英緬戦争でのイギリスの獲得地であるアラカンおよびテナセリムと、第二次英緬戦争での獲得地ペグー州とを合わせて、地理的には下ビルマと呼ぶ。一八六二年には、これら下ビルマの三地域が行政的に統合されてビルマ州が形成された。第三次英緬戦争（一八八五〜八六年）で、イギリスはコンバウン朝の拠っていた中央平原部および周辺山地（合わせて上ビルマと呼ぶ）を併合し、のちの独立国家にまで継承されるビルマの近代的な行政空間が出現した。以後、ビルマ州はインドにおける地方分権化の流れのなかで行政体としての格を高めてゆく。九七年には準知事州となり、州の立法権が認められた。一九二三年には知事州となって、現地人に一定の自治権を認める両頭制がしかれた。三五年のインド統治法にもとづいて、三七年には、インドとビルマが分離され（印緬分離）、本国イギリスでの管轄省庁がインドとは異なる別個の植民地となった。この過程で一貫して植民地ビルマの首都と位置づけられたラングーンには、支配の象徴たる荘厳な官庁群がつぎつぎに建てられ、世紀転換期までに行政の中枢としての威容が整えられていった。[15]

植民地経済下の発展

イラワディ川およびスィッタン川の下流域デルタには、一九世紀にいたるまで人口希薄な沼沢地が広がっていたが、下ビルマを手の中におさめたイギリスは、一九世紀後半にこのデルタを世界でも指折りの大穀倉地帯へと変貌させた。下ビルマの米の作付面積は一八五五年に一〇〇万エーカー(約四〇万ヘクタール)だったが、七〇年には一七〇万エーカー、八五年には三七〇万エーカー、一九〇〇年には六五〇万エーカーと飛躍的に拡大した。それにともない、従来からの輸出品であるチーク材に加えて、米の輸出がいっそう重要になる。ラングーンは水運の要所という地の利を活かしつつ、新たに敷設された鉄道によってその中心性を不動のものとし、米輸出経済の要として急速な発展を遂げた。[16]

ビルマ米は当初、籾のまま輸出されてヨーロッパで精米されることが多かったが、スエズ運河の開通や蒸気船の利用などによって輸送期間が大幅に短縮されたため、しだいにビルマで精米された米が運ばれるようになった。ビルマで最初の蒸気機関による精米所は一八六一年にラングーンに設立され、七〇年までにビルマ全体で二〇カ所に増えた精米所のうち一七カ所はラングーンに集中していた。二〇世紀にはいると鉄道や運河沿いの農村部に小規模な精米所が増大するが、雇用者数が一〇〇人を超える大規模なものは依然として港湾都市部、とくにラングーンに集まっていた。[17]

従来は人口希薄であったデルタ地帯において、米輸出経済の発展を支える労働力は、周辺地域からの大量の移民によって提供された。これが人種的分業をともなう複合社会をデルタに形成してゆく。すなわち、伝統的な中心地であった中央平原部からのビルマ人移民が農村部における荒蕪地の開墾を進めてゆく一方、都市部においては精米所や港湾での単純労働をベンガル管区(おもにベンガル州)やマドラス管区の諸港から来航したインド人移民労働者たちが担うようになったのである。[18] 当初、植民地権力はデルタ開拓のための労働力を期待して、インド人農民の積極的招致策をとった。しかし、まもなくこのような人種的な分業傾向が明らかになり、都市部の労働需要に吸引されるかたちで、インド人労働者のビルマへの大量流入が常態化した(図1-2)。そのため、一九世紀末までに、植民地行政は公的な移民招致策を廃止し、こうした移民の流れを放任するようになった[19]。

とりわけ、ラングーンはビルマ経済の要として膨大な労働需要を生み出し、大量のインド人出稼ぎ労働者を引き寄せた。次節で詳しくみるように、この層を吸収することで、ラングーンの規模は拡大していく。ラングーンの人口は一八七二年に九万八七四五、八一年に一三万四一七六、九一年に一八万〇三二四、一九〇一年に二三万四八八一と一〇年おきの人口増加率が三〇%を超える急激な増加を示した(表1-1)。

精米所のインド人労働者(1900年頃)
出典:Underwood & Underwood, c.1900. © British Library Board, Photo 180/(4).

港湾都市としての発展と人口規模の拡大は、良くも悪くも当初の都市設計者たちの思惑を大きく越えたものであった。フェーヤーの採用した当初の都市計画案では、町の人口はわずか三万六〇〇〇としか想定されていなかったのである[20]。人口の膨張に対応すべく、随時、碁盤目状の道路網が東西へと拡張されていったが、その人口収容能力は明らかに無制限の人口流入に追いついてはいなかった。さらに、売却可能な官有地が漸減することで開発資金の維持が困難になったことも手伝って、一八七〇年代以降、さまざまな問題が顕在化してくることになる(次章以下で詳述)。

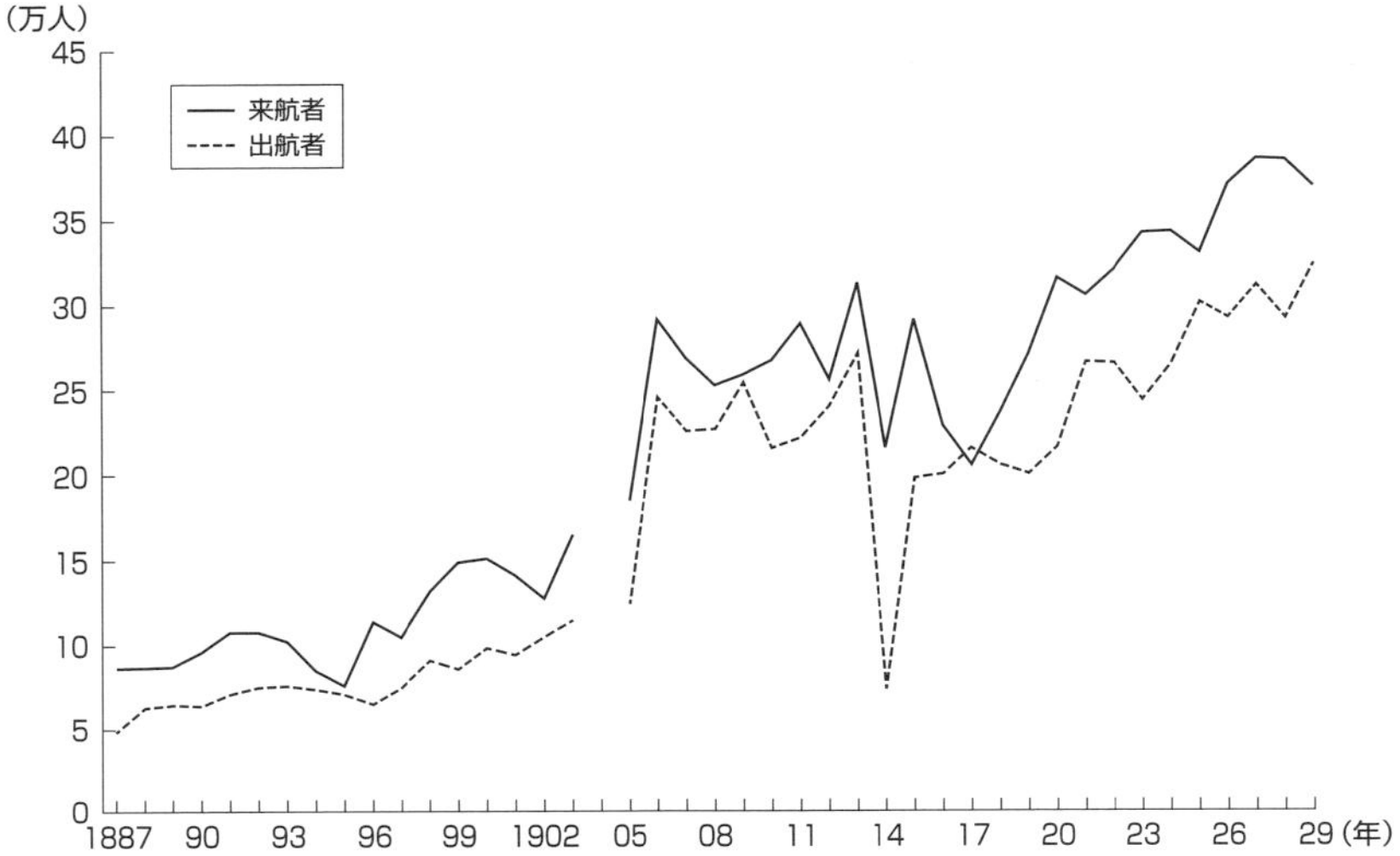

図1-2　ラングーン港における来航者数と出航者数

出典：*Report on the Administration of Burma* 各年度，E. J. L. Andrew, *Indian Labour in Rangoon*. 1933, p. 221.

表1-1　ラングーンの人口(1872～1941年)

	1872	1881	1891	1901	1911	1921	1931	1941
戸数(軒)	16,969	20,655	28,347	39,208	49,676	58,047	68,487	78,974
人口(人)	98,745	134,176	180,324	234,881	293,316	341,962	400,415	500,800
男性(人)	62,374	91,504	124,767	165,545	208,111	236,689	271,063	326,432
女性(人)	36,371	42,672	55,557	69,336	85,205	105,273	129,352	174,368
男女比*	171	214	225	239	244	225	210	187

*　男女比は，女性100人当たりの男性の人数。

出典：Census 各年次より作成。1941年のセンサスは，日本軍の侵略のため報告書が出版されなかったので，大英図書館所蔵の暫定版データを利用した。Census of Burma: Provisional tables. 1941(IOR/V/15/226, No 390).

2 ラングーンの住人たち

人口統計

植民地都市の建設以降、急速に増加するラングーンの人口の内実はいかなるものであったろうか。以下では、おもにセンサスの人口統計を用いて植民地期ラングーンの社会を概観してみよう。英領インドでは、一八七二年に全国規模と銘打ったはじめてのセンサス報告書が出版され、八一年からは一〇年おきにセンサスが実施された。ラングーンに関しても、一八七二年から一九三一年までの詳細な人口データが得られる。印緬分離後の四一年には、センサスが実施されたものの、直後に日本軍の侵略があったために報告書の出版にいたらず、概括的なデータしか残らなかった。

センサスの人口統計を利用する際には、範疇設定の恣意性や各回のセンサス間の連続性などの問題に配慮しなければならないが、ここではラングーン社会の特性をおおまかに読み取ることに目的をおいているので、それらの問題には深くは踏み込まない[21]。ただし、「インド人」という人種範疇については、とくに説明しておく必要があるだろう。というのは、ビルマ州のセンサスの人種別統計では、インド亜大陸から渡航してきた人たちを捉えるための包括的な範疇が、一九二一年まで設定されなかったからである。つまり、一一年までは、人種別統計においても、「ヒンドゥー・カースト」(Hindu Castes)や「ムスリム諸部族」(Musalman Tribes)といった宗教的な分類がなされ、二一年にはじめて、「インド諸人種」(Indian Races)という範疇が登場する。これは、当時の植民地行政官たちが人種と宗教とを相関的なものとして認識していたことに加えて、当初の分類がインドのフォーマットに従っていたことによると思われる。インド全体では「インド人」という包括的な範疇を設ける意味は少なかったが、ビルマにおいてはそうした範疇を設ける必要性があり、二一年に「インド諸人種」範疇が設定されることになったのではないか。いずれにせよ、筆者が作成した人種別統計（表1-2）では、通時的比較を可能にするために、二一年以降の「インド諸人種」に近似した範疇を、一一年以前の統計にも遡らせて措定した。

また、「インド人」や「ビルマ人」などの範疇は、ともすれば、それがまるで一枚岩的な集合であるかのような印象を与えるが、実際にはその内部にさまざまな人びとを含んでいることにも注意しておきたい。とりわけ、「インド人」はあとでみるように、宗教的にも、言語的にも極めて多様であった。本書の統計表のなかの「ビルマ人」についても、当時の行政官がビルマに伝統的に居住してきたと考えた、複数の言語集団や人種を包括する概念として設定した。ただし、ラングーンにおいては、「ビルマ人」は出身地こそ多様であれ、そのほとんどがビルマ語を母語とする人びとであった。[22]

流動する一時滞在者

そこでラングーンの人種別人口統計（表1-2）をみてみると、数が多いのはビルマ人とインド人だが、そのほかにも華人やヨーロッパ人、「混血」の人びとなど、多様な人びとから都市社会が構成されていたことがわかる。宗教別統計（表1-3）はまた別の角度からそうした多様性を照射する。デルタにおいて、農村部のビルマ人と都市部のインド人という分業に基づく複合社会が形成されたことはすでに述べたが、視野を都市に限ると、その内部ではデルタにみられる以上に多様な要素がひしめき合っている。都市には都市の複合社会が存在していたといえる。また、出生地別の統計（表1-4）からは、ラングーンに生まれた者は人口の三分の一前後しかおらず、つねに六割以上が外来者によって占められていたことがわかる。ラングーンは、後背地と海外の両方から新参者を受け入れ続ける移民の町であった。

都市の複合社会の頂点は、人口の一％を占めるにすぎないヨーロッパ人支配層に独占された。植民地行政機構の上層に君臨するインド高等文官職の高級官僚や、大規模な精米所経営を基礎に財閥化した大資本家である。ついで、地元採用の官僚、医者や弁護士といった専門職、地主や金貸し、商店主から、下級官吏や事務員までの幅広い都市中間層が存

表1-2　ラングーンの人種別人口(上)と構成比(下)(1872〜1931年)　(単位：人，%)

	1872	1881*	1891	1901	1911	1921	1931
ビルマ人	66,337	66,676	73,288	81,680	90,793	106,242	127,540
インド人	24,879	57,536	90,037	131,431	169,719	189,334	212,929
印緬混血	—	—	442	464	3,699	8,691	12,560
華人	3,181	3,752	8,053	11,018	16,055	23,819	30,626
ヨーロッパ人	2,419	3,366	4,284	4,238	6,068	3,947	4,426
英系インド人	1,438	2,706	3,711	4,674	5,831	8,343	9,977
その他	491	416	509	1,376	1,151	1,586	2,357
全体	98,745	134,176	180,324	234,881	293,316	341,962	400,415

	1872	1881	1891	1901	1911	1921	1931
ビルマ人	67	50	41	35	31	31	32
インド人	25	43	50	56	58	55	53
印緬混血	—	—	0	0	1	3	3
華人	3	3	4	5	5	7	8
ヨーロッパ人	2	3	2	2	2	1	1
英系インド人	1	2	2	2	2	2	3
その他	0	0	0	1	0	0	1
全体	100	100	100	100	100	100	100

*　1881年のセンサスには人種別の統計が含まれないので，この年に限り，言語別の統計を代用し，「ヨーロッパ人」と「英系インド人」については，キリスト教徒の人種別人口統計を採用した。そのため，合計値に276人のずれが生じた。
出典：Census 各年次人種別統計 より作成。

表1-3　ラングーンの宗教別人口構成(1872〜1931年)　(単位：%)

	1872	1881	1891	1901	1911	1921	1931
仏教徒	67	50	44	36	33	33	34
精霊信仰者	—	0	0	3	2	1	1
ヒンドゥー教徒	14	27	32	35	37	37	35
ムスリム	12	16	16	18	19	18	18
キリスト教徒	6	7	7	7	8	7	8
その他*	0	0	0	0	1	4	4
全体	100	100	100	100	100	100	100

*　「その他」には「ユダヤ人」「パールシー」「シク教徒」を含む。1921年の急増は，新たに設けられた「儒教信仰者」を含めたことによる。
出典：Census 各年次宗教別統計 より作成。

表1-4　ラングーンの出生地別人口構成（1881〜1931年）　（単位：%）

	1881	1891	1901	1911	1921	1931
ラングーン生まれ	36	34	32	31	32	35
下ビルマ生まれ	8	8	7	7	10	11
上ビルマ生まれ	10	8	6	4	3	3
インド生まれ	40	46	50	52	49	45
中国生まれ	2	3	3	4	4	4
その他	3	2	2	2	2	1
全体	100	100	100	100	100	100

出典：Census 各年次出生地別統計 より作成。

在した。[23] ただし、事務員や下級官吏は、月々の収入でみると、単純労働者とたいした違いはなかった。中間層は、人種的にもっとも多様であり、ラングーンの呈したコスモポリタンな様相はおもにこの階層によってもたらされたといえよう。[24]

しかし、都市人口の圧倒的多数を占めたのは下層の人びとであり、統計上の数値は彼らの動向をもっともよく反映している。表1-2から顕著なのは一九世紀最後の四半世紀におけるインド人の増加で、同時期の都市全体の人口増加の七八%がこれによるものであった。インド人は一八九一年以降、全人口の過半数を占める多数派を形成した。彼らはほとんどがヒンドゥー教徒かムスリムであり、町の核心部の大通り沿いにはヒンドゥー寺院やモスクが建設された。ラングーンにおけるインド人人口の存在の大きさは、しばしば訪問者に、この町がビルマの町というよりはインド人の町であるという印象を与えている。[25]

インド人人口の多くは、インド亜大陸から来航した単身男性の出稼ぎ労働者であった。一九三一年には、インド人人口の約半分、すなわちラングーン全人口の約四分の一がインド人男性労働者であり、インド人の労働者が市内の男性労働者市場の半分を占めていたことになる。[26] ラングーンのインド人は、おもにテルグ人、タミル人、ヒンドゥスターニー人、ベンガル人（チッタゴン人を含む）、オリヤ人であった（表1-5）。[27] ラングーンの都市労働市場では、これらの出身地を異にする人びとによって、ある程度の分業ができていた。例えば、三〇年頃の調査結果によると、タミル人とオリヤ人は舟からの石炭の荷揚げ作業に従事し、チッタゴン人はサンパンと

表1-5　ラングーンのインド人人口の下位範疇

	1881			1931		
	人口	%	男女比	人口	%	男女比
ベンガル人	7,444	13	1,099	13,067	6	452
チッタゴン人	—	—	—	16,991	8	4,336
ヒンドゥスターニー人	12,176	21	411	32,731	15	838
タミル人	18,730	33	381	38,450	18	155
テルグ人	18,450	32	559	68,591	32	512
オリヤ人	89	0	271	8,034	4	1,457
その他	647	1	189	35,065	16	330
インド人合計	57,536	100	479	212,929	100	417

註　男女比は，女性100人当たりの男性の人数。
出典：Census 1881, 1931 より作成。

呼ばれる艀を漕ぐ者が多く，ヒンドゥスターニー人は門番や下級官吏として働いた。なかでも，もっとも数が多かったのはテルグ人であった。テルグ人たちは，精米所や製材所での単純労働や波止場での荷役作業などに携わり，ビルマの植民地経済の基底をなした。[28]

インド人労働者は，多くの場合，家族を故郷に残して単身でビルマへやってきた。彼らは基本的に出稼ぎ目的の一時滞在者であって，ビルマに定住する者は少なく，農繁期が訪れる前の一一月から一二月に来航し，一～四年間就労したのち，そのつぎの農閑期にはいる四月から五月にインドへと戻るのが典型的なパターンであった。[29] しかも，ラングーン港へ来航した者すべてがラングーン市内に留まるわけではなく，数日滞在したのち，ビルマのほかの場所へと移動していく者も少なからずいた。こうした人びとは来航直後と出航直前にのみラングーンに集中することになる。また，基本的にラングーンで働く者でも，精米所や港湾荷役作業の停滞する農繁期には周辺の農村へ行く場合もあったので，総じてこの階層の流動性は高かった。つまり，ラングーンの人口は，毎年四月と一二月にピークをもつ季節的なリズムに従って膨張と収縮を繰り返しながら，全般的には増加していく傾向を有していたといえよう。[30] 年間の数値でみると，例えば，都市人口が三四万人強の一九二一年における来航者数と出航者数は，それぞれ三〇万人と二六万人にもおよんだ（図1-2）。インド人労働者の流動性は，ラングーンの町を性格づける大きな特徴であった。

定着と混淆

他方で、ラングーンに根をおろして定着的な生活を営む住民もいた。そうした人びとの中核をなすのがビルマ人であった。表1-2をみると、ビルマ人の割合は一九世紀後半に急激に減少してゆくが、二〇世紀にはいると踏みとどまって全人口の三〇％強を維持している。ビルマ人は時代を通じてかなり男女の均衡がとれており、一九二〇年代にデルタ地域からの人口流入が増えたにもかかわらず、むしろ男女の人数差は少なくなっている（表1-4、1-6）。また、ラングーンの仏教徒人口の三〇％を一五歳未満の子どもが占めている。[31] これらの統計的事実からは、膨張しつづける都市にあって、在地の者も新来の者も含めて、多くのビルマ人が家族で生活を営んでいたことがわかる。彼らの生業は、商人、事務員、職人、単純労働者など多様であった。多くのビルマ人女性が行商人などとして働いていた一方で、男性労働市場におけるビルマ人の存在はインド人と比較するとごく小さなものにすぎなかった。[32]

ラングーンに定着的に居住していたのはビルマ人ばかりではなかった。ビルマ州の外から来航した移民のなかにもラングーンに住みつく者があった。統計上にもいくつかのしるしが現われる。例えば、華人の男女比は一九一〇年代以降、顕著に均衡へと向かってゆく（表1-6）。また、一九二一年のセンサスから、「ビルマ生まれのインド人」という範疇が設けられ、そのほかのインド人移民と区別されるようになった。[33]「印緬混血」や「英系インド人」といった「混血」の人びととの増加も見て取れる（表1-2）。[34] このようにラングーンに住みついた移民たちも、都市の定着人口を構成していたのである。

全人口に占めるラングーン出生者の割合は三〇〜三五％であった（表1-4）。そのラングーン出生者の人種的内訳を、いくつかの仮定を前提として推定したものが表1-7である。ラングーン出生者のうち、つねに五〇％以上をビルマ人

表1-6　ラングーン諸人種の男女比の変遷（1881～1931）

	1881	1891	1901	1911	1921	1931
ビルマ人	116	115	107	103	103	101
インド人	479	454	449	458	444	417
印緬混血	—	104	121	80	97	95
華人	1,279	329	413	416	202	186
ヨーロッパ人	572	271	276	287	292	189
英系インド人	131	119	120	118	99	103
その他	174	166	226	96	123	144
全体	214	225	239	244	225	210

註　男女比は，女性100人当たりの男性の人数。
出典：Census 各年次 より作成。

表1-7　ラングーン出生者の人種による内訳（推定，1881～1931年）　　（単位：%）

	1881	1891	1901	1911	1921	1931
ラングーン生まれのビルマ人	85	75	69	65	55	51
ビルマ生まれの華人	1	4	4	5	9	10
ビルマ生まれのインド人	8	13	20	20	22	23
印緬混血	—	1	1	4	8	9
英系インド人	5	6	6	6	7	7
合計	100	100	100	100	100	100
ラングーン生まれ　（人）	48,856	60,727	75,129	91,446	110,315	140,657

出典：Census 各年次の出生地別統計および人種別統計から推定値を算出して作成。

推定は以下の仮定に基づいておこなった。

　仮定①ビルマ人はすべてビルマで出生。

　仮定②ラングーン以外のビルマで生まれたものはすべてビルマ人。したがって，「ラングーン生まれのビルマ人」＝人種「ビルマ人」－出生「ラングーン以外のビルマ生まれ」となる。

　仮定③華人はすべて，中国ないしビルマで出生。

　仮定④中国生まれはすべて華人。したがって，「ビルマ生まれの華人」＝人種「華人」－出生「中国生まれ」となる。

　仮定⑤インド人はすべて，インドないしビルマで出生。

　仮定⑥インド生まれの98.8%がインド人（この割合は，インド生まれのインド人人口が，よりたしかに判明する1921年，1931年の平均値であり，それを1911年以前に適用した）。したがって，「ビルマ生まれのインド人」＝人種「インド人」－出生「インド生まれ」×0.988となる。

　仮定⑦ビルマ生まれの華人とインド人はすべてラングーン生まれ
　仮定⑧印緬混血および英系インド人はすべてラングーン生まれ
仮定①～⑥で得られた各数値を，仮定⑦⑧に基づいて合計すると，出生地別統計に記載されたラングーン出生者の数と近似した。しかし，比較的大きな誤差を生むであろう仮定②と仮定⑦⑧は互いの誤差を相殺する関係にある。実際には，ラングーン以外のビルマで生まれた非ビルマ人がいたはずなので，本表ではビルマ人の割合が相当過少に表われており，その分，他人種の割合が過大に表われていると考えられる。

が占めていたが、しだいにその他の人種の割合が増加し多様化する傾向にあったといえる。ただし、この定着人口の多様性をあまり強調することはできない。一九二一年には、ビルマ生まれのヒンドゥー教徒のうちの七〇％が一五歳未満の子どもであった[35]。このことが示しているのは、二〇世紀に入ってからようやく、ヒンドゥー教徒のインド人移民第一世代がラングーンに根をおろし始めるようになったということである。ラングーンの定着移民コミュニティ(メスティーソ社会あるいはクレオール社会)は、まだ産声をあげたばかりであったといえよう。

植民地経済の急速な拡大により、ラングーンは多人種からなる大都市へと成長した。比較的裕福な上位中間層では、さまざまな人種が規模において肩を並べるコスモポリタンな様相がみられたのに対し、ラングーン社会の下層はおもにふたつのグループに代表された。一方は、圧倒的多数を占めるインド人男性の単身出稼ぎ労働者であり、もう一方は、ビルマ人家族が中核をなす定着居住民であった。植民地権力はこれらふたつの下層人口のタイプを、それぞれに都市内の別個の空間を代表し、別様の都市問題を現出させるものとして観念していた(第四・五章)。

3　街区の地域性

核心部と沿岸工業区

多様な人口の不均質な分布は、元来の地勢や開発の進度のばらつきともあいまって、都市の内部や周辺にさまざまな特徴ある地域を生み出した。すなわち、ラングーン市の行政区画の内外にも、諸種の空間の重層と複合がみられたのである。ここではおもにセンサスの調査のために設定された地区を基礎として叙述を進めながら、以下に続く各章の舞台を案内することとしたい(地図3)[36]。

ラングーンの近代的都市形成はフェーヤーの採用した都市設計案に基づいて、スーレー・パゴダを中心とする五〇〇エーカー（約二平方キロ）ほどの土地の造成とインフラ整備から始まった。都市空間の形成と同時に、戦争で避難していた人びとの帰還や新たな入植者の流入によって、人口増加は当初の予想をはるかに上回るペースで進展していた。ラングーンの衛生環境の悪化を受けて、一八六七年には調査委員会が設置された[37]。このラングーン衛生委員会は、医療副総監を長として、ラングーン治安判事、ラングーン民医官、公共事業局技官の四人から構成された。委員会のメンバーたちは、都市形成の進展している核心部とその周辺を視察し、地区ごとの現況を記した短い報告書をまとめた。

この時点までに、設計案で町の中心軸にすえられたスーレー・パゴダ通りから東西へそれぞれ五〇〇メートルほど、すなわち南北を走る大通りの二本目に差し掛かるところあたりまでは、インフラ整備がかなり進展していたようである。委員会報告はつぎのように記す。

これらのブロックは、下水溝が不足しているものの、改善の進捗状況の最終段階にある。土地の高さはあげられ、街路が敷設され──土が盛られて舗装されている──、レンガ造りの排水路と側溝があらゆるところに備えられている[38]。

しかし、設計案の東半分に位置する一地域では、「これらのブロックはもっとも価値のある高みの土地にあるが、もっぱらマドラス人のスクウォッターによって占有されている。彼らの家や炊事場、便所は極めて不快でひどい状態である」という有様であった。そこで、委員会はこのような土地は、大きな地片を設定し高額で売却することで、ヨーロッパ風の家や上等な現地式の家の建築用に購入されるようにすべきであると進言した[39]。結果としてこのあと、一九世紀の末までに、当初の設計案に描かれた区域の大部分はレンガ造りの建築が立ち並ぶ街区へと変わっていった[40]。この区域は、以後、現在に至るまで、ラングーン都市空間の核であり続ける。本書はここを「核心部」と呼ぶ。また二〇世紀にはいってからの都市域の拡大のなかで、新たに中心性を帯びた核心部周縁の地域を含める場合には、「中心部」と呼んで区別する。

さて、核心部のレンガ造り建築は、さまざまな用途に用いられた。核心部の南半分には専門職の事務所が比較的多く、大通り沿いには官庁や宗教施設、商店が軒を連ねていた。中間層が居所を兼ねた職場としてこれらの建築を利用する場合も多かった。これらの場所は華やかな都市の生活を体現した空間であったといえる。他方、南北方向の大通りのあいだを走る細い路地を埋めたのは、労働者集合住宅の群れであった。大通りには植民地に功績のあった人物の名前などの固有名が冠されていたのに対して、細い路地には東から順に番号が振られて街路名とされた(地図5)。核心部三〇番台の路地の北側にはこうした集合住宅の部屋を借りた娼館が多く集まることとなった(第三章)。

このような都市核心部内の明暗を対照的に示す逸話がある。英系インド人の新米弁護士チャールズ・カンパニャクは、一九〇九年に長い英国留学を終えてビルマへ戻ってきた。[41] 帰国直後、ラングーンで就職するために、彼は三六番通りにある弁護士事務所を訪ねた。しかし、そこへ向かう途中、町の中央を東西に横切るダルフージ通りから、三六番通りの角に差し掛かったとき、間違って北へ折れてしまった。そうとは知らずに日本人娼館街へと足を踏み入れていた彼は、ベランダから投げかけられる勧誘の声を背にしながら、あわてて引き返すことになった。目的の弁護士事務所は、同じ三六番通りでも、高等裁判所をはさんで南側の別ブロックにあったのである。

労働者集合住宅に身を寄せたのは、下位中間層の事務員や最下層の膨大な単純労働者であり、その大部分は出稼ぎにきた単身のインド人男性であった。ラングーンは彼らを集合住宅に収容してゆくことで、その規模を拡大させ、経済発展を成し遂げていった。人口統計では、核心部はスーレー・パゴダを中心として四方向に広がるノース・イースト・タウン、サウス・イースト・タウン、ノース・ウェスト・タウン、サウス・ウェスト・タウンと、鉄道駅周辺のクンヂャンの諸地区として現われる。核心部は極めて高い人口密度を示したが、とくに労働者集合住宅の集中した核心部北側は、ラングーンでもっとも人口密度の高い地域であった(表1-8、1-9)。地区人口の宗教別内訳をみると、核心部の人口の七五~八〇%がヒンドゥー教徒とムスリムであり、仏教徒は圧倒的少数派であったことがわかる(表1-10)。これらの

表1-8　ラングーンの地区別人口の変遷(1881～1921)　（単位：人）

	地区名	1881	1891	1901	1911	1921
北西部	ノース・チーミンダイン	9,666	12,842	15,052	20,963	26,206
	サウス・チーミンダイン	13,740	15,422	21,945	30,006	31,913
西部	ランマドー	8,815	10,625	13,742	17,083	19,251
	タヨウッタン	6,994	12,923	17,004	18,964	21,949
核心部	ノース・ウェスト・タウン	22,446	13,893	18,089	19,716	21,541
	サウス・ウェスト・タウン		6,792	9,834	10,717	11,754
	クンヂャン		8,056	7,916	8,936	23,040
	ノース・イースト・タウン	9,624	6,030	7,857	9,982	
	サウス・イースト・タウン		8,677	13,090	12,627	15,870
東部	ボータタウン	18,552	24,705	26,228	35,696	19,319
	イェヂョー					23,399
北東部	テインビュー	7,442	14,281	26,173	34,808	37,200
	タームウェ	10,904	16,286	23,119	28,253	30,934
南部	ダラー	6,953	7,489	10,470	27,216	31,414

出典：Census 1881-1901; Rangoon Census Table 1911; *Report on the Public Health of Rangoon*, Rangoon: Superintendent, Govt. Printing and Stationery, 1927, pp. 150-153 より作成。

表1-9　ラングーンの地区別人口密度の変遷(1881～1921)

	地区名	面積＊ (km²)	人口密度 (人/km²) 1881	1891	1901	1911	1921
北西部	ノース・チーミンダイン	9.1	1,063	1,412	1,655	2,304	2,881
	サウス・チーミンダイン	6.7	2,064	2,317	3,297	4,507	4,794
西部	ランマドー	0.5	19,108	23,031	29,787	37,029	41,729
	タヨウッタン	0.4	18,003	33,264	43,769	48,814	56,498
核心部	ノース・ウェスト・タウン	0.3	28,444	42,384	55,185	60,148	65,716
	サウス・ウェスト・タウン	0.3		22,991	33,289	36,278	39,788
	クンヂャン	0.2		25,522	25,078	28,310	47,844
	ノース・イースト・タウン	0.3	10,207	36,343	47,354	60,162	
	サウス・イースト・タウン	0.6		13,833	20,869	20,131	25,301
東部	ボータタウン/イェヂョー	3.2	5,870	7,817	8,299	11,294	13,516
北東部	テインビュー	3.1	2,385	4,577	8,389	11,156	11,923
	タームウェ	14.9	732	1,093	1,552	1,896	2,076
南部	ダラー	17.7	393	424	592	1,540	1,777

＊面積は1911年時点のもの。史料上の面積(エーカー)は km² に換算した。
出典：表1-8と同。

テインビュー

	1891	%	1901	%	1911	%
仏教徒	8,579	60	11,494	44	12,118	35
精霊信仰者	3	0	146	1	354	1
ヒンドゥー教徒	3,811	27	9,624	37	13,998	40
ムスリム	1,294	9	3,328	13	5,255	15
キリスト教徒	544	4	1,506	6	3,020	9
その他	50	0	75	0	63	0
合計	14,281	100	26,173	100	34,808	100
男女比	153		171		185	

ノース・チーミンダイン

	1891	%	1901	%	1911	%
仏教徒	8,726	68	8,869	59	11,610	55
精霊信仰者	87	1	269	2	251	1
ヒンドゥー教徒	3,219	25	4,394	29	6,075	29
ムスリム	512	4	999	7	1,928	9
キリスト教徒	294	2	479	3	1,088	5
その他	4	0	42	0	11	0
合計	12,842	100	15,052	100	20,963	100
男女比	158		165		158	

タームウェ

	1891	%	1901	%	1911	%
仏教徒	6,065	37	7,137	31	11,342	40
精霊信仰者	56	0	250	1	227	1
ヒンドゥー教徒	7,949	49	12,249	53	12,363	44
ムスリム	1,980	12	3,008	13	3,343	12
キリスト教徒	236	1	410	2	854	3
その他	0	0	65	0	124	0
合計	16,286	100	23,119	100	28,253	100
男女比	337		296		209	

表1-10　ラングーン各地区（一部）における宗教別人口構成（1891～1911）

核心部

	1891	%	1901	%	1911	%
仏教徒	7,291	17	6,044	11	5,798	9
精霊信仰者	107	0	1,150	2	814	1
ヒンドゥー教徒	15,589	36	22,755	40	25,127	41
ムスリム	14,714	34	19,905	35	22,825	37
キリスト教徒	5,514	13	6,406	11	6,385	10
その他	233	1	526	1	1,029	2
合計	43,448	100	56,786	100	61,978	100
男女比	270		306		346	

タヨウッタン

	1891	%	1901	%	1911	%
仏教徒	9,898	77	8,169	48	9,815	52
精霊信仰者	3	0	4,574	27	3,906	21
ヒンドゥー教徒	1,758	14	2,912	17	3,895	21
ムスリム	1,086	8	1,089	6	1,083	6
キリスト教徒	174	1	229	1	225	1
その他	4	0	31	0	40	0
合計	12,923	100	17,004	100	18,964	100
男女比	180		203		231	

ランマドー

	1891	%	1901	%	1911	%
仏教徒	8,861	83	10,103	74	10,842	63
精霊信仰者	1	0	208	2	267	2
ヒンドゥー教徒	1,193	11	2,243	16	4,677	27
ムスリム	384	4	824	6	913	5
キリスト教徒	186	2	348	3	384	2
その他	0	0	16	0	0	0
合計	10,625	100	13,742	100	17,083	100
男女比	110		134		165	

註　男女比は，女性100人当たりの男性の人数。
出典：Census 各年次地域別宗教別人口統計 より作成。

地区では、インド人労働者のための集合住宅の非常な過密状況が問題視されることになった(第四章)。

ラングーンは、三方をフライン川・ラングーン川とパズンダウン・クリークによって囲まれていたが、その川沿いの地帯には、精米所や製材所が立ち並ぶ細長い工業地区が発達した。これらの精米所や製材所は大量の単純労働者を雇用し、そうした被雇用者を収容するための集合住宅を敷地内に有していた。したがって、過密な労働者集合住宅の密集という点では、川沿いの工業地区は都市核心部と似通った状況にあったといえる。

都市の縁辺

ラングーンの居住空間は、人口の急増にともなって、核心部から外側へと広がっていった。しかし、その拡張の方向は限られていた。ラングーンでもっとも居住に適していたのは、シュエダゴン・パゴダが鎮座する北側の丘陵地帯であったが、その一帯は植民地化の当初から、軍隊の駐留する兵営地として設定されており、住民の自由な居住は許されていなかった[42]。しかも、兵営地周辺の高みにある場所もごく少数の富裕者層に独占されていた。そのため、都市人口の大部分を占める庶民のための居住地は、丘陵地帯を避けるかたちでU字型に北方へと伸張するか、あるいは川やクリークを越えて対岸へ展開するほかなかった。それらの地域は大概、水はけの悪い低湿地であったから、土木事業による土地の改良をへないことには居住環境は劣悪なものにならざるをえなかった。一八七七年にラングーン―プローム間を結ぶ鉄道が開通すると、その線路は丘陵地帯を囲い込むように敷設され、庶民の住む低湿地と鉄道線の反対側に広がる高級住宅地とを分離した[43]。

核心部の外側でもっとも人口の集中が激しかったのは、核心部の西側に隣接する地域であった。核心部から西側へ順にタヨウッタン、ランマドーと続く。これらの地域の人口密度は、核心部に匹敵する高さであった。行政は早期に碁盤目状の道路をこれらの地域に延伸したが、それ以外の土地整備事業は核心部ほどには進まなかったため、不衛生な状況が生まれることになった[44]。

タヨウッタンは、その名がビルマ語で華人街を意味する通り、華人の集住地区であった。前述の一八六七年の衛生委員会の報告には、この地区の状況が述べられる際に住民への言及はなされなかった[45]。しかし、第二次英緬戦争を契機としてこの地への広東人と福建人の流入が始まり、一八六〇年代までにそれぞれの廟が建てられたという[46]。両者の割合は拮抗していたが、当初より広東人には大工など土木建設に関わる労働者が多く、福建人には商業従事者が多かった。そのため、いつの頃からかビルマ語で前者を「半袖《レットウ》」、後者を「長袖《レッシェー》」と呼ぶようになった。

一九世紀末頃からラングーンにおける華人人口の増加が顕著になってくる(表1-2)。華人はセンサスごとに、仏教徒として数えられる者が多かったり、精霊信仰者として数えられる者が多かったりしたため、表1-10の地区別・宗教別人口の内訳のなかで華人がどれほどを占めたのか明らかではない[47]。しかし、ラングーン華人人口の相当の部分を華人街が吸収したと推測される。華人街では、移民の相互扶助を目的として設立された会党などの華人諸団体が住民の生活を規律しており、植民地行政の介入を許さなかった。世紀転換期には、このような自律的空間の存在が統治上の問題とみなされるようになる(第二章)。

ランマドーは、早期から都市中心部付近におけるビルマ人の町として発達した。一八六七年の衛生委員会報告では、ここでの開発の状況を「もともとの低湿地を居住可能な乾いた土地にするためのプロセスの第一段階」ないし、「第二段階」と記している[48]。すなわち、区画を取り囲む碁盤目状の道路が敷設され、それが堤防の役割をはたして潮汐の影響を防いでいる状況であった。しかし、道路以外の場所は基本的に湿った状態であり、溜まった水を排出するための放水路が設けられた。住民についてはつぎのような文章がみられる。

このブロックにはビルマ人が居住している。彼らの家がブロックを取り囲んでおり、東部には内側にも一列ないし二列の家並みがある。しかし、中央部は低湿地であり、まだ人は住んでいない。

報告書では、このあと、便所の記述が続く。ラングーンのビルマ人の便所は、当時、四本の柱で支えられた高台がマットか板で覆われただけのものが一般的で、それは潮汐が汚物を洗い流す環境で育まれた習慣であった。ところが、この地区では道路の敷設によって潮汐の影響は防がれていたので、便所の下の汚物は流されることなく蓄積し、不衛生な状況を生み出した。しかも、植民地政庁の資金不足によってこの地域の改善は先送りにされた。一九世紀末までに核心部と同程度の人口密度にいたるほど人口が増加し、極めて不衛生な状況に陥ってはじめて、行政による真剣な取り組みが始まることになる(第五章)。

ランマドーのさらに西側は、「汽水を好む低木の茂みに覆われた広大な低湿地が広がって」いた。[49] センサスの地区ではサウス・チーミンダインにあたる地域であるが、低湿地はときにアーロン低湿地と呼ばれた。この広い湿地帯は、以後も長いあいだ、ラングーンの都市の西方への拡大を阻み続けることとなる。

核心部西部の諸地域についで、核心部の東部に隣接するボータタウン、イエヂョー、また北部に隣接するテインビューといった地域に人口増加が波及していった(表1-8)。これらの土地にも、人口増加を後追いするように、碁盤目状の道路が敷設され、漸次的に土地の改良がおこなわれていった。[50] また、北西部のノース・チーミンダインのフライン川沿いの地域には、一八五〇年代という早い時期に中心部と同じ規格の碁盤目状道路が移植され、飛び地的な町が形成された。[51] テインビューやノース・チーミンダインは、一九世紀中はビルマ人の存在が卓越していたという点でランマドーに似た性格を帯びていた。これらの地区では、人口の増加にともなって仏教徒人口の割合が低下し、ヒンドゥー教徒やムスリムの割合が増えていった。こうした人口の転換は都市全体に一般的にみられる傾向ではあったが、とくにテインビューではその度合いがはなはだしかった(表1-10)。

ノース・チーミンダインの内陸部、北東部のタームウェ、ヤンゴン川の対岸の南部ダラーは、もっとも人口増加が遅く起こった(表1-8)。これらの地域は人口密度も相対的に低く、ラングーンの郊外を形成した(表1-9)。タームウェでは、全市のなかでも例外的に、一九〇一年から一一年にかけて仏教徒人口の割合が増加した(表1-10)。これは、後背地からの流入のみならず、中心部から流出したビルマ人人口の到来も原因であると思われる(第五章)。

以上のように、一九世紀と二〇世紀の転換点までに、都市の核心部には富裕層や中間層に担われるきらびやかな世界と過密な労働者集合住宅とが隣り合わせに存在しており、その縁辺の低湿地上におもにビルマ人からなる定着居住民の木造家屋の住宅地が広がっていた。人口統計の数値上でみるならば、当初は、核心部のインド人と周縁部のビルマ人という棲み分けがある程度成立していたようであるが、時代がくだるにつれ、インド人の周縁地区への浸透が顕著になってくる。

第二次英緬戦争の結果、英領ビルマ行政の首府として、かつ、米輸出経済の主要港として建設された植民地港湾都市ラングーンは、一九世紀後半から二〇世紀初めにかけて大量の移民労働力を吸引することによって、その規模を大きく膨張させた。その結果として、都市に特殊な複合社会が形成された。社会の頂点は、植民地の高等文官や大資本家といったごく少数のヨーロッパ人が独占した。ヨーロッパ、中国、インド、ビルマなどに出自する多様な要素から構成される中間層は、コスモポリタンな雰囲気を醸成した。都市下層の住民には、流動的なインド人単身労働者と、ビルマ人家族を核とする定着居住民という性格を異にするふたつのタイプがあった。

当初は、ビルマ人や華人、インド人といった人口の各構成要素は、ある程度距離をおいて棲み分けることが可能であったと思われるが、限られた都市空間のなかでの人口膨張はまもなくそのような棲み分けを困難にした。棲み分けの瓦解は、圧倒的多数のインド人出稼ぎ労働者のあらゆる場所への浸透というかたちをとった。移民労働者の流動性と遍在性が、ラングーンの町をもっとも色濃く特徴づける。土地に根ざした生活を送る定着居住民は、移民労働者の遍在性ゆえに彼らとの接触を余儀なくされてゆくのである。

第二章 華人統治——追放政策の始まり

デルタの急速な開発が進むなかで、外部からの移民の流入は開発に必要な資本や労働力をもたらした。しかし、膨大な浮動人口は、ビルマ州政庁の膝元であるラングーンの社会において、統治上のリスクをも高めるものだった。こうした社会問題のひとつに治安の悪化がある。農村部では、社会を日常的に監視するための仕組みが、その効果のほどはともかく、作り出されていった。それに対して都市においては、監視体制をつくり、機能させることが農村部以上に難しかった。こうした状況のもとで、ビルマ州政庁はラングーンの治安を維持するため、外来犯罪者の追放という手段を重視するようになる。

ビルマ州政庁の追放政策は、植民地法制のふたつの系譜のうえに位置づけられる。ひとつは西方、英領インド内部で発達した犯罪予防措置のそれである。もうひとつは東方、海峡植民地の華人統治策に起源する。本章は後者に焦点を合わせ、ビルマ州政庁が追放政策の運用を始めた経緯を明らかにする。

これまで、植民地ビルマの警察・治安維持に関する研究では、ラングーンの都市警察や外来者を対象とした治安維持政策が取り上げられることはなかった。[1] また、植民地権力による華人統治は、東南アジアの他地域では厚い研究蓄積のあるテーマであるが、ビルマに関してはやはり研究がほとんどない。ラングーンの華人統制策が、シンガポールを中心とする海峡植民地の制度に大きな影響を受けたことは指摘されているものの、制度の内容にまで踏み込んで、相違点を析出した研究は皆無である。[2] 海峡植民地との比較は、ビルマやラングーンの特殊性をよりいっそう明確に浮かび上がらせるだろう。

1　都市社会における犯罪と警察

市警の設立と街区長制度

まずは、ラングーンの警察制度と犯罪の様相を概観しておきたい。ラングーンでは、都市化の進展にともなう治安の悪化に対応するため、一八九九年にインドの管区都市カルカッタ、ボンベイ、マドラスに倣って都市警察が組織された。ラングーン市警は、ビルマ州全体の警察機構から独立し、州政庁に直接責任を負う機関であった。[3] 独立した都市警察組織の設置により、ラングーンとそのほかの地域のあいだでの警察官の異動をなくして、長期的に都市に勤務する警察官を育成すること、また、比較的高額の給与で人員の質を確保することがはかられたのである。[4] 市警の業務は多岐にわたった。刑事事件の捜査のみならず、賭場や娼館の取り締まり、密造酒や麻薬や火器など非合法物品の摘発、市の定めた条例に違反する建築物の取り締まり、巡邏や前科者に対する監視など、防犯のための日常的業務も重要であった。

発足当初のラングーン市警は八〇〇人超の人員を擁した。表2-1をみると、組織を統括するラングーン市警本部長を頂点として、警部補以上の高い階級はキリスト教徒のヨーロッパ人がほぼ独占し、その下の巡査部長などには仏教徒のビルマ人が多く、最下級の巡査にはムスリム、ヒンドゥー教徒のインド人が多かったことがわかる。一八九九年の市警年次報告の巡邏の項目には、「ラングーンのような大きな町では、巡査はさまざまな事柄について報告し、さまざまな民族(nationalities)の人びとを扱わなければならない」と記されている。[5] 都市の社会構成の複雑さが、ある程度、警察の人員構成に反映されていたといえる。[6] 二〇世紀に入ると市警の人員は順次増強されていった(表2-2)。[7] 警察官一人当

表2-1　ラングーン市警の宗教別・階級別人員数（1899・1900年）　（単位：人）

	1899				1900			
	警部補以上	巡査部長等	巡査	合計	警部補以上	巡査部長等	巡査	合計
キリスト教徒＊	12	12	0	24	13	13	0	26
ムスリム	9		196	205	9		271	280
ヒンドゥー教徒	14		432	446	15		387	402
仏教徒	47		106	153	48		102	150
合計	15	79	734	828	18	80	760	858

＊　どちらの年もキリスト教徒は全員ヨーロッパ人。1899年には３人，1900年には５人の「現地人 native」の警部補がいるが，それがムスリムかヒンドゥー教徒か仏教徒か不明。
出典：Report on the Rangoon Town Police 1899; 1900 より作成。

表2-2　ラングーン市警の人員規模（1901～36）　（単位：人）

	1901	1906	1911	1916	1921	1926	1931	1936
警部補以上	nd	69	79	102	117	128	147	161
巡査部長・巡査	nd	876	1,009	1,246	1,425	1,360	1,364	1,405
合計	938	945	1,088	1,348	1,542	1,488	1,511	1,566

出典：Report on the Rangoon Town Police 各年次より作成。

たりの人口は、一貫して二五〇〇人前後であった。ボンベイ市警で警察官一人当たり五〇〇人付近を推移していたことを考慮すれば、これは比較的優良な数値であったといえる。[8] 一九〇一年以降は、市警年次報告の人員統計に宗教別の内訳が記載されなくなるが、ますます複雑さを増す都市社会の人口に対応するため、警察人員の構成においても多様性が維持されたと考えられる。

警察機構の外側にあってその業務を補完する仕組みに街区長（ビルマ語で「ルーギー」や「アクウェッオウッ」などと呼ばれた）の制度があった。都市警察と街区長制度の組み合わせは、ラングーンに特殊なもので、インドのほかの都市にはみられなかった。[9] 街区長制度は、ビルマ州農村部における治安維持の仕組みが都市においても展開されたものであったといえる。ビルマ州では、一八八〇年代に村落が植民地行政の末端組織へと再編され、村長に日常的な警察業務を担わせる制度が確立した。[10] この村落制度の発想が都市にも適用されたのであろう。ラングーン市警本部長は、通りを基礎として市内に数百の街区を設定し、その住民のなかから街区長を任命して、担当街区の日常的監視と警察への情報提供にあたらせた。[11] 街区長の選定には、各街区の住民構成が考慮された。例えば、ランマドーではほぼすべての街区でビルマ人が任命されたし、都市核心部ではヒンドゥー教徒やムスリムが任命された。[12] 街区長制度には、巡邏制度を補完して日常的な防犯体制を整えるとともに、警察と地元社会とを結びつける役割が期待されたのである。

ところが、街区長には農村部の村長に認められていたほどの権威や特権が与えられなかったため、警察が地元社会との橋渡し役として期待した有力者をこの任につけることは難しかった。一九二二年の市警年次報告には、つぎのような記述がみられる。

ラングーンにおける街区長たちの地位は奇妙なものである。彼らは市警本部長によって随意に任命されるが、彼らの権力、義務、特権、報酬についてはなんら規定されていない。彼らには権力も報酬もないようにみえるのに、あらゆる機会に警察へ協力し、街区の夜警をし、昼夜を問わずいかなる時間でも警察署の駐在官の要望に従うことが期待されている。こうした状況では、ほとんどの地位ある人物が進んでこの仕事を担おうとせず、仕事に就いた者は無気力かそれ以下の仕事ぶりであるということも驚くに値しない。[13]

市警は、功績のあった街区長に賞金や賞状などを授与したり、武器の携行を一部認めたりすることでその権威を高めつつ、街区長を集めた会議を定期的に催して業務の励行を促した。[14]

ラングーンにおける治安維持制度は、警察組織の設置と地元有力者の取り込みを基礎にしようとした点で、ビルマ州全体のそれを踏襲していた。しかし、都市においては、比重として、都市警察組織による治安維持がより重要な役割を担っていたと思われる。というのは、地元有力者との協力が期待された街区長制度は、しばしばその欠陥が指摘されたにもかかわらず、抜本的な改善策が講じられることはなかったからである。このことは農村社会を前提として構築された治安維持制度が、都市には不適合とみなされ、あまり重視されなかったことを示唆している。

では、ラングーン社会における犯罪の様相とはいかなるものであったのか。都市犯罪と市警の捜査について具体的な像を得るため、一九一〇年代初頭のふたつの事例を紹介しよう[15](地名については地図5を参照)。

〈事例①〉三三番街日本人娼館主殺人事件[16]

一九一二年八月二六日、市の中心部、三三番通りの路上で、白昼、日本人男性が別の日本人男性を刃物で刺して逃走した。残された資料からは事件の動機は不明であるが、被害者フジタと犯人ヤスナガは両方とも三三番通りに住む娼館経営者であった。三三番通りは、南北を走る目抜き通りであるスーレー・パゴダ通りの東隣を並走する裏筋で、娼館の集中地として有名であった。

事件発生時、たまたま近くを通りかかったパンジャーブ出身のゴーラム・アリ巡査は、騒ぎを聞きつけて現場にかけつけたが、犯人は逃走したあとだった。アリ巡査は、傷を負った被害者を現場から二〇〇メートルほどのチャウタダ警察署に運んで事件を報告した。被害者は市西部のラングーン総合病院へ移送され、そこで死亡した。

事件発生の報告を受け、チャウタダ警察署のオースティン警部補の指揮下、ビルマ人準警部補マウン・タリンらが現場近辺で聞き込みをおこなった。聞き込みを受けた近隣住民には、ラングーン生まれで英字紙『ラングーン・タイムズ』の出版社に勤めるビルマ人植字工や、インド東部出身でムスリムの傘修理工などがいた。彼らの証言から、犯人ヤスナガは三三番通りから建物裏の排水路地を東へ横切り、三四番通りに抜けて逃走したことが判明した。しかし、その後の行方は杳として摑めず、準警部補らが下ビルマの諸都市に派遣されて犯人の捜索にあたった。

事件から数カ月後、ヤスナガのもとで働いていた売春婦オノウの証言から、同じくヤスナガのもとで働いていた売春婦トクエや、ヤスナガの娼館の共同経営者であったイアシダという日本人男性が、事件後しばらくしてからペナンへ移住したことが判明した。また、イポーとペナンの日本人娼館にヤスナガが滞在していたという情報も得て、ラングーン市警察は一九一二年末、チャウタダ警察署のジェニングス警部補代理をペナンに派遣した。しかし、同地での追跡中、ヤスナガにジャングルへ逃げ込まれたため、警部補代理はヤスナガを逮捕することができなかった。

さらに半年後の一九一三年六月、ビルマ州政庁は蘭領東インド当局から、スマトラ北端のサバンでヤスナガらしき男を拘留したとの電信を受けた。ビルマ州政庁は、イギリスとオランダとの逃亡犯罪者引き渡しに関する条約に基づき、再びジェニングス警部補代理を北スマトラの主要都市メダンへと派遣した。同地において、ジェニングスはヤスナガを逮捕し、ラングーンへと護送した。

〈事例②〉ストランド通り華人商店横領事件[17]

一九一三年六月三〇日、華人街のラングーン川沿い、ストランド通り六六番地に商店を構える福建華人タン・チェンウンは、華人街を管轄するラタ一警察署のブラウン警部補に、従業員が店の金を着服し逃亡したらしいと陳情した。

陳情にいたった経緯は、以下の通りである。六月一二日、商店主タン・チェンウンは、ベンガル銀行が振り出した一万五〇〇〇ルピーの小切手を取引先のチェッティヤー(南インド出身の金貸しカースト)から受け取った。店主はこの一万五〇〇〇ルピーをチャータード銀行の自分の口座に預金するため、従業員の潮州華人タン・トックエンに小切手と預金通帳を渡し、チャータード銀行へ行かせた。当時、同商店が雇用していた三、四人の従業員のうちの一人であったタン・トックエンは、関税局や銀行での用事を担当しており、月給は三五ルピーであった。チャータード銀行へ使いにでた従業員タン・トックエンは、二時間ほどで戻り、店主に預金通帳を返した。通帳には小切手受取の控えが貼られ、チャータード銀行の押印と出納係の頭文字署名がなされていた。店主タン・チェンウンは銀行印と署名を以前のものと見比べ、似ていることを確認した。

翌一三日、従業員タン・トックエンは出勤後、頭痛があると言って帰宅し、その日以来、二度と出勤することはなかった。同月二六日、店主タン・チェンウンは、シンガポールから輸入した魚の干物の代金を支払うため、預金をおろしにチャータード銀行へ赴いた。しかし、そこで華人出納係から一万五〇〇〇ルピーは預金されていないと告げられた。小切手受取の控えが貼られた預金通帳をみせても、埒があかなかったので、三〇日にラター警察署へ訴え出たのである。

陳情の直後、店主タン・チェンウンとブラウン警部補は、タン・トックエンを探しに、同人が住んでいた郊外のカマーユッ地区（市中心部から北北西へ五キロほどのところに位置）に行ったが、見つけることができなかった。ブラウン警部補はタン・トックエンの人相書を、市外の警察署およびペナン、シンガポール、バンコクへ送った。また、市内での捜査により、タン・トックエンが小切手を振出元のベンガル銀行で換金し着服したこと、チャータード銀行の小切手受取控えを偽造して店主に渡したこと、通貨局で偽名を使って着服した高額紙幣を少額紙幣に両替していたことなどが判明した。

四カ月後の一〇月九日に事態が進展する。タン・トックエンとともに行方をくらませていた、ビルマ人妻のマ・ミャニュンがカマーユッ地区に戻ってきたからである。彼女の証言は以下の通りであった。マ・ミャニュンと夫のタン・トックエンは、彼女の生地であるカマーユッ地区で一緒に暮らしていた。タン・トックエンが仕事へ行くのをやめてから二、三日後に、タン・トックエンは彼女を連れて陸路バンコクへ向かった。鉄道でモールメインへでて、そこからコーカレイッ経由でバンコクへでるルートであった。二人はしばらくバンコクで部屋を借りて暮らした。タン・トックエンがマ・ミャニュンに、中国へ戻るからついてきてほしいと申し入れると彼女はそれを断った。二人はシンガポールまででて、そこで別れ、彼女は船賃をもらってラングーンに戻ってきた。

マ・ミャニュンは、ラングーンに帰った二日後に、ラター警察署に出頭を命じられた。ブラウン警部補は、彼女の証言の写しをシンガポールとバンコクへ送り、それから一週間もたたない一〇月一五日に、在バンコク英国公使から当地警察による被疑者逮捕の電信が届いた。ビルマ州政庁は、シャムとの犯罪者引渡条約にのっとって、シャム当局へ犯人の引き渡しを要求し、シャム外務大臣の承諾を得たあと、ラングーン市警から警部補を派遣して、逃亡犯罪者の引き渡しを受けることになった。

これらの事例で顕著なのは、登場人物の出自の多様性と、犯罪者の移動性の高さであろう。複数の異なる政府が、やすやすと越境する犯罪者に対応するため、互いに情報提供し協力し合った様子が読み取れる。[18] たしかに、これらの事例は逃亡犯引き渡しのための条約に基づいて国際協力がなされた特殊な事例である。しかし、このような人びとの移動性の高さは、ラングーン社会に一般的にみられる現象であった。

ラングーンは国際的な都市ネットワークのひとつの結節点をなしており、多様な出自をもつ人びとは自らの社会関係を利用してこのネットワークのうえを往来していた。事例①でラングーンからマレー半島のイポー、ペナン、ついで蘭領東インドのスマトラ島へと逃亡したヤスナガの足跡は日本人娼館の所在地をたどったものであった。また、事例②でタン・トックエンがラングーンからバンコクへ逃げ、そこで中国へ帰る機会をうかがっていたことの前提には、バンコクを中心とした潮州華人たちの社会関係の広がりがあったと考えられる。[19] 国際的な都市ネットワークは無数の社会関係の束として存在し、ラングーンはその開かれた系のなかに位置していた。そうした状況にあって、都市社会の人種構成の複雑さと流動性の高さが市警による犯罪者の捕捉を難しくしていたのである。[20] ここに農村部の状況との大きな相違点があった。

こうしたなかで一九一〇年代から二〇年代にかけて、植民地権力にとって望まれざる者を都市から排除する方策が重要性を増してくる。そのきっかけとなったのが外国人である華人の追放政策であった。以下では、一度、時計の針を戻して、世紀転換期からその経緯をたどってみよう。

2　海峡植民地からの制度移植

華人街の騒擾

二〇世紀の初頭、華人街はラングーンでもっとも犯罪の多い地域であった。人口の流動性の高いラングーンでは概して警察活動が困難であったが、とりわけ華人の存在が犯罪と結びつけられて、当局の注意を引いた。設立されてまもないラングーン市警は、一九〇二年から一九〇六年までの年次報告書に、市内の警察署管轄区域別の犯罪統計を掲載した。それによると、この時期の全市犯罪件数の約四分の一が、華人街を管轄するラター警察署の管内で発生している。[21] こうした統計の存在自体、当時、華人街が犯罪多発地域として注視されていたことを示していよう。

華人街の治安の乱れを象徴していたのが、複数の「偽クラブ」の存在であった。ラングーンには、当時、ヨーロッパ人のためのペグー・クラブや、華人のためのソーシャル・クラブといった上層階級のための社交の場が存在していた。しかし、華人街の偽クラブは、名称上はそれらを模しつつも、実態としては賭場にすぎなかった。ラングーン市警は、機会を見つけては、そうしたクラブへの立ち入り捜査をおこない、関係者を逮捕していた。[22]

一九〇四年一二月三日の夜、そうした偽クラブのひとつである二三番通りのチャイニーズ・クラブに、ラングーン市警の警察官数人による強制捜査がおこなわれた。違法賭博への関与の罪で三八人が逮捕され、警察官たちが逮捕者を連行してクラブからでようとしたところ、石や煉瓦を手にした華人群衆に襲われ、クラブ内への撤退を余儀なくされた。結局、軍事警察が派遣され、暴徒は四散したが、軍事警察に一人、ラングーン市警に一人の負傷者を出した。[23]

この事件をうけ、ラングーン市警本部長R・G・P・P・マクドネルは、ラングーン市警法に基づき、二〇人の華人有力者を特別巡査に任命して暴動の再発を防ぐことにした。[24] さらに、華人群衆による警察官の襲撃に危機感を強めたマクドネルは、翌一九〇五年三月にビルマ州政庁に対して、華人統制のための新たな仕組みづくりを提案した。一九〇四年末の暴動が決定的に明らかにしたことは、警察が華人たちからの協力を期待できないということであった。暴動の最中と事後に数人の協力者はいたものの、結局、暴徒を名指しで特定する者や証言のため法廷に立つ者は誰一人として現われなかった。こうした華人たちの黙秘は、暴動の時のみならず、平時においても問題視されていた。法廷での証言がまったく得られない状況では、ラングーン市警法の犯罪予防規定も意味をもたず、清国での悪行によって帰国できないと知られている要注意人物に対してすら、警察が事前に手を打つことができなかったからである。

マクドネルはこうした事態の背後に、「秘密結社」(secret societies)すなわち「会党」の影響を見て取り、「それらの結社の力――それは全華人コミュニティの成員たちを怯えさせるに十分であり、あらゆる犯罪捜査の試みを完全に挫いてしまう秘密主義を確たるものにする――そうした力に当局が対処できるようにする法律が必要とされているのです」と政庁に訴えた。具体的には、海峡植民地でなされているように、すべての結社やクラブの登録を義務化する新法の制定が求められた。ラングーンでは、これらの「秘密結社」の実態は、役職者が誰であるのかを含めてほとんど不明であり、マクドネルは登録義務化によって、まずこれを把握しようとしたのである。[25]

マクドネルの提言を受けて新任のビルマ州準知事ハーバート・サーケル・ホワイトは、シンガポールや香港と連絡をとり、それらの植民地における華人統制の法律を取り寄せたうえで検討を施した。一年半後の一九〇六年一〇月、ビルマ州政庁は、新法を制定するに足る十分な理由を見出せないとして、マクドネルの提案を退けた。しかし、政庁はさらなる検討の必要性は認め、華人社会の統治について先進的であった海峡植民地から、専門官一人を一年間借り受けて、この問題に関する報告書の作成にあたらせることにした。この措置はインド政庁の裁可を受け、海峡植民地側からの同意も得られたため、実現する運びとなった。[26]

ところで、一九〇〇年代半ばの時期は、ビルマ州における対華人政策の転換期にあたっていた。それ以前の一八九一年から一九〇四年までのあいだ、ビルマ州には華人問題顧問官というポストが存在し、本国外務省所属の清国担当領事官職で勤務経験をもつW・ワリーがその任に就いていた。[27] 華人問題顧問官のおもな職務はふたつあった。ひとつは州内の華人の利害関心を研究してその不満に対処することであり、もうひとつは雲南国境問題への対処であった。インド中央政庁や本国の関心では、ビルマ州の華人問題は上ビルマの併合後に国境を接することになった清国との外交関係上重要だったのであり、こうした関心に基づいて華人問題顧問官が設置された。

しかし、イギリスと清国との国境問題を、外務省指導下の在雲南領事館がもっぱら担当するようになると、ビルマ州の華人問題顧問官の重要性は相対的に低まり、一九〇四年のワリーの引退を機に、このポストが廃止されることになった。このとき、ビルマ生まれの華人でビルマ州の行政官であったトー・セインコー(杜成誥)が、新設の華語試験官としてその職務の一部を継承した。[28] トー・セインコーの本来の役職は考古学研究官であり、研究のかたわらで必要に応じて州政庁から清国問題や州内の華人問題についての諮問を受けることとなったのである。

華人問題顧問官の月給が、初任給一二〇〇ルピーから昇給上限一八〇〇ルピーまでと極めて高額に設定されていたのに対して、華語試験官の月給は二五〇ルピーにすぎなかった。[29] このように華語試験官が専任の役職ではなく、その給与も相対的に低かったことは、ビルマ州政庁およびインド中央政庁のビルマ華人に対する問題意識が著しく低下したことの表われであったと考えられる。これとほぼ時期を同じくして、ラングーン市における華人統治という地方的問題が新たに市警によって取り上げられ、海峡植民地から専門官を借り受けることになった。ビルマ州行政においては、華人に対する関心が全般的に低下するなか、その重点が上ビルマの国境地域から、下ビルマのラングーンへとシフトしつつあったのである。

なお、一九〇一年時点でのビルマ州の全人口は約一〇〇〇万人であり、そのうち華人は六万人強で、わずか〇・六%にすぎなかった。華人人口の分布には、北東部国境地域を含む内陸部に約三〇%、ラングーンを中心とするイラワディ・デルタに五〇％とふたつの極があり、それぞれ陸路南下した雲南系と、海峡植民地を経由して海路流入した福建系・広東系が多かった。[30]

ピーコック報告

海峡植民地から派遣されたウォルター・ピーコックは、一九〇七年六月一二日付でビルマ州に着任し、ラングーンの華人街に居を構えて調査を開始した。当時三一歳のピーコックは、ケンブリッジ大学卒業後に植民地高等文官に任官し、広東やマカオで語学研修を受けつつ、海峡植民地の華人保護署に八年間勤務した人物であった。広東語の専門家であるが、福建語も解し、漢字の知識も豊富で、来緬直前にはペナンの華人保護官補を務めていた。[31]

着任前にビルマ政庁からピーコックに宛てられた手紙によると、彼の任務は、ラングーンを中心として、メルギー、モールメイン、タヴォイなどビルマ州各地に海路流入してきた華人の状況、とくに会党の実態について調査し、報告書をまとめて政策提言することであった。つまり、上ビルマに多くみられた雲南からの華人は調査対象から除かれていた。ピーコックはラングーンにおいては、マクドネルの後任のラングーン市警本部長や県治安判事と連絡を取り合って調査をおこなうように求められ、調査に対するできる限りの便宜が供与されることが確約された。ラングーンの外では、地方行政の基礎単位である県の長官や、複数の県からなる管区の長官と協力しながら、調査が進められることになった。[32]

ピーコックのまとめた『ビルマにおける華人問題に関する報告書』は、一九〇八年五月にビルマ州政庁に提出された。[33]この報告書のなかでピーコックは、華人の諸団体を姓氏団体、同郷団体、同業団体、宗教団体、社交団体などに分類したうえでそのリストを作成した。リストにはビルマ全土で一三九の団体が記載され、うち五一団体がラングーンに存在するものであった。[34]

ピーコックが注意を喚起したのは、これらのうちとくに規模が大きく広範な影響力を有する義興公司、松柏館、和勝公司、建徳公司の四つの会党である（表2－3）。義興公司、松柏館、和勝公司の三つは、中国の三合会の流れを汲む団体であり、その入会儀礼や暗号を継承していた。建徳公司は上記の三団体と似た組織を有していたが、三合会とは関係がなく、ペナンで設立された団体であった。ラングーンにあるこれらの会党は、いずれも海峡植民地のそれぞれの会党の支部であったが、一八九〇年に海峡植民地において会党が非合法化されたあとも活動を続け、ビルマ内の諸支部を統括するようになった。これらの会党は、出身地や話す方言による会員資格の制約はなかったものの、義興公司には広東人が、松柏館には客家が、和勝公司と建徳公司には福建人が集まる傾向にあった[35]。

とりわけ問題視されたのは、和勝公司と建徳公司との紛争であった。こうした会党同士の紛争を「械闘《かいとう》」と呼ぶ。和勝公司と建徳公司は一九〇五年頃より対立を深めており、ラングーン市のほか、バセイン県やヘンザダ県などデルタの諸地域で械闘が発生していた。地方の械闘には、しばしばラングーンの会党本部から無頼漢が送り込まれ、彼らが警察に逮捕された場合には、裁判費用などが会党の資金で賄われた。ピーコックは、広東人と福建人が抗争しているのではないという点に注意を喚起して、広東人と福建人が互いに距離をとっているのに対し、両公司の福建人たちは、同じ方言集団に属し、同じ職業に従事し、日々顔を合わせるために、争いが起きやすいと分析した[36]。

他方、広東人はそのほとんどが義興公司に属したが、それとは別に「行」という同業組合的な組織にも所属することが多かった[37]。ラングーンには利城行と魯城行という互いに似た、比較的規模の大きな団体があり（表2－3）、両者は一九世紀末の抗争以来、反目を続けていた[38]。福建人同士、広東人同士の争いという点で、このような会党や行のあいだでの械闘は複合社会の分節の内部で発生した問題であったといえる。しかしながら、和勝公司と建徳公司の争いが広域化し、激しさを増してゆくにつれ、行政権力もこれらの械闘を植民地社会全体の治安を脅かしうる問題として捉え始めたのである。

ビルマ州政庁はこうした問題について、華人社会の統治を華人自身の手に委ねる放任政策をとり続けてきた。ピーコ

表2-3　ビルマのおもな華人組織

義興公司 (Yi Hing Society)	三合会系結社。ラングーン，タウングー，バセイン，モールメイン，タヴォイ，メルギッなどに支部。ラングーンの会員数推定12,000人。ラングーンの広東人人口の７～８割が参加。200～300人の客家も含む。入会料15ルピー
松柏館 (Chhung Pak Kon Society)	三合会系結社。会員はすべて客家。ラングーンの会員数推定1,000～1,500人。活動は，ほとんどラングーンに限られる
和勝公司 (Hoseng Society)	三合会系結社。ラングーン，モールメイン，タヴォイ，メルギーの４支部が，海峡植民地の本部により直接開設された。ビルマ内のその他の支部は上記４支部からさらに派生したもの。ラングーンの会員数推定8,000～9,000人。入会料５ルピー４アンナ
建徳公司 (Kientek Society)	三合会系ではないが，同様の組織をもつ。ラングーン，モールメイン，タヴォイ，メルギッの４支部は，ペナン本部により直接開設された。デルタ諸地域の支部はラングーンに従属。ラングーン会員数推定10,000～12,000人。入会料６ルピー８アンナ
利城行 (Li Sheng Hong)	メンバーのほとんどは広東人(おもに大工)。一定の福建人，客家も含む。全ビルマで約3,000人。ラングーンのほかバセインにも支部。広東系娼館を保護する。入会料12ルピー
魯城行 (Lo Sheng Hong)	メンバーは広東人が多いが，利城行ほど大工の数は多くなく，比較的福建人も多い。客家や少数の海南人も含む。会員数は全ビルマで1,000～2,000人。ラングーンのほかバセインにも支部。入会料12ルピー

出典：Walther Peacock, *Report on Chinese Affairs in Burma*, Rangoon: Office of the Superintendent, Government Printing, 1908, pp. 10-25 より作成。

ックはこれを「粗雑で手軽な方法」として批判した[39]。ピーコックによれば、会党などの華人団体は植民地政庁にとって、功罪の両面をあわせもつ存在であった。華人社会内部の諍いの解決と不満の解消をそれらの団体に任せることで、政庁はその負担をある程度軽減することができた。しかしながら、その反面、私刑が横行するとともに、小さな諍いが団体間の械闘へと発展して、大規模化・広域化する傾向があった。結果として、無頼漢がのさばり、一般の華人たちはこれらの団体を恐れて、その悪行に目をつむり、口を閉ざすようになったというのである。また、政庁は華人団体の役職者すら把握できなかったし、大きな問題が起きたときに軍事警察を動員したり、乗り気ではない無関係の華人を煩わしい特別巡査の役に任命したりすることは、かえって華人社会の不満を募らせることになった。現行制度のままでは、ラングーンの華人人口が膨張するにつれて事態の深刻化を招くことが予想された。

そこで、ピーコックは「華人の諸団体を扱う最善の方法」として、海峡植民地で一八七〇年代から整えられてきた直接統治制度に基づいて、以下の政策提言をおこなった[40]。

第一に、ピーコックがもっとも重要視したのが、華語を解する常任専門官の設置であった。先述の通り、ビルマ州では一九〇四年の華人問題顧問官の廃止以来、華人問題を担当する専任の役職は設けられていなかった。しかしながら、華人統治のために効果的な政策をとろうとすれば、海峡植民地の華人保護署のように植民地行政機構の内部に、華語を用いて華人社会から直接情報を収集し、華人団体による申告内容の真偽を確かめ、華人たちの不満を吸い上げることのできる部署がぜひとも必要であった[41]。

第二に、すべての団体に対する登録の義務化である。対象を限定せずにあらゆる団体に網羅的に登録義務を課し、必要に応じて団体からの登録申請を拒否したり、登録を抹消したりする権限を植民地政庁に与えることが推奨された。これにより植民地政庁が、どのような団体に対しても、いつでも非合法化し取り潰すことのできる生殺与奪の権を握ることが期待された[42]。

第三に、械闘の首謀者や常習犯に対する追放政策の断行である。とくに械闘にまつわる裁判では、敵対する団体の会員同士が相手に罪を着せるためにしばしば虚偽の証言をし、一般の人びとは報復を恐れて証言台に立つことすらしなかった。そのため、通常の司法手続きによらず、械闘の首謀者を行政権力の裁量で処罰できるようにすることが必要であるとされた。しかも、追放という処罰は、華人たちに対する十分な脅威をなし、政庁による華人統制を効果的なものにすると考えられた[43]。

第四に、華人諮詢局の設置である。従来、ビルマ政庁は、華人の有力者若干名を名誉治安判事に任じ、華人社会とのパイプとしていた。一九〇四年時点のラングーンには、リム・チンツォン(林振宗)、タン・ポーチャウン、リム・チェンタイッ(林清徳?)、リー・アーラムの四人の名誉治安判事がいた[44]。ピーコックはこれを拡充して、華人社会のより多様な利害を反映させた華人諮詢局を設置し、華語を解する専門官のもとで定例的に集会を開催することを推奨した[45]。

第五に、不法賭博の温床であった偽クラブの取り締まり強化である。華人経営の偽クラブはラングーンに一六軒あり、その多くは入口に見張りを立て、二重の頑丈な扉を備えていた。立ち入り捜査の際、警察がこれらの障害に手間取っているあいだに、賭博に用いる道具などの証拠を隠滅され、検挙できないことが多々あった。これに対処するため、極度に狭い廊下や屋根への脱出口といった建物の構造や、捜査妨害の事実によってその場所を賭場と断定できるよう法律の改正が勧められた[46]。

第六に、広東人娼館の取り締まり強化である。ラングーンには三軒の広東人娼館があった。ビルマ州政庁は、これらの娼館には、清国から婦女を誘拐してきて強制のもとに売春に従事させるような「娼館奴隷制」は存在しないと認識していた。しかし、政庁が娼館奴隷制を黙認しないことを改めて態度で示すため、娼館にもまた登録制をしき、政庁がいつでも閉鎖できるような裁量権をもつことが勧められた[47]。

華人諮詢局と外国人法

以上のようなピーコックの報告と政策提言を受け、ビルマ州政庁は報告書のコピーを各管区長官およびラングーン市警本部長に送付して意見を求めた。寄せられた意見にはピーコックに同意するものが多かったが、難色を示すものもあった。上ビルマ併合後の在来勢力による反乱をすでに平定し、ビルマ州における植民地支配を確立させたことや、さらに清国自体が衰退していることをあげて、会党はもはや政治的脅威ではなく、ピーコックの提言する政策は過度に干渉的なものであると主張したのである[48]。これらの意見を検討したビルマ州政庁は、華人の数が非常に多い海峡植民地に比して、「ラングーンにおいて華人は都市人口のほんの小さな部分でしかなく、公共の安全への十分な脅威たりえない」という認識を示し、新部署の設立や登録制導入といった抜本的法改正と新たな人員・費用を必要とする提言は容れず、基本的に既存の法制度の枠内で対処することにした[49]。すなわち、ピーコックの提案した海峡植民地式の華人統治策は、部分的にしかビルマ州に導入されなかった。

結果としてビルマ州政庁が採用したのは、追放政策の導入と華人諮詢局の設置のみであった[50]。不良華人の追放には、既存の法律である外国人法が利用されることになった。外国人法とは、外国人つまり非イギリス臣民の扱いを定めた一八六四年のインド中央レベルでの立法であり、その第三条には、インド政庁および諸地方政庁が外国人を英領インドから追放できる権限が規定されている[51]。

一九〇八年一〇月、ビルマ州政庁は、追放政策の導入に乗り気であったラングーン市警本部長に対し、外国人法によって追放すべき望まれざる外国人の選定を指示した[52]。ラングーン市警は、ピーコックの調査を基礎にして、和勝公司総理のタン・チョンイエン(陳昌淵?)と建徳公司総理のタン・スンチャイ(陳順在?)に諮り、両公司間の械闘を扇動し、麻薬の密売や違法賭博に関与していたとされる四人の華人の名前をあげた[53]。こののち、しばらくのあいだ、この四人に対する追放措置が実行に移されることはなかったが、翌年には再び両公司間の械闘が深刻化したため、ビルマ州政庁は一九〇九年一〇月一七日付で四人中三人に対して、英領インドからの退去命令を発するにいたった。[54] これがビルマ州において望まれざる外来者の追放という措置が用いられる最初の事例となった。

最初の退去命令が発令された直後の一九〇九年一〇月二〇日、ビルマ州政庁は一六人の有力なラングーン華人を華人諮詢局のメンバーに任命し、同組織を発足させた。[55] ピーコック提言の胆であった華語専門官は設置されなかったため、華人諮詢局はラングーン市警本部長の諮問機関として、その下部に位置づけられることになった。一六人のメンバーの構成は表2-4に示した通り、福建帮から八人、広東帮から七人、客家帮から一人が選出された。どのような経緯でこの一六人が任命されたかは不明である。しかし、各言語グループからその規模を反映させた人数を選出し、対立する和勝公司と建徳公司の両総理をメンバーに含めていることから、ビルマ州政庁がこの機関に華人社会の多様な利害を代表させようとしていたことが読み取れる。

一九〇九年の最初の追放以後、ラングーン市警は華人諮詢局の協力のもと、治安を乱す華人たちをつぎつぎに追放していった。最初の被追放者選定が、華語に通じた専門官であるピーコックの調査を踏まえてなされたのに対し、以後の追放では、まず華人諮詢局が追放対象者のリストを作成し、それをラングーン市警本部長、ついでビルマ州政庁が追認するという手続きが踏まれるようになった。[56] つまり、ビルマ州の植民地権力は自前の調査能力を有さなかったため、直接的には被追放者の選定をおこなわず、その権限を華人諮詢局のメンバーとなったラングーンの有力華人たちへ委託したのである。これは、海峡植民地において華人に対する直接統治が進められたのとは対照的であった。

名　前	原　籍	経　　歴
ペー・ベンテン (白聯登)	福建省厦門	1848年，福建省厦門生まれ。13歳のときに義兄に連れられてバンコク，香港，上海，煙台へ。4年後，ペナンへ行き，5年間の就労ののち，ラングーンでシンケイセン(Sin Khay Seng)を設立。米と阿仙薬をヨーロッパへ輸出し，籐，翡翠などを輸入。商業会議所メンバー。1886年イギリス臣民籍取得。[Wright 1910: 313; File No. 13G (1886), NAD/1/1A/2425]
リー・テインポー	広東省	詳細不明
リー・アーラム	広東省	名誉治安判事[IOR/P/7502]
リー・アーヤイン (李遐養)	広東省新寧県 (1914年以降，台山県)	1874年，ラングーンで商人リー・ニーヒー(李迺喜)の五男として出生。聖ポール高校，ラングーン・カレッジ，ケンブリッジ大学で学び，1897年に法廷弁護士資格取得。1908～25年，ラングーン市議会議員。1925年，同市長。1922年以来，立法参事会議員。1925年には両頭制下で農林大臣に就任。[Who's Who 1927: 248]
ホー・ワープン (何華本)	広東省	1857年，広東省生まれ。1882年にビルマへ。以来，長年にわたり酒類の専売権を保持。1902年イギリス臣民籍取得。義興公司幹部。[Peacock 1908: 13; File No. 2N-2 (1902), NAD/1/1A/3559]
チョー・ピッユー	広東省	詳細不明
チャン・サイスィウ	広東省	詳細不明
クン・チッ	広東省	詳細不明
ホー・キートン	不明(客家)	客家。ウイチュントン(Wui Chhun Thong)経営。松柏館幹部。[Peacock 1908: 15]

出典：欄内末尾に記載した文書館資料(NADの諸ファイルはイギリス臣民籍取得に関わるファイル)と以下の文献より作成。
Peacokk, *Report on Chinese Affairs in Burma*; Arnold Wright et al (eds.), *Twentieth Century Impressions of Burma: Its History, People, Comnerve, Industries and Resources*, London: Lloyd's Greater Britain Publishing Co.,1910; *Who's Who in Burma: A Biographical Record of Prominent Residents of Burma with Photographs and Illustrations*, Calcutta; Rangoon: Indo-Burma Publishing Agency, 1927.

表2-4　華人諮詢局第１期メンバー(1909年)

名　前	原　籍	経　　歴
リム・チェンタイッ(林清徳？)	福建省	1850年代にペナンからラングーンへ。1877年，甥のリム・ポーエン(1847年ペナン生まれ)と共同出資会社チェンタイッ(Cheng Taik & Co.)を設立。酒類の販売。名誉治安判事。[Wright 1910: 358]
リム・チンツォン(林振宗)	福建省	ラングーン生まれ。父は1860年頃ラングーンへきた商人リム・スーヒアン。ラングーン・カリッジ，聖ポール学校で英語教育を受ける。1888年，父の死にともない事業を引き継ぐ。1891年，ビルマ石油会社のエージェントになり，精油などの販売を手がける。蒸気船を所有し，ペナン―ラングーン間の貿易に利用。また，ラングーン，ペナン，シンガポール，香港，仙頭，厦門間を周航する旅客船も所有。名誉治安判事。立法参議会議員。[Wright 1910: 307-309]
タン・ポーチャウン	福建省	名誉治安判事。建徳公司幹部。[Peacock 1908: 20]
タン・チョンイエン(陳昌淵？)	福建省厦門	シンガポール，ジャワで成功した商人タン・クウェイの息子。1855年，シンガポール生まれ。1885年に父から事業を引き継ぐ。ラングーンへきて，商社ホーワン(Hoe Wan)を立ち上げ，阿仙薬の仲買で成功する。1900年以後，ラングーンのランマドー地区におけるアヘンの専売権を獲得。地主。和勝公司総理。[Wright 1910: 319; IOR/P/8070]
タン・スンチャイ(陳順在？)	福建省	建徳公司総理。1908年に前総理ウィー・ホックグワンの引退にともない総理に就任。1909年には，リム・チンツォン(林振宗)の所有する商社リムスーヒアンの経営者であった。[IOR/P/8070]
チャン・マーフィー(曽媽庇)	福建省厦門	19世紀中頃に故郷の厦門を発ち，海峡植民地で約２年過ごしたのち，ビルマへ。内陸で10年間，反物商をしたのち，1883年に徳隆(Taik Leong)を設立。米，籾，油，タバコを扱う。華人コミュニティで最大の地主。[Wright 1910: 309-312]
コー・バンパン(高万邦)	福建省厦門	1852年，福建省厦門生まれ。1872年にラングーンへ。７年後，センエンチュン(Seng Eng Choon & Co.)を設立。食糧品，菓子などを扱う。商業会議所メンバー，和勝公司幹部。1892年イギリス臣民籍取得。[Peacock 1908: 16; Wright 1910: 316; File No. 2N-2 (1892), NAD/1/1A/3223]

3　華人追放政策の展開

追放の実態

一九〇九年から二一年までの約一〇年間に、華人諮詢局とラングーン市警の提言に基づいて外国人法が適用され、ビルマ州政庁により退去命令が発せられた事例は三四件あった[57]。このうち三件は、のちに退去命令が撤回されたので、この間に実際に退去させられた華人の数は三一人であった[58]。最初の一九〇九年と一〇年における強制退去は、一九〇〇年代後半の和勝公司と建徳公司の械闘を扇動した実行犯たちを対象に執行された。一九一〇年を回顧するラングーン市警年次報告書は、「和勝公司と建徳公司のあいだの騒擾は、外国人法の適用によって統制に服せられた」と、追放の効果を肯定的に評価している[59]。一一年以降の事例で追放の対象となったのは、その多くが適正な生計手段をもたず、賭場や娼館や麻薬密売人のもとで食客として暮らし、日常的に恐喝や暴力沙汰を繰り返していたような無頼漢たちであった。華人諮詢局と行政は、こうした争いの火種となりうる人びとを「人格不良者」(bad character)と名指し、排除することで予防的に治安を維持しようとしたのである。実際、一九一〇年代以後は、ラングーンの華人団体のあいだで一九〇〇年代のような大規模な械闘は起こらなくなった。追放措置は械闘に対する一定の抑止効果を持ち得たといえよう。

しかし、植民地権力による追放措置は徹底したものとはなりえなかった。第一に、追放を受けた者であっても、ビルマ州に舞い戻ってくることが不可能ではなかった。一九二一年までに強制退去させられた三一人のうち、七人が退去ののちにビルマに戻ってきて、再び退去させられているからである[60]。このなかには再退去後に再び帰還したことが明らかになった者もいた[61]。この七人については、ビルマ州に帰還していることが発覚したため記録に残ったが、このほかにも植民地権力の目をかいくぐりビルマに戻ってきた者がいた可能性はある。

第二に、追放措置が植民地政庁の意図からはずれて、華人間の権力闘争に利用された可能性がある。華人諮詢局によってなされた被追放者の選定は、ほとんどラングーン市警や州政庁によってチェックされることはなかった。そのため、実質的に追放の決定権を握る華人諮詢局メンバーは、華人社会内部における権威を著しく高めたと考えられる。強制退去後にビルマへ無許可で帰還したために逮捕されたある華人は、事情聴取の際に、「建徳公司の会員は全員、タン・スンチャイに毎年一二ルピーずつ支払わねばならない。さもなければ、人格不良者として当局に告発されてしまう」と供述をした[62]。人格不良者として当局に告発されるとは、追放の対象とされることと同義である。この供述をした華人も建徳公司の会員であり、彼は建徳公司総理タン・スンチャイによる恣意的な被追放者選定を強調することで、二度目の追放を免れようとしたと思われる。しかしながら、この供述によって状況が変わることはなく、彼はまもなく再追放の憂き目を見ることになった[63]。この供述の真偽の判断については留保が必要であるが、華人諮詢局のメンバーが被追放者選定の権限を笠に着て、影響下にあった華人たちに対して個人的な支配を強めた可能性は排除されない。

また、華人諮詢局への権限の集中は、華人有力者のなかでもこれに任命された者と任命されなかった者とのあいだに格差を生んだと思われる。ふたつの事例をあげよう。ひとつは、華人諮詢局に任命されなかった者に関する事例である。一九〇九年一〇月に最初の退去命令を受けた華人の一人は、その直後にラングーンから逃亡し、一年後にデルタ上部の町ヘンザダに潜伏しているところを発見・逮捕された。この華人は、自分は一介の商人にすぎず、強制退去の理由は身に覚えのないことであるという旨の請願書を政庁に提出し、そこに彼の人格を保証するヘンザダの商人たちやラングーンの会社エンベンフエッ(Eng Ben Hwet & Co.)からの手紙を付した[64]。この会社は、ラングーンの商店と精米所のほか、カルカッタ、シンガポール、厦門にも支店をもつ商社であり、その所有者は当時、ラングーンにおける福建陳氏の頭領でビルマ華人商業会議所の副会頭でもあった有力華人タン・キムチャイ(陳金在?)であった[65]。しかしながら、こうした有力華人の擁護にもかかわらず、逮捕された華人はまもなく強制退去させられることになった。この時点では華人諮詢局のメンバーに含まれていなかったタン・キムチャイは、被追放者選定に影響力をおよぼすことができなかった[66]。

もうひとつの事例はこれとは対照的な経過をたどった[67]。一九一三年末、建徳公司総理のタン・スンチャイが欠席した回の華人諮詢局の集会で、出席していた九人の華人諮詢局メンバーにより建徳公司の会員一人が被追放者として選定された。これがラングーン市警本部長にも追認され、当該人物に向けてビルマ州政庁による退去命令が発せられた。退去命令を受けた建徳公司の会員は、やはり身の潔白を主張し、追放見直しの請願書をビルマ州準知事に宛てて提出した。そのなかで彼はつぎのように記している。

市警本部長殿は外国人法の適用を閣下へ提言されるにあたって、華人諮詢局の一部のメンバーの意見から影響を受けておられるようです。彼らは私と個人的に敵対している者から間違った情報を与えられているか、あるいは、何人かについては、その人自身が私に対する親しみの感情などなんら持ち合わせていないのです[68]。

彼の追放については、ラングーンの華人市民有志からも見直しの請願が出され、また、この被追放者の選定に関与していなかった建徳公司総理のタン・スンチャイもまた、別途ビルマ州政庁に対して追放の取り消しを要求した。こうした反応を受けて、ビルマ州政庁は退去命令を撤回した。華人諮詢局のメンバーであったタン・スンチャイから、自身が不在中の被追放者選定に異議が申し立てられたことは、州政庁としても無視しえなかったと思われる。

以上のふたつの事例から明らかになるのは、政庁に追放の見直しを請おうとする華人や、逆に追放を利用して敵対者を排除しようとする華人は、各自が個人的関係を有する有力華人に働きかけをおこなったということである。こうした働きかけに応えられるかどうかは、華人有力者たちの権威にかかわる問題であったと思われるが、彼らが政庁の判断に影響をおよぼすためには、華人諮詢局のメンバーという立場が必要であったと思われる。また、二つ目の事例からは、華人諮詢局が決して一枚岩の組織ではなく、被追放者の選定にあたっては、さまざまな利害のあいだで政治力学が働いていた様子がうかがわれる。華人社会の多様な利害を代表すべく選出された華人諮詢局は、それゆえに微妙なバランスのうえに成り立っていたといえる。ただし、こうした華人有力者間の関係をうかがい知るための行政史料は、ここにあげたものも含めて極めて断片的なものに限られている。このことは、植民地権力が華人社会内部での動きを詳細に把握できていなかったことを示していよう。

政治犯の追放——『光華日報』事件

ビルマ州政庁の華人に対する一般的な追放政策は、華人諮詢局に名を連ねた一部の有力華人たちの判断に大きく左右されるものであった。しかし、それとは別の手続きによって、すなわち、華人諮詢局を介さずに、植民地権力が直接的に華人の追放を決定する例外的な事例も存在した。それが、中国での革命を鼓吹するラングーンの漢字日刊紙『光華日報』の関係者が、一九一〇年に追放された事件であった[69]。『光華日報』をめぐる事態は、まさにビルマ州政庁による華人追放政策が始動した時期に展開したのであり、その時期はまた、中国の内外において革命の気運が高まってゆく時期とも重なっていた。

ビルマの華人社会では、一九〇五年に秦力山がラングーンを訪問したのを契機として、革命排満思想に共鳴する勢力が増加した[70]。その後、雲南の同盟会会員がビルマにはいって活動していたが、一九〇八年三月には、中国同盟会のラングーン支部が正式に発足した[71]。その機関紙として刊行されたのが『光華日報』であり、そこでは当然、清国朝廷に対して攻撃的な論調がとられた。一九〇八年末、清国は雲貴総督を介して、在雲南貴州の英国総領事に対し、同紙の出版禁止を要請した。在雲南貴州総領事から報を受けたビルマ州政庁は、インド中央政庁と連絡をとったうえで、英国は出版に対する不干渉政策をとっているため同紙に対してなんの行動も起こさない、という立場をとることに決めた[72]。その後、清国は在雲南貴州英国総領事と在北京英国公使を通じた回路で申し入れを続ける一方、一九〇九年一月にラングーンに領事館を開設し、ビルマ州政庁に対する直接的な圧力を強めた[73]。

ビルマ州政庁は当初、清国からの要求を真面目に取り合わなかったが、清国からの圧力が強まっていく過程でしだいにその態度を変化させた。一九〇九年一二月、ビルマ州政庁官房長官のW・F・ライスは、関連ファイルへの書きつけのなかで、ビルマ州準知事サーケル・ホワイトに対し、『光華日報』が論調を改めないようなら経営者を追放する旨の警告を出すべしと提案し、「そのような警告は、最近の出来事を考えれば、良い効果をもたらすであろう」と予測した[74]。「最近の出来事」とは、同年一〇月に実施された械闘扇動者への最初の追放措置である。しかし、この時点において準知事ホワイトは『光華日報』の件について追放を威嚇の手段とすることに消極的であった[75]。

一九一〇年二月下旬、在ラングーン清国領事の蕭永熙はビルマ州政庁に対して、「ビルマでは「カイッベン」すなわち改良派(‘Kaik Beng’ or Reformers)というみせかけのもとで知られている無政府主義者たち」の基金によって『光華日報』が発刊されたこと、そして、無政府主義者たちの活発なプロパガンダにより、二年足らずのあいだにそのビルマ州内での勢力が一〇〇〇人を超えたことなどを伝えた[76]。これがビルマ州政庁の危機感を強めたと思われる。官房長官ライスはラングーン市警本部長に問い合わせて、『光華日報』の印刷者・陳漢平と編集者・居正が二年ほど前にラングーンにやってきた新参の外国人であることを確認したうえで、両者に対して追放警告を出すよう再び準知事に提言した[77]。

この件にビルマ州政庁が介入すべき理由としてライスが強調したのは、「これらの人びとは、パリに住み、インドのイギリス政庁について扇動的な新聞を出版しているクリシュナヴァルマーのようなもの」であり、「われわれが自発的にこの種の人びとを匿っていると清国政府が考えれば、この州の利益をそこなうことになる」ということであった[78]。ライスは、イギリスにとっての在外インド人革命家と清国にとっての同盟会員たちとの類比を用いることで、外国政府による革命家の放置が、いかにその打倒対象となる国家をいらだたせるかを強調し、清国をいらだたせればビルマ州の利益をそこねることになると準知事を説得したのである。国際問題であるがゆえに慎重な態度をとる準知事ホワイトは、退去命令をくだす裁量権を有していたにもかかわらず、事前にインド中央政庁の意向をライスに尋ねさせた[79]。これに対するインド中央政庁からの返答は、警告の認可に留まらず、『光華日報』の経営者をただちに追放するよう求めるものであった[80]。こうして、一九一〇年三月二四日付で、『光華日報』の印刷者・陳漢平と編集者・居正に対して英領インドからの退去命令が発せられるにいたった[81]。

追放の法的根拠となる一八六四年外国人法第三条は、必要とあればいかなる非イギリス臣民をも、英領インドから追放できる裁量権を州政庁に認めていた。したがって、もともと追放政策の射程は潜在的に広いものであった。一九〇九年まで、ビルマ州政庁がこの権限を発動することはなかったようであるが、ひとたび外国人法の運用が始まると、追放の対象は械闘を引き起こす無頼漢たちから、清国政府打倒を叫ぶ革命家たちへ、すなわち刑事犯から政治犯へと容易に拡大した。また、政治犯の追放の場合には、刑事犯の場合のように、華人諮詢局による被追放者の選定と市警および州政庁による追認という手続きは踏まれなかった。警察機構による情報収集に基づき、植民地権力上層部によってトップダウンの政治判断がくだされたのである。『光華日報』事件では、ビルマ州の権益を考慮する官房長官ライスの意向が追放の決定に色濃く反映されたといえる。

政治的脅威としてのラングーン華商

『光華日報』事件は、ビルマ華人の革命運動への関与にビルマ州政庁が注意を向けるきっかけとなった。一九一〇年二月下旬の在ラングーン清国領事からの情報提供を受けて、官房長官ライスは州警察の犯罪捜査局にこの動向についての調査を命じた[82]。犯罪調査局は、革命運動が中国本土のみならず、海峡植民地でも高揚していること、そして、ビルマ州には四〇〇〇人の革命組織のメンバーがおり、そのうち二〇〇〇人がラングーンにいるといわれていることを報告した[83]。この組織は中国同盟会を指すと思われるが、華語試験官のトー・セインコーは、この組織がビルマでは「革命党」(Kei Ming Tang)として活動していると報告した[84]。

こうしたなか、ビルマ州における華人革命運動の中心的人物として、ラングーンの建徳公司幹部チェン・グンアン（荘銀安）の名前が浮上した。チェン・グンアンは一八五〇年代の生まれで、若くしてビルマへ渡来し、商業的成功を収めていた。[85] 彼が『光華日報』の論調に影響を与える立場にあったことは公然の事実であり、ビルマ州政庁は彼の追放も視野に含めていたが、結局、追放は見送られた。[86] 追放見送りの明確な理由はファイルに記載されていない。立場を悪くしたチェン・グンアンが自発的にペナンへと活動拠点を移したことによるかもしれないが、長年にわたってラングーンで商店を経営してきたことが斟酌された可能性もある。というのは、陳漢平と居正の追放が検討された際には、彼らが革命思想鼓吹のためだけにラングーンへやってきた新参者であることが問題視されていたからである。[87] いずれにせよ、ビルマ州に居を構えた華人たちのあいだに、着実に革命思想が浸透しつつあるという認識がビルマ州政庁上層部に芽生えたことは想像に難くない。

清朝が倒れて中華民国政府が成立しても、州政庁にとっての華人の政治的脅威は消え去らなかった。むしろ、いっそう増大したとさえいえた。一九一二年六月二九日、インド軍ビルマ師団参謀からビルマ州政庁官房長官へ宛てて、同師団情報将校のもとに情報提供者が提出した一本の報告が転送されてきた。[88] その短い報告は「ビルマにおける華人の陰謀」と題されていた。内容は、ビルマを雲南省へ併合せんとする議論やビルマ人の反英独立を援助せんとする議論が、ビルマ華人のあいだでさかんになされており、これらの目的を達成するためラングーンとマンダレーの華人たちが活動を始めている、というものであった。

この背景には、当時、ビルマ州の北東に位置する国境未画定地域の片馬（ビルマ側の呼称はピモー）をめぐって英中の緊張が高まっていたという事情があった。清国側からの「国境侵犯」を理由に、一九一〇年末にイギリスが片馬に派兵し、一一年後半から同地に要塞を築き始めて実効支配を打ち立てつつあったのである。[89] 華人の「陰謀」に関する報告が送られてきたのは、まさにこうした緊迫した状況下においてであった。

ビルマ州政庁は、独自の情報機関をもつ軍と連携しながら、犯罪捜査局を通じて情報収集をおこなった。その過程で、イギリスの片馬派兵と同時期に、ラングーンの「革命党」(Geh Min Dan)に所属する華人四人が、ビルマ州北部の主要都市をめぐって組織拡大のための宣伝活動と義捐金徴収をおこなった事実が明らかになった[90]。この四人のラングーン華人のなかには、華人諮詢局メンバーのコー・バンパン(高万邦)やビルマ華人商業会議所の会頭テオ・エンホック(張永福)といった有力者が含まれていた。州政庁は追放を視野に入れて、これらのラングーン華人がイギリス臣民籍を有しているかどうか調べようとしたが、結局、イギリスに対する背信行為はみられないとして放置されることになった[91]。

その後、このビルマ華人の「革命党」は辛亥革命をへて国民党に改組され、ラングーンでは覚民書報社として、孫文支持の立場で活動していることが、一九一三年末までに明らかになった[92]。この間、中国本土では、一三年三月の南京蜂起を皮切りに第二革命が進行していた。一四年にはいると、袁世凱を首班とする中華民国政府からビルマ州政庁へ、覚民書報社弾圧の要請がなされるようになった。北京の意向を受けた在ラングーン中華民国領事は州政庁への手紙で、ラングーンの覚民書報社メンバーが南京蜂起に参加したこと、雲南、貴州、四川での蜂起をも計画し、一三年一二月の大理での反乱はその一環であったことを述べ、覚民書報社の存在は「雲南省の安寧に対する深刻な脅威をなす」として、覚民書報社の弾圧と指導者の追放、機関紙『覚民日報』の接収を要請した[93]。中華民国領事は、タン・チョウチョオ(陳朝初?)、テオ・エンホック、タン・スーキム(陳守金?)の三人のラングーン有力華商を覚民書報社の主要な指導者として名指しした[94]。ビルマ州政庁は、やはり即座に三人の臣民籍の有無を確認したが、覚民書報社が大理蜂起に関与したという確証が得られなかったため、いかなる措置もとらなかった。

しかし、こうした経緯はビルマ州政庁とラングーンの華人有力者との関係に一定の影響をおよぼしたと思われる。ラングーン市警の調べによると、政治活動家として複数回名前があがったテオ・エンホックは、華人諮詢局メンバーのタン・セイックワの女婿であった[95]。本件の直後の一九一四年四月、ラングーン市警本部長は、このタン・セイックワと北部で義捐金徴収をおこなったコー・バンパンの二人を、それぞれ集会への欠席と高齢を理由に華人諮詢局から解任している。[96] ビルマ州政庁は、革命活動に関与した有力華人を華人諮詢局から排除しようとしたのではないだろうか。[97]

このように中国本土が革命で揺れた一九一〇年代前半、ビルマ州政庁は州内の華人の政治活動に対する警戒を強めた。ビルマ州と長い国境を接する雲南省は、それ自身激しい革命をへて、精強な近代軍を備え、地域に割拠する軍事勢力に変貌した。[98] ビルマ州は内陸の雲南を海へつなぐルートのひとつであり、ラングーンの華商はそのルート上の結節点にあって、中国革命運動への関与を強めていた。こうした状況は、もはやビルマ州政庁に北西部国境とラングーンとを別々に切り離して考えることを許さなくなっていた。ビルマ州政庁は、軍の情報機関とも連携しながら、ラングーン市警や他の県警察からの情報を犯罪捜査局に統括させ、州内における華人の動向を監視した。華人政治犯に対する追放措置は、最終手段としてつねにビルマ州政庁の念頭におかれていたが、容易には実行に移されなかった。[99] ビルマ州政庁は、なんの貢献ももたらさない無頼漢や新参の政治的扇動者に対して容赦することはなかったが、ビルマ経済の一翼を担うラングーン華商たちに対しては慎重な態度をとらざるをえなかったのである。[100]

「平和的浸透」の危険視

一九一〇年代後半には、ビルマ州の行政官たちのあいだで、械闘や革命運動とはまた違った華人の脅威が論じられるようになった。その契機となったのが、ペグー管区タラワディ県長官のF・R・ネザーソール中佐による報告であった。[101] タラワディ県は、犯罪が多いことで悪名の高かったビルマ州のなかでも、とりわけ犯罪の多い地域と考えられていた。ネザーソールはその理由を調査分析し、一九一七年前半に報告書にまとめたのである。そのおもな議論は、県長官が繁忙を極め、村長たちの業務管理を適切におこなえないことが行政の質の低下を招き、犯罪の増加につながっているというものであった。しかしながら、ネザーソールは報告のなかで、この調査の射程からはずれるとはしながらも、デルタ地域の諸県で米経済の展開にともなって増加する華人の存在に懸念を示しもした。すなわち、華人がアヘン吸引の悪習をビルマ人の生活に持ち込み、これが犯罪の増加を促しているというのである。ネザーソールによれば、「華人は人びとの道徳的健全さと地方行政にとっての純然たる災禍」であった。[102]

また、ネザーソール報告とほぼ時期を同じくする一九一七年五月に、ペグー管区の西隣のイラワディ管区でも、同管区長官から管轄下の各県長官に対し、華人商人の増加と彼らのアヘンや酒などの密売への関与について調査が命じられていた。[103] いまや械闘によるあからさまな治安悪化は問題ではなかった。むしろ、華人の人口増加にともない、酒やアヘンにまつわる彼らの日常的な行動が社会全体へ悪影響をもたらすものとして注視の対象となったのである。

一九一八年二月、インド中央政庁で内務担当の行政参事会委員であったレジナルド・クラドックがビルマ州準知事に就任すると、ネザーソールの華人に対する見方が州政庁の関心をひいた。準知事の意向を受けた官房長官は各管区長官に宛てた手紙のなかで、「〔華人たちのビルマ州への〕「平和的浸透」(peaceful penetration)の危険性は明白になってきた」と記し、「土着民(indigenous people)を守るための措置が必要である」として、とるべき政策についての意見を求めた。[104] 各管区からの反応をみると、華人に対する評価は、地方ごと、行政官ごとにさまざまであり、ネザーソールのように華人と犯罪とを結びつける見方は必ずしも多数派ではなかった。[105] 例えば、当時イラワディ管区ミャウンミャ県長官であったファーニヴァルは、ある村に華人がたくさんいるというだけでその村で犯罪が起こると想定するのは危険であると考えていた。[106] また、華語試験官トー・セインコーは、ネザーソールへの反論として華人のビルマ州や帝国への貢献を強調するエッセイを公表した。[107]

しかしながら、ビルマ州政庁は華人の「平和的浸透」を危険視する立場を変えることなく、間接統治を基調とした従来の華人政策の刷新を決定した。すなわち、一〇年前に却下されたピーコック提言に立ち戻り、常設の華人問題顧問官を復活させ、直接統治へと舵を切ろうとしたのである。[108]

政策の転換に際しては、従来の華人政策の問題点が指摘された。第一に、華人諮詢局に対する不信感が示された。華人問題顧問官の再設置について、インド中央政庁の裁可をあおぐ手紙には、ラングーン市警本部長のつぎの言葉が引用されている。

華人諮詢局が有用であることは証明されてきました。しかし同時に、私はその会議の議長を務めるときはいつでも、メンバーたちから提出されるあらゆる建議や提案に疑いの念をいだいているのです。メンバーたちはすべての事案を中国語で議論し、彼らの無表情な顔と抑制された所作からはなにも読み取れません。[109]

一九一〇年代の政治問題に関連して、しばしばラングーンの有力華商の名前があがり、そのなかに華人諮詢局のメンバーやそれに近しい者たちが含まれていたことは、ビルマ州政庁や警察に華人諮詢局への不信感をいだかせ、より直接的な統治を望ませたと考えられる。

第二に、追放政策への批判があった。同じ手紙の書き手である官房長官のチャールズ・モーガン・ウェブはつぎのように記す。

ビルマにおける華人人口の増加の速度を鑑みれば、慎重な行動が必要となります。しかし、排除の政策は州の発展に深刻な障害をもたらしかねません。ビルマへ定着した良い類の華人(better-class Chinese)はビルマ人女性と通婚し、彼らの子孫は第二・第三世代と世代を重ねるうちにしだいにビルマ人になり、善良かつ立派な市民(good and respectable citizens)を形成するでしょう。[110]

追放や移民制限などの排除の政策は、植民地の自由主義的な経済政策に反する、したがって、排除ではなく同化、つまり「市民」への馴化が必要で、それを適切に導くために、華人の言語と文化に通じた専門官による直接的な管理が必要になる、という論理である。「平和的浸透」論が、ビルマ人の華人化による社会不安の増加を恐れる言説であったとすれば、ここでは逆に、華人のビルマ人化による社会の安定が見通されている。

華人問題顧問官の再設置について、具体的には、海峡植民地から五年ほどの任期で数次にわたり専門官を借り受け、その間に自前の専門官を養成するという長期的な計画が立てられた。この計画は、インド中央政庁、ロンドンのインド省に認可され、インド省から植民地省を通じて、海峡植民地に専門官派遣の要請がおこなわれた。しかしながら、海峡植民地は人員不足を理由にこれを拒否し、ビルマ州政庁による華人問題顧問官の再設置計画は一九二〇年末までに頓挫することになった[111]。

以上のように、一九二〇年頃までに、ビルマ州政庁は州内の華人の存在にさまざまな脅威を見出し、対策の抜本的見直しを迫られていた。州内の華人人口は一九〇一年の六万人強から、二一年には約一五万人に増加していた[112]。華人はデルタ地域を中心にビルマ州の空間のかなりの部分へと拡散し、必然的に土着の人びととの関係を深めていた。もはやビルマ州の華人社会は全体的な社会のなかで他から截然と区切られた一分節ではありえなかった。こうした状況下で、植民地権力は華人に対してより直接的に権力を行使する仕組みを必要としたが、思惑通りの政策転換ははたせなかった。華人問題顧問官の再設置をめぐる紆余曲折をへて、一九二〇年代には追放政策の運用に大きな変化が生じることになる（第三章）。

東南アジアの近代港市は、従来の小人口世界へ域外から大量の移民が流入してくるなかで成長を遂げた。とくに南シナ海においては華人の存在が重要であり、それらの港市を拠点として生まれつつある各近代国家にとっては、いかに華人の広域ネットワークを経済的に利用しながら、自立性の高い華人社会を国家法秩序へ組み込むかが共通の課題となった。二〇世紀初頭のビルマでは、ラングーンの治安問題に対処するため、海峡植民地を手本として華人諮詢局の設置と不良華人の追放措置を柱とする華人統制策が導入された。とはいえ、両植民地の制度の内実には大きな隔たりがあった。海峡植民地では一八七〇年代から、華語を解するイギリス人行政官によって率いられる専門部署のもと、会党指導者の追放も辞さない断固たる態度で、会党の登録義務化、非合法化が進められた。華人諮詢局はこの文脈のうえで、華人社会を植民地法秩序に組み込むための会党に代わる政治制度として導入された。

これに対してビルマ州では、一九〇四年以降、植民地行政機構の内部に華人社会への介入を可能にする専門部署は設置されず、会党の登録も非合法化もなされなかった。また、ラングーンの有力華商の追放は消極的に検討されるのみで実行に移されることはなかった。むしろ、一部の華人有力者に追放対象者の選定を依存する新しい間接統治が生まれた。一九二〇年頃までに、ビルマ州政庁は、華人有力者の政治的忠誠に対する疑念を募らせるとともに、華人人口の増加とビルマ社会への浸透を犯罪の増加と結びつけて危険視する見方を強めた。こうしたなか、華人社会の直接統治を望む機運が高まったが、専門官の設置にはいたらず、再び海峡植民地に準じた制度構築の試みは頓挫した。

この背景には、ラングーンにおける華人社会の規模が小さかったことがある。ラングーンはむしろインド人の町であったし、ましてや、ビルマ州や英領インドという広がりからみれば、華人の存在は目立たぬものであった。華人統治のための新法制定や財政投入をしづらい状況が介入の強度を低く抑えたといえる。しかし、華人統治のなかで有用性を見出された外来犯罪者の追放という発想は、ラングーン社会の多数派をなすインド人へとその対象を拡充させてゆくことになる。

第三章　帰属を問う——インド人犯罪者の追放

華人統治の方策として開始された追放政策は、一九二〇年代に、その射程を急速に広めていく。その背景には、一九一〇年代からの全般的な刑事政策の変容があった。本章では、英領インドにおける防犯措置の系譜をたどりながら、ラングーン都市統治の技法として追放政策の重要性が高まる過程を跡づける。また、そのクライマックスと考えられる、一九二六年の犯罪者追放法の成立に注目する。この法律は、「非ビルマ人」という概念の導入により、インド人犯罪者のビルマ州からの追放を可能にした。同じ英領インド内のイギリス臣民のあいだで、ビルマ州に帰属する者とそうでない者が法的に区別されたという点で、画期的な法律であった。

一九二六年犯罪者追放法に言及した先行研究は、ウシャ・マハジャニのものだけである。マハジャニは政治史研究として、第一次世界大戦期以降のビルマ・ナショナリズムの高まりのなかにこの法律を位置づけた。つまり、同法案の可否をめぐるビルマ州立法参事会での議論に、ビルマ人議員とインド人議員の民族的感情の対立を読み取り、前者の主張が優位に立つことで法律の制定にいたったと論じたのである。[1] しかし、マハジャニは、この法律を必要としたビルマ州政庁の意図には関心をはらわなかった。

州の立法参事会とは、植民地インドの地方分権化の流れのなかでおかれた議会であり、ビルマ州では一八九七年にはじめて設置された。州の執政長官（準知事、一九二三年以降は知事）の諮問機関として、任命議員と選出議員から構成されたが、しだいにその定員数が拡充され、内訳でも選出議員の占める割合が増やされていった。[2] しかし、立法過程において、現地の人びとの民意が表明されやすくはなったものの、政策決定の最終的な判断は、イギリス人官僚が支配的な行政機構に委ねられ続けた。本章では、民族主義的な政治論争よりも、行政機構内部での政策決定の議論を重視する。

1 防犯措置の系譜

都市の拡大と治安悪化

一九一〇年代には、ラングーンの人口増加が宅地開発の進度を大きく上回り、都市周辺における問題を顕在化させてゆく(第五章)。市街地の周縁部に存在したいくつもの集落は、それぞれの個性を残しながら人口過密化の渦に飲み込まれ、徐々に住民の匿名性・多様性・流動性が卓越する空間へと変容してゆくことになるのである。前章では、華人に注目して、複合社会の分節が溶解していったことを述べたが、ラングーンの都市社会を全体としてみれば、インド人労働者の遍在性がますます顕著になってゆく。

こうした都市域の拡張の時期に、ラングーン市の犯罪統計の数値にも変化がみられた。図3-1は、ラングーンの重大犯罪件数の推移を示したものである。一九一〇年代半ば以降、重大犯罪の件数が加速度的に増加していることが読み取れる。また別の統計から、一九一一年と二一年を例にとり、インド刑法上の犯罪類型ごとに件数を比較すると、人身に対する重大な犯罪である第二種犯罪(殺人、傷害、過失致死、誘拐など)は一四八件から二四五件の六六%増、財産に対する重大な犯罪である第三種犯罪(集団武装強盗、強盗、家宅侵入など)は一三九件から三八八件の一七九%増、財産に対する軽微な犯罪である第五種犯罪(窃盗など)は一二五九件から一八七九件の四九%増であった。[3] 同じ期間のラングーンの人口増加率が一七%であったことを考慮すれば、犯罪件数の増加が著しいものであったことがわかる。

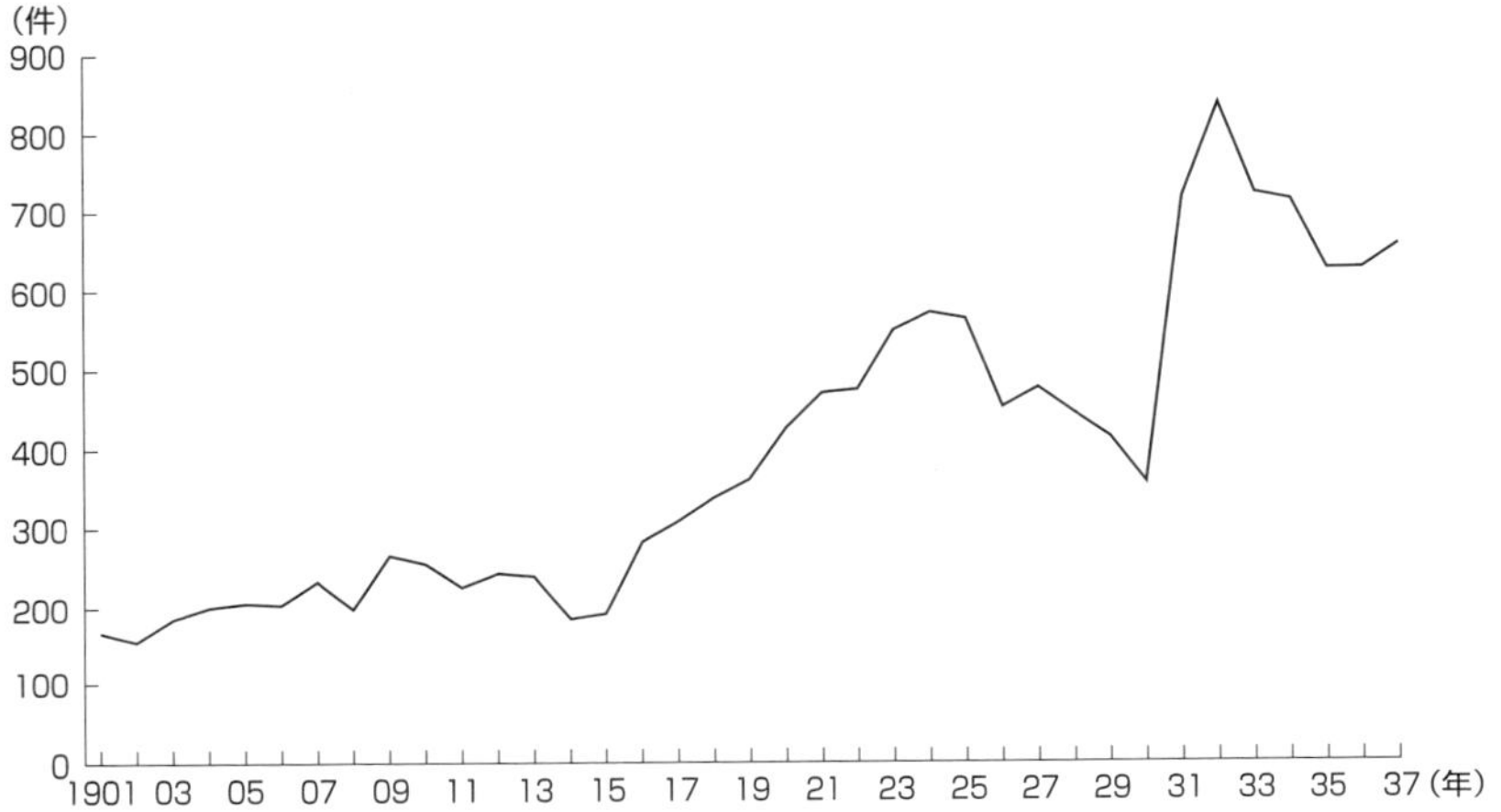

図3-1　ラングーンの重大犯罪件数(1901〜37年)

殺人(未遂を含む)と過失致死，重大な傷害，凶器による傷害(1901〜21年のみ含む)，集団武装強盗，強盗，家宅侵入の範疇に含まれる件数の合計値を算出。

出典：*Report on the Rangoon Town Police* (RRTP)各年次 の犯罪統計より作成。

こうした統計上の犯罪件数の増加は、警察の犯罪認知能力向上や犯罪の範疇拡大のみならず、実際に反社会的行為の発生数が増加したことにもよっていた。ラングーン市警は、物価高騰による社会不安に加え、都市域の拡大が治安悪化の原因であると分析した。[4]都市域の拡大が警察人員の増加を上回るペースで進んだため、近郊の人口密集地の巡邏に必要な人員を割けなかったからである。市域周縁部への都市化の進展は、都市警察機構を機能不全に陥らせた。

ラングーンの治安悪化は、元ボンベイ市警本部長のS・M・エドワーズが『インドの犯罪』(一九二四年)で、「おそらく〔インドの〕全都市のなかで、ラングーンがもっとも集団武装強盗《ダコイティ》に苦しめられているだろう」と述べるほどであった。[5]集団武装強盗は、重大犯罪のなかでもとくに悪質な犯罪の部類に含まれる。多くの場合、殺人が偶発的・突発的に起こったのとは対照的に、集団武装強盗は徒党を組んだプロフェッショナルの犯罪者たちによって計画的に遂行された。そして、こうしたプロフェッショナルの犯罪者たちは、往々にして、ラングーンの外側からその富に吸い寄せられてやってきたのである。都市を基点とした交通網の整備によって、ラングーンはますます後背地との関係を深めていった。それに乗じて周辺諸県からラングーンへ入り込む犯罪者の存在が市警によって問題視されるようになった。周辺諸県の強盗団がラングーンに出張ってくることもあれば、一人できた犯罪者が市内で仲間を集めることもあった。[6] 一九二二年の市警報告書にはつぎのような記述がある。

諸県からきた犯罪者にとって、ラングーンへと忍び込み、共同住宅に部屋を借りて、町のいかがわしい輩を若干名糾合するのがいかに簡単なことか——リボルバーをもっていれば極めてたやすい——。それを考えれば、これだけの事件数ですんでいるのが不思議なくらいである。村では他所者は簡単に見つけられ、犯罪が起こればまもなく彼らに疑いの目が向けられる。しかし、ラングーンでは、警察の監視をすり抜けることは朝飯前である。他所者がやってきても人目をひかないし、近隣の人びとは自分のことにだけ関心をはらっており、余計な詮索はしない。[7]

共同住宅とは、都市の核心部の路地に多く立ち並んだ労働者集合住宅を指す。都市の社会は、外来の犯罪者たちが潜伏するのに好都合な条件を備えていた。

都市で組成された犯罪者集団は、混成的な集団になる場合があった。例えば、一九一六年に活動したアブドゥル・ラーマン窃盗団は、印緬混血人《ザーバディ》によって率いられ、華人とビルマ人の男女によって構成された。また、犯罪者は周辺諸県からのみならず、ビルマ州の外側からも流入してきた。同じ一六年に起きた集団武装強盗では、インド北部の連合州で手配されていたムスリムの悪質犯罪者が、その片腕であったシク教徒の男とともにラングーンを訪れ、同地のごろつきを糾合して強盗団を組織した。この強盗団に関わった逮捕者のリストが市警報告書に記載されているが、そこには先の二人に加え、ベンガル名やビルマ名、欧州系の名前も含まれていた。[8]

ラングーンは、国際的な都市ネットワークと後背地の双方に向けて開かれていた。流動性と地縁的関係の希薄さに規定された都市社会は、人口規模においても空間的広がりにおいても膨張を続け、それにともなって犯罪も増加した。こうした状況下にあって、ビルマ政庁およびラングーン市警は、都市での犯罪を抑止するための新たな仕組みを作り出す必要に迫られたのである。

収監から防犯へ

犯罪の増加は、ラングーンのみならずビルマ州全体で大きな問題として認識されていた。ビルマ州は全インドでもっとも犯罪の多い地域とみなされていたからである。[9] この問題は、官民双方においてさまざまに議論された。例えば、農村部の経済状況の悪化、激昂しやすいビルマ人の性向、火器の蔓延、飲酒やアヘン吸引の習慣化、大量の移民の存在、宗教的権威の失墜、村落の行政単位化による社会的紐帯の破壊、警察の無能さなどが慢性的な犯罪増加の原因と考えられた。どの因子がもっとも重要かについては意見の一致をみなかったが、全般的な犯罪増加傾向は、一九一〇年代〜二〇年代を通じて、ビルマ州の刑事政策にさまざまな変化をもたらした。

まず、監獄行政の変化をみてみよう。犯罪最多州という汚名は、ビルマ州では監獄がはなはだしく利用されていたという事実と関係していたようである。イアン・ブラウンの研究によれば、一九一〇年代半ばのビルマ州の服役囚の数は二万人程度で、州人口に占める割合は一〇万人につき一四〇人であった。この割合は連合州の三倍、ベンガル州の五倍の高さであった。ビルマ州全体の服役囚のおよそ四分の一がラングーン近辺のふたつの監獄（ラングーン中央監獄とインセイン監獄）に集中し、それぞれの監獄の収監者数は二〇〇〇人を超えていた。[10]

膨大な収監者の多くは、窃盗や家宅侵入、放浪罪といった微罪で服役している者たちであり、概してその服役期間は短かった。例えば、一九一五年にビルマ州全体の収監者数のうち、懲役二年以上の者は九％を占めるにすぎず、懲役三カ月以下が三八％であった。なお、放浪罪とは、確固たる生計手段を有していないというだけで予防的に適用される罪であり、貧困が収監の十分な理由を提供したということになる。一六年の監獄行政年次報告には、「ラングーンの人口のうち、病気と貧困に苦しんでいる下層一〇分の一のかなりの部分」をラングーン中央監獄が収容していると記された。[11]

また、植民地当局は監獄の衛生環境に配慮したため、こうした最下層の人びとにとっては、監獄の外側より内側のほうが生存の可能性が高いとすらいえ、これが常習犯化の一因ともなっていた[12]。

監獄の運営に毎年多額の公費が投入されたにもかかわらず、犯罪件数が増加の一途をたどったことは、担当の監獄行政官たちに現行制度への失望をもたらした。ビルマ州の監獄制度は、犯罪抑止効果をもたないうえに、犯罪者の更生にも役立たないと考えられたからである。一九二五年、ビルマ州の監獄行政官たちは、当時、イギリス本国において監獄行政改革の若き旗手であったアレクサンダー・パターソンを招聘し、改革に向けた提言を求めた[13]。パターソンの提言は、収監者数を減らし、監獄を犯罪者更生のための施設に改変するという線にそってなされた。具体的には、重罪人、常習犯、微罪の初犯を峻別し、重罪人はアンダマン諸島へ、常習犯は州内の離島へ流刑に処し、監獄には懲役二年未満の初犯のみを収監することなどが推奨された[14]。結局、ビルマ州政庁はパターソンの提言をそのまま実行に移すことはしなかった。しかし、統治技法としての収監は、着実にその意義を変化させていた。当時のビルマ州知事ハーコート・バトラーが、ラングーン大学の学生たちを前に新しい行政のあり方について講演したときの言葉を借りれば、監獄政策の変化はつぎのようなものであった。

懲罰、抑止、更生が収監の三つの主要な目的です。かつての主眼は懲罰にありましたが、今や主眼は更生におかれています。目には目を、歯には歯を、という古い懲罰の考えは、より人道的な矯正と社会復帰の考えに道を譲ったのです[15]。

懲罰措置としての収監に懐疑的な視線が向けられるのと時期を同じくして、警察行政においてもこれに対応した変化がみられた。州知事バトラーが同じ演説で、「近代的な考え方によれば、犯罪の予防が警察業務のもっとも重要な分野です」と述べたように、犯罪の発生と収監者数の増加を未然に防ぐための措置がいっそう重要視されるようになったのである[16]。

そもそも、英領インドでは、この半世紀前から犯罪の未然防止を目的とした法整備が進んでいた。その先駆けとなったのがインド刑事訴訟法典(一八六一年)の「善行の担保」(security for good behaviour)条項と犯罪部族法(一八七一年)であった。前者は、悪質な生活(bad livelihood)を送る者を、県治安判事が単に「評判」によって特定し、その人物に対して善行を保証するための担保を要求することを可能にした。後者は、「世襲的な犯罪カーストないし部族」を集団として登録し、監視する権限を州政庁に与えた。これらは犯罪の常習性を恣意的に解釈する余地を生み出し、防犯措置の拡充を正当化した[17]。すなわち、植民地当局はこれらの立法によって、過去に有罪判決を受けたことのない者も、強い監視のもとにおくことのできる権限を手にしたのである。

以後、インドにおける防犯措置の強化は、植民地統治者の都市部と農村部についての相互に連関する認識を反映して展開した。一九世紀末以降、インドの大都市では、農村からの男性労働者の大量流入、彼らの都市暴動への関与、インフォーマル経済や路上文化の勃興などを契機として秩序維持に対する危機感が高まり、都市警察の再編成がおこなわれると同時に、都市社会のなかの危険分子が「バドマーシ」(badmaash)や「グーンダ」(goonda)などの言葉で概念化されるようになった[18]。また、こうした都市における危機意識は、農村部へのまなざしと結びついていた。農村部での伝統的秩序が崩壊しつつあり、そこから析出された浮動人口が犯罪者予備群を構成しているという理解である。農村部では、在来の社会制度の再建――それはしばしば創造でもあった――による人びとの移動性の抑制を通じて、秩序の回復が志向された。ビルマ州の治安維持と防犯も同様の線にそって進められた。世紀転換期までに、各県庁所在地などの都市部を中心に警察組織が張り巡らされ、州都ラングーンには前述のように都市警察が設立された。農村部では、任命制の村長を通じて人口を監視する村落制度が再構築された。

一九一〇年代には、ビルマ州での犯罪の多さがとくに問題視されるようになるなか、州内で防犯措置拡充のための議論が深められた。そのなかで、一九一九年に州立法として成立した重要な法律が、ビルマ常習犯移動制限法である。この法律の目的は、「常習犯をある村落や地域に閉じ込めるか、あるいは、指定された時間と場所において彼自身に報告させるよう求めるか、あるいはその両方によって、その常習犯の移動を厳密に管理し、彼への抑えを強めること」であった。[19] 同法により、県治安判事は特定の人物に対して移動制限命令を発し、州政庁の定めた規則に従って移動制限の範囲や性格を細かく指定できることになった。移動制限対象者の行状は、村長などの末端行政官によって日常的に監視され、対象者がこの範囲を越えて移動する場合は、事前に許可を得て、移動の条件が記された通行証を取得せねばならなかった。移動制限命令への違反者は、警察や村長などによって令状なしで逮捕され、最大三年の懲役に処せられることが定められた。また、移動制限命令は、刑事訴訟法典の「善行の担保」の代わりに、あるいはそれに加えて発出できると規定されていたことから、同法が従来の防犯措置を補強する性質のものであったことがわかる。[20] やはり、移動する犯罪者とその予備群を安定的な村落社会のなかに再定位すること、もしくは監視の強化によって安定的な村落社会を再構築することが期待されたのである。

インドにおける刑事法制の展開という広い文脈に位置づけるならば、一九一九年のビルマ常習犯移動制限法は、前年にパンジャーブ州で制定されたほぼ同内容の常習犯移動制限(パンジャーブ)法のあとに続くものであった。第一次世界大戦期にインド中央政庁は人の移動を制限する権限を強化したが、常習犯移動制限(パンジャーブ)法は、この趨勢のもとでパンジャーブ州の地方政庁が州立法として制定に踏み出し、中央政庁に認可されたものである。従来、法典への変更は、中央レベルの法律によってのみ加えられることとなっており、この州立法による刑事訴訟法典の補強は、法制史家ラディカ・シンハの言葉を借りれば、「原則からの逸脱」であった。[21] しかしながら、翌年にはビルマ常習犯移動制限法の成立をみることとなり、州立法による防犯措置拡充はもはや例外ではなくなった。

茶番めいた移動制限

一九二〇年代以降のインドでは、また別のタイプの州立法による防犯法制が現われた。一九二三年のベンガル・グーンダ法と三二年の連合州グーンダ法である。先行する常習犯移動制限法が危険分子を村落に閉じ込めることを主眼としたのに対し、グーンダ法は都市社会を想定していた。すなわち、農村から都市へと流入する移民労働者を犯罪に巻き込むような無頼漢を「グーンダ」の名辞のもとに概念化し、彼らを都市から追放することが目的とされた。[22]

地方政庁による防犯措置法制の都市への転回は、ビルマ州でもみられた。既存の村落制度を利用し、行政による恣意的な権力行使を許した一九一九年ビルマ常習犯移動制限法は、たしかに経済的かつ効果的な防犯手段をビルマ州政庁に提供した。しかし、おもに農村部を対象とする常習犯移動制限法は、ラングーンの状況に適したものではなかった。都市社会の流動性と匿名性は、犯罪者の移動制限と行状監督を困難にしたからである。二二年の市警年次報告では、同法に言及した箇所で、「現行法が認めているのは、ラングーンの犯罪者をラングーンに閉じ込めることだけであり、これはもちろんのこと、まるで役に立たない」と不満が記されている。[23] こうした状況を受けて、二三年にはラングーンへの同法の効果的な適用をめざした改正法案が提出された。改正の目的には、「ラングーン周辺諸県から流入し、同市内で犯罪に手を染めて生活を営んでいる犯罪者たちが多くみられる。ラングーンの当局がそうした人びとを生まれ故郷の村々へ送り返す権限を有することは大いに望ましいことである」とある。[24] つまり、ラングーンにおいては、犯罪者の都市内部への閉じ込めよりも、都市外部への追い出しが有効と考えられたのである。

一九二三年のビルマ常習犯移動制限法の改正を通じて、周辺諸県からラングーンへ来た犯罪者を送り返し、故郷において移動制限をかけることが可能になった。[25] とはいえ、依然として、実務にあたるラングーン市警には不満が残った。問題視されたのは、インド人犯罪者の存在であった。ビルマ常習犯移動制限法はビルマ州の外側から流入するインド人を故郷へと送り返す法的根拠にはならず、彼らにラングーン市内での移動制限を課すことは「茶番めいた罰則」にすぎなかったからである。[26] 二三年の年次報告のなかで、当時のラングーン市警本部長はつぎのように記している。

本年、可決された常習犯移動制限法の改正は、少しばかりの恩恵をもたらした。しかし、本当に必要とされているのは、ラングーンを食い物にしている多くのインド人たちを警察が排除しうるなんらかの仕組みなのだ。一九二三年中に指紋が採取された一八五四人の受刑者のうち、四四%、八一八人もがインド人であり、この数値は前科一犯以上の常習犯を数多く含んでいる。

インド人に関しては、常習犯移動制限法はほとんど実質的価値を有さない。ベンガルには「グーンダ法」という法律が存在する。それによって、コミュニティにとって危険なごろつきやその他の荒くれ者を、彼らがベンガルに本居をおいていない(non-domiciled)か本居をおいている(domiciled)かによって、〔前者であれば〕全ベンガルから、もしくは〔後者であれば〕カルカッタ周辺の一定地域から排除することができる。同様のものがラングーンには必要である。私は、常習犯移動制限法の適用をうけた、本居をおかないインド人(non-domiciled Indians)をビルマの外へ排除しうるような、常習犯移動制限法の拡充を検討してもらえるよう政庁に要請した。

現在、イギリス臣民でなく、ラングーンにおいて犯罪に関わっていると知られている者を外国人法によって追放する措置はとられている。[27]

ここでは流動性の卓越したラングーン都市社会の文脈から、ビルマ州内の特定地域に犯罪者を閉じ込めようとする従来の政策の不備が指摘されるとともに、インド人犯罪者のビルマ州外への追放を可能にする新たな施策の必要性が訴えられている。犯罪の未然防止が警察行政の大きな関心事となるなかで、ラングーンでは、収監でも移動制限でもない追放という第三の手段が重要視されるようになったのである。[28]

ところで、ラングーン市警本部長は、常習犯移動制限法以外にふたつの法律に言及している。ひとつが前述のベンガル・グーンダ法、もうひとつが外国人法である。ベンガル・グーンダ法は一九二三年二月にベンガル州で施行されたばかりの新しい法律であり、これによりカルカッタ市内の無頼漢を追放できる権限がベンガル州政庁に認められた。ラングーン市警本部長は、州内に「本居をおく」者かどうかを基準として、そうではない場合は州全体から追放しうるという点に着目している。

他方、前章でみたように、外国人法に基づく華人の追放措置は、ラングーンにおいてすでに実行に移されていた。インド人犯罪者のビルマ州からの追放という発想が、既存の外国人法に基づく実践から導き出されたことは想像に難くない。そもそも、一九一九年に州立法参事会でビルマ常習犯移動制限法案が審議されたとき、J・E・デュバーン議員は、常習犯移動制限法の制定が喫緊の課題であるため、インド人常習犯の問題を取沙汰して制定を遅らせることはしないと断ったうえで、「私は、彼〔インド人常習犯〕が華人常習犯と同様に扱われ、ビルマのいかなる場所にも居住を許されるべきではないと考えます」と述べていた。[29] しかし、追放措置のインド人への応用には、国籍の壁という大きな障害が立ちふさがっていた。

2 望まれざるイギリス臣民の追放

外国人法の限界

外国人法による追放措置には、ひとつの重要な欠陥があった。それは外国人法の規定から、追放の対象が外国人すなわち非イギリス臣民に限られたという点である。そのため、華人の追放を検討する際にも、まず当該人物がイギリス臣民籍を有しているかどうかが調査されねばならなかった。ビルマ州内で生まれた者はもとより、イギリス帝国内で出生した者はすべて外国人法の適用を免れた。実際、華人諮詢局によって追放対象として選定されたものの、海峡植民地生まれであるために追放できないという事例も存在した。[30] また、出生によって生来的にイギリス臣民籍を有する者のみならず、帰化によってイギリス臣民籍を取得した者に対しても外国人法は適用できなかった[31]。帰化申請をおこなった華人のなかには、外国人法の欠陥を逆手にとって、追放をまぬがれるためだけにイギリス臣民籍を取得しようとする者もあった[32]。

とはいえ、イギリス臣民籍を有する華人犯罪者の存在はマイナーな問題にすぎなかった。ラングーンにおいて外国人法に基づく追放措置の欠陥が重大なものであったのは、この法律ではインド人の犯罪者にまったく対処できなかったからである。ビルマ州は英領インドを構成する一州であったため、インド亜大陸からの来航者とビルマ州に生まれた人びととのあいだに法的な身分の差はなかった。どちらも同じ英領インドに生まれたイギリス臣民であった。二〇世紀前半のラングーンでは、インド人が都市人口の過半数を占めており、膨大な量の出稼ぎ労働者の群れにまぎれて、物乞い、売春婦、窃盗犯から、より凶悪な犯罪に手を染める者まで、あらゆる種類の望まれざる人びとがラングーンへ流れ込んでいた。

華人犯罪者とインド人犯罪者に対する取扱いの違いが際立つ例をあげよう。華人に対する追放措置の一因となったのは、一九〇〇年代の建徳公司と和勝公司の械闘であった。ラングーンの華人街でこの械闘が激しさを増した一九〇九年は、華人街のみにとどまらず町全体が不穏な空気に包まれていた。都市の核心部においても、ふたつのインド人ムスリムのギャングが抗争を繰り広げていたのである。ギャングの首領はそれぞれメシディとマムサといった。以前から反目していた両者はそれぞれ互いを陥れるための訴訟を起こしていたが、やがて双方のギャングが暴漢を雇い入れて衝突し、騒擾へと発展したのである。町の人びとはギャングからの報復を恐れて口を閉ざし、また偽証も横行した。そのため、たとえ警察が暴漢を逮捕したとしても有罪判決を得るのははなはだ難しかった。都市の核心部は無法地帯と化し、ラングーン市警は年次報告のなかで、「残念ながらある種のフーリガニズムがはびこっている」と認めざるをえなかった[33]。翌年にいたってようやく暴漢のうち数人に有罪判決がくだされ、事態は一応鎮静化した[34]。

同時期に深刻化した華人団体間の械闘とムスリム・ギャング間の抗争は、関与した者を訴追するための証言をなかなか得られなかったという点では共通していた。しかし、その収束の過程は対照的であった。華人団体間の械闘は、ラングーン市警と華人有力者との協力関係の構築や、暴動を扇動した無頼漢に対する追放措置の導入によって構造的解決がはかられた。これに対して、もとより犯罪をおこなうために組織されたギャングと行政側が妥協点を見出すことは難しかった。メシディとマムサの名前は、以後も、賭博場の運営や強盗団の組織、手下の犯した殺人事件と関連して、ラングーン市警の年次報告のなかに現われ続ける。[35] そして、何よりも大きな違いは、インド人が相手の場合、植民地行政はそれがどんなに困難であっても、逮捕し、訴追し、有罪判決をくだしたうえで処罰するという通常の司法手続きにのっとって行動せねばならなかった。たとえ証言が得られて有罪となっても、その多くは懲役刑であり、ごく一部の重罪人のみが流刑に処せられた。[36] つまり、行政の裁量による即座の処罰もできなければ、問題となる人間をビルマ州外へと放逐することもできなかったのである。前節に引用した、「本当に必要とされているのは、ラングーンを食い物にしている多くのインド人たちを警察が排除しうるなんらかの仕組みなのだ」というラングーン市警本部長の要望は、こうした状況を踏まえて吐露されたものであった。[37]

売春婦と物乞い

外国人法の欠陥を十分に認識していたビルマ州の植民地権力は、一九二〇年代にはいると、その欠陥を補完する施策を打ち出してゆく。具体的には、特定の犯罪者をイギリス臣民であってもビルマ州外へ追放できるような法律が制定され始めた。

最初の動きは一九二一年のビルマ娼館抑圧法の制定である。[38] ラングーンは男性が多数を占める移民の町であり、つねに売春の需要が存在していた。娼館経営者や売春婦たちは、ビルマ人、インド人、華人、日本人、ユダヤ人、東ヨーロッパ出身者と多様であった。一九世紀の植民地化以来、ビルマの植民地権力は基本的に売春に対して許容的な態度をとってきた。駐留する軍隊に性病が蔓延するのを防ぐために売春婦の健康管理こそおこなわれていたものの、売春自体は合法的行為として放任され続けた。ラングーンでは一九〇二年に、近隣への迷惑防止を目的として、一部の区域を除いて、市域内の娼館を閉鎖できる裁量権がラングーン市警本部長に与えられた。しかし、実際に閉鎖される娼館はほとんどなかった。むしろ除外区域に設定された都市核心部のいくつかの通りでは、売春婦たちの露骨な客引きが目立つ状況になった。こうしたなか、一九一〇年代以降、世界的な売春廃絶の気運の高まりを受けて、ビルマ州でもいくつかの社会団体が、州政庁に対して売春規制の厳格化を強く求めるようになった。ビルマ州政庁はこうした声に押されて、徐々に規制に向けて動き出すことになり、一九一四年には除外区域の設定が解除された。二一年のビルマ娼館抑圧法は、こうした趨勢を背景として、裁量による娼館閉鎖から全娼館の非合法化へという政策転換を示すものであった。

一九二一年ビルマ娼館抑圧法の主眼は、娼館経営者や売春斡旋業者への処罰の強化におかれていた。ビルマ州政庁は依然として、売春行為自体を非合法化するのは時期尚早という立場であり、娼館に所属しない個人経営の売春婦に対しては寛容であった。にもかかわらず、同法が個別の売春婦にもかかわる措置として、ヨーロッパ人の娼館経営者および売春婦の追放に関する一条項を含んでいたことは、本章の関心からすると興味深い[39]。

植民地支配者たちは以前から、ヨーロッパ人の売春には神経を尖らせていた。一九一三年、当時のラングーン市警本部長は、「インド人とビルマ人はヨーロッパ人売春婦の国籍(nationalities)を区別することなどできません。したがって、たった一人の存在がイギリス政府の威信を傷つけることになります」と述べ、すべてのヨーロッパ人売春婦を送還する権限が必要だと主張した[40]。支配者の体面を保つため、白人女性が売春に携わっている姿を被支配者の目にふれさせるわけにはいかなかったのである。ましてや白人のイギリス臣民がこうした生業に就くことは言語道断であった。しかし、既存の外国人法ではイギリス臣民に対処できなかった。

そこで、ビルマ娼館抑圧法制定の機会に、イギリス臣民をも含むヨーロッパ人売春婦の追放を可能とする条項が盛り込まれることになったのである。[41] ただ、この条項は法律全体からみればマイナーなもので、運用の開始された一九二三年から、毎年五人前後が追放されたにすぎなかった。[42] ヨーロッパ人娼館関係者の追放条項は、望まれざる白人を植民地から追い出すことにおもな目的があり、以下に述べるようなインド人の犯罪者をビルマ州の領域から排除しようとする追放政策とは性格を異にしていた。しかし、イギリス臣民に対する追放措置の適用という点で、以後のビルマ州における追放関連立法の先駆をなすものであったといえる。

つぎに追放措置がとられたのは、物乞いに対してである。ラングーンでは、二〇世紀初頭から、大量の移民の波にまぎれてインドから流入してくる物乞いの存在が問題視されていた。[43] なかには物乞いを差配して金を稼ぐ者もいた。「一

「「就業者」すなわち物乞い——だれが失業なんて言っているのか？」

英字日刊紙『ラングーン・タイムズ』に掲載された漫画家バガレィによるラングーンの風俗描写。ラングーンのさまざまな職種を描いたうちの一枚。盲目のインド人が物乞いをしている様子(1920年代頃か)。

出典：Bagalêi, *Shweitalêi Katwûn (Shwetalay Cartoons)*, Mandalei: Ludù Saou'-tai', 1969, p. 74.

部の人びとによって、動くことのできない障碍者たちがインドから連れてこられている。彼らは毎朝、小さな手押し車か担架に乗せられて、木陰であったり、座席に傘が固定してあったりするが、通りのあちらこちらに配置される。日がな一日、彼らは物乞いをし、夕方になると一人ないし二人の男によって運び去られる。一日の稼ぎは当然、これらの物乞いたちを受け持っている男たちの懐にはいる」[44]。このような光景が毎日繰り返されていたのである。

物乞い問題がはじめてビルマ州政庁の検討課題となったのは、一九〇四年のことであった。このときラングーン市政委員会は、インド人物乞いの流入を防ぎ、ラングーン在住の物乞いについては出身地へと送り返せるよう、州政庁に対して法律の制定を求める決議をおこなった。しかし、ビルマ州政庁は、そのような法律の制定を拒否し、ラングーン市警察法改正によって、物乞い行為に対する罰則を重くすることで対応した[45]。

一九一四年にも同様のことが繰り返された。マウン・ペーというビルマ人議員が、インドからの物乞いの移入を禁止する法律制定に関する議案を、立法参事会に提出した。この議案には、インド人やヨーロッパ人の一部議員も賛同し、移民到着時の港湾での厳格な取り締まりや汽船会社への規制などの解決案が提示された。物乞いは、ラングーンの景観をそこね、ビルマ州に余計な経済的負担をかけるのみならず、とくに物乞いが病人であった場合には、「もっとも活発に病気をまき散らす存在であり、さまざまなかたちの伝染病が広がるのを助長する」と考えられたからである[46]。

こうした立法参事会議員たちの移民統制案に対して、ビルマ州政庁はこれを却下し、新たな法律の制定はおこなわず、既存の法律の枠内で市警察による取り締まりを強化すると決議した。政庁による移民統制案却下の理由は以下の二点に要約できる。ひとつは、ビルマ州がインド帝国の一州であるからという理由である。政庁の代表者は、「たしかにオーストラリアやアメリカ合衆国などの諸国は、自国の領土内に望まれざる外国人が入境するのを防ぐための厳格な法律をもっているが、世界のどの国にも、一国の州のあいだで移動を制限するような法律は存在しない」と述べ、提案が移民法の国際基準から逸脱していることを強調した。もう一点は、安定した労働力供給を維持するためという理由である。

ビルマは外来の労働力に依存しており、すべての移民に厳しい検査をほどこす法律が制定されれば、そうした検査はこれからビルマへ渡ろうとする人間に「必ずや深い困惑と心配を巻き起こし、労働力の流入に歯止めをかけるおそれがある」と考えられた。これらの事情が配慮されて、インド人物乞いの管理は来航時の海港における選別によってではなく、彼らが市内にはいってからの警察の摘発によって追求されることになったのである。[47]

しかし、罰金や収監は十分な抑止力とはならず、物乞いの問題は当局の頭を悩ませ続けた。こうした事態の改善をはかるため、一九二二年のラングーン市警法再改正で、重犯の物乞いを対象とした市域からの追放条項が設けられた。[48]重犯かどうかの確認のために膨大な記録の整理が必要となったので、二二年中の同条項の適用は四件のみに留まった。しかし、二三年には七一人に同条項が適用され、以後の一九二〇年代には、年間五〇～一〇〇人、三〇年代には、年によって三〇〇人や五〇〇人といった規模での追放がみられるようになった。[49]この条項の規定では、追放対象者の人種は限定されていなかったものの、ラングーンから追放された物乞いはごく少数のビルマ人を除いて、そのほとんどがインド人であった。なかでもチッタゴンの出身者が多かったという。[50]インド出身の物乞いたちは、ラングーン港から船に乗せられて故郷へと送り返された。

こうして、売春婦や物乞いといった特定のイギリス臣民へと追放措置の対象が拡充した。これとちょうど時を同じくして、外国人法による非イギリス臣民の追放にも運用の変化がみられた。

3 「非ビルマ人」とは誰か？

貧困層統治のための追放

一九二〇年代における外国人法の運用の変化を示唆するのは、追放数の激増である（表3－1）。一九〇九～二一年の一二年間で、華人諮詢局の提言に従って追放された者は三一人であり、その他の手続きによる追放事例を含めても延べ四五人にとどまった。[51] これに対して二二年には一年間で一〇〇人、二五年以降は年平均一〇〇人超が追放されるようになった。

この過程で、行政機構の内部にどのような議論があったのかは不明である。[52] しかし、一九一〇年代以来のビルマ州の刑事行政の変化を踏まえるならば、収監者数を最少限にとどめ、かつ犯罪への抑止力としても外国人法による追放が多用されるようになったと考えられる。ラングーン市警の年次報告書には、一九二四年以降、当該年度の犯罪予防措置の成果が列挙される箇所に、外国人法による被追放者数が記されるようになる。表3－1はおもにこの数値を整理したものである。外国人法による被追放者数がはじめて一〇〇人を超えた二五年の年次報告には、外国人法による追放が市内の窃盗犯の減少に寄与したとの記載があり、追放政策の対象が窃盗犯のような微罪人にまで拡張されたことがうかがわれる。[53]

微罪人の収監が監獄行政の負担となっていたことも先にみたとおりである。こうした微罪人の追放増加は、追放を実施するにあたっての手続きの簡素化をともなっていたと推測される。従来、華人の追放は一般的に、華人諮詢局が対象者を選定し、それを行政が追認するというかたちでおこなわれた。こうした手続きは華人諮詢局に大きな裁量を許すものであったが、ビルマ州政庁はしだいに華人有力者たちへの不信感を募らせていた。華人諮詢局は一九二〇年代以降も存続したものの、追放政策は、華人諮詢局を介さずに植民地行政が追放しやすい犯罪者を直接的に追放するという運用へと移行していったのではないか。つまり、追放政策は二〇年代に質的な変化を遂げ、便利で手軽な貧困層統治の手段という役割が大きくなっていったと思われる。おそらく、この変質は、一九二二年のラングーン市警改正法による物乞いの大量追放とも通底するものであった。

また、追放政策の射程は対象者の属性についても広げられた。外国人法による被追放者の大多数は二〇年代も依然と

表3-1　外国人法による被追放者数（1922〜38）　（単位：人）

年度＊	22	23	24	25	26	27	28	29	30	31	32	33	34	35	36	37	38
ラングーン華人	10	7	19	147	118	37	66	102	57	72	194	212	113	60	122	112	109
諸県の華人	0		2		41	45	19	27	28	24	22	27	6	8	10	8	4
その他	0	nd	8	7	3	0	3	2	4	0	0	0	0	3	14	2	0
総数	10	7+?	29	154	162	82	88	131	89	96	216	239	119	71	146	122	113

＊　年度は1900年代を示す。

出典：RRTP 1922-1938; *Proceedings of the Legislative Council of the Governor of Burma*, 1925-1926, vol. V, p. 224 より作成。

表3-2　犯罪者追放法による被追放者数（1926〜38）　（単位：人）

年度	26	27	28	29	30	31	32	33	34	35	36	37	38
ラングーンのインド人	nd	19	31	70	72	46	90	94	115	93	75	47	60
諸県のインド人	nd	2	6	8	9	16	11	11	13	6	14	48	16
総数	13	21	37	78	81	62	101	105	128	99	89	95	76

出典：RRTP 1926-1938 より作成。

して華人であったが、ときに日本人の娼館関係者や麻薬密売人など華人でない外国人が追放されるようになった。[54]追放政策のイギリス臣民への敷衍も、こうした趨勢と機を同じくしていた。

犯罪者追放法の射程

このような追放措置拡充の流れのクライマックスに位置づけられるのが、一九二六年の犯罪者追放法の制定であった。同法の正式な名称は、「特定の刑事犯罪で有罪判決を受けたことがあるか、もしくは、善行の担保の提供を命じられたことのある非ビルマ人(non-Burmans)をビルマから追放する権限を認める法律」という。[55]

犯罪者追放法はその立法をめぐって、激しい論争を巻き起こした。前年の一九二五年三月一〇日、法案がビルマ州内務大臣メィアウンによって立法参事会に提出されると、各所から激しい批判が浴びせられた。論争の根本的な原因は、この法案がインド人に対するビルマ州政庁の攻撃とみなされたことにあった。実は、犯罪者追放法案が立法参事会に提出されたのと同日、もうひとつの法案が政庁の財務大臣から提出されていた。ビルマ来航者課税法案である。これは、ビルマの諸港へ来航したすべての人間に一律で五ルピーを課税するという法案であり、明らかにインド人労働者への課税を企図したものであった。これらふたつの法案がほぼ同時に提出されたため、インド人議員たちから州知事ハーコート・バトラーを筆頭とするビルマ州政庁への批判が一挙に燃え上がったのである。ビルマ州立法参事会では、州政庁の代表とビルマ人議員が法案に賛成の立場、インド人議員とヨーロッパ人の商業会議所代表者が法案に反対の立場をとるという構図ができた。[56] また、インド人の経営する英語紙『ラングーン・デイリー・ニュース』が、州政庁に反対する記事を定期的に掲載するなど、州立法参事会の議場の外にも論争が波及した。[57]

論争の内容に踏み入る前に、法律成立にいたるまでの経緯を概観しておこう。ビルマ州政庁は、反対の声にもかかわらず、若干の修正を加えたのちに両法案を通過させた。ビルマ州の法律は、ビルマ州知事の決裁ののち、インド総督、さらにロンドンのインド省の決裁をへなければ成立しなかった。問題となったこれらふたつの法律も、それぞれこの手続きにかけられた。この過程で、来航者課税法はインド総督によって拒否された。[58]

他方、犯罪者追放法はインド総督の裁可を受けたが、ロンドンのインド省内ではこの法律に対して異例の不認可をくだすべきか真剣な検討がなされることになった。インドの帝国立法参事会において、インド総督による同法の裁可に反対し、インド省に不認可を要請するよう求める決議が採択されたからである。結局、インド総督はこの決議を拒否し、犯罪者追放法は成立した。[59] しかしながら、インド省はビルマ州立法参事会およびインド帝国立法参事会で示された反対に配慮し、後述するように、成立してまもない犯罪者追放法を早速改正するよう指示することになったのである。

犯罪者追放法をめぐる論争では、具体的な争点は三つあった。第一の争点は、帝国的視野から考えたときのこの法律の妥当性である。ビルマ州立法参事会やインド帝国立法参事会のインド人議員たちは、インド政庁が東アフリカや南アフリカなどの他の植民地におけるインド人移民の待遇改善を訴えているさなかに、ほかならぬインド帝国の内部でインド人に敵対的な法律が制定されてよいはずがないと主張した。[60] ビルマ州が英領インドの一部を構成していることが強調され、ビルマ州においてインド人が差別的な待遇を受けることに対して強い反対が示されたのである。ロンドンのインド省がもっとも気にしたのもこの点であった。インド省内の議論では、この法律はスコットランド人をイングランドから追放するようなものだとされ、「政治的にも体制的にも望ましくない」「極めて無分別な法律」と評価された。[61] しかし、最終的には、ビルマ州政庁の判断が尊重されることになった。[62] 植民地における段階的自治付与の過程では、現地人への権力の委譲という民主化の側面とともに、地方行政体が中央に対する自律性を獲得してゆく行政的な地方分権化も進展していた。

残りのふたつの争点は追放措置の対象範囲に関わった。ひとつは、「非ビルマ人」とは誰かという問題であった。法案が提出された最初から、追放の対象は「非ビルマ人」とされたが、その定義は曖昧であった。最初の法案における非ビルマ人とは、「ビルマ以外の地で出生した者、あるいは、ビルマで出生したけれどもその両親がビルマに継続的に居住しておらず、かつ、本人もビルマに本居をおいていないか継続的に居住していない者」と定義された。[63] 出生と居住の在り方による定義ではあったが、「本居をおく」や「継続的に居住している」が、具体的にどのような状態を指すのか明確でなかった。この点はビルマ州立法参事会において多くの議員から指摘され、基準として具体的な居住年数を示す必要性などが訴えられた。この問題に敏感に反応したのは英系インド人の代表議員チャールズ・カンパニャクである。[64] 彼は皮肉を交えながらつぎのように述べた。

私としてはこの法案でもっとも反対すべきは、非ビルマ人の定義です。その定義は広すぎるように思われます。もしその定義が通れば、それは私のような人間が非ビルマ人の範疇にはいることを意味します。私の父はほぼ半世紀にわたってこの国に居住しています。私の母はビルマで生まれましたが、私が生まれた時はたまたまカルカッタにおりました。生まれてまもなく私は母にビルマへ連れてこられ、学業を修めに渡英するまでビルマにとどまりました。ここで生まれたのではなく、一八年間連続して居住したこともありません。私は非ビルマ人と分類されるでしょう。もし私が刑法上の罪を犯して、有罪判決をうけたら、私は追放されることになりましょう。いったいどこへ向けて追放されるというのでしょうか（笑い声）。[65]

ここでカンパニャクのみせた余裕は、本来的には自分が非ビルマ人に含まれるはずがないという確信からきていると思われる。おそらくは、定住の意志やビルマ州内で生業を営んでいるという事実が重視されてしかるべきと考えていたのであろう。

こうした考えは、政庁側にも共有されていた。内務大臣は、続く議論で、「本居の問題は、法律用語で永住の意志（*animus manendi*）と表わされるものに依拠し、それぞれの事例について特定の事情に則して考慮されねばなりません。包括的な定義を定めることは不可能です」と述べている。[66] 法案の改訂をへて、最終的に成立した法律のなかに示された「非ビルマ人」の定義は、「両親のいずれもがビルマの土着人種（a race indigenous to Burma）の成員ではない、あるいはなかった者で、かつ、本人がビルマに本居をおいていない者」であった。[67] やはり、「本居をおく」は条文上で定義されることなく、当初の法案にあった出生地の基準が、人種の基準へと置き換えられている。「土着人種」は必ずしも自明の概念ではなかったが、父親が英系インド人で母親がアイルランド人であったカンパニャクのような人間が、両親の双方が土着人種ではないという条件を満たしていることは明らかであった。しかし、内務大臣の示していた「本居をおく」の解釈によって、土着人種に属さない人間も追放対象である「非ビルマ人」の範疇からはずされえたのである。こうしたビルマ州政庁の態度は、外国人法の運用において、ビルマ州で長期的に商業を営んでいた華商に追放措置が実行されなかったこととも整合している。

論争の第三の争点は、追放に値する犯罪とはどの程度のものかという点であった。最初に提出された法案には、名誉毀損や侮辱罪などの極めて軽微な罪までも追放の理由に含まれており、これが批判の対象となった。また、一部のインド人議員は、インド人の政治活動に対する威嚇がこの法律の真の目的ではないかと訝しんだ。[68] 政治活動にはつねに、名誉毀損や煽動罪などで植民地行政から訴追されるリスクをともなったが、この法案がそのまま通れば、それらの罪が即刻追放に結びつくことになったからである。ビルマ州政庁は、こうした批判に一定の譲歩をみせ、追放の対象となる犯罪の範囲を縮小した。犯罪の深刻さによってふたつの範疇を設け、国家反逆罪や殺人、強盗、傷害などの重罪は初犯で追放対象とし、窃盗などのより軽度の犯罪については重犯の場合にのみ追放の対象とした。常習犯移動制限法の移動制限命令など、犯罪予防措置の適用もまた、後者の範疇に含まれた[69]。縮小されたとはいえ、依然として、追放の射程は広く設定されていたといえる。

政治犯の問題についても、名誉毀損や侮辱罪は追放対象となる犯罪のリストからはずされたものの、煽動罪は含まれたままであった[70]。立法参事会の議論の過程で、内務大臣メィアウンは、一九一五年にマンダレーで起きたガダル党の陰謀事件に言及し、政治犯追放措置の必要性を率直に表明していた[71]。ガダル党は、一三年に北米のインド人移民によって組織され、第一次世界大戦期に世界各地で、インド独立を掲げる反英蜂起活動を展開した。また、一九二〇年代には、ローラット法制定後に政治犯に対する取り締まりが強化されたベンガルから、多くの急進的活動家がビルマへ流入し、州内に組織を広げていた[72]。ビルマ州政庁はそうした動向を察知しており、政治犯を排除しうる手段の獲得を試みたのであろう。こうして、犯罪者追放法は政治犯の追放を可能とするようなかたちで成立をみた。しかしながら、まもなく本国インド省から、同法への批判を緩和するため、法律を改正して政治犯を追放対象から除くように指示がくだった[73]。その結果、同じ一九二六年中に犯罪者追放改正法が制定され、追放対象となる犯罪のリストから、煽動罪などの政治犯罪だけが除外されることになった[74]。

以上が、一九二五年から二六年にかけての犯罪者追放法の成立と改正の過程である。州内外のインド人たちからの猛烈な反対があり、上位機関である本国インド省が本意ではなかったにもかかわらず、流入してきたインド人犯罪者をビルマ州から排除しようとするビルマ州政庁の意図がおおむね実現したといえる。この法律による追放の実績をみると、二六年以後、毎年数十人単位でインド人の犯罪者が追放され続けた(表3−2)。「非ビルマ人」の範疇は、若干の曖昧さを帯びてはいたが、その範囲は慎重に限定されており、長期的居住者は追放対象からはずされた。他方で、追放の条件となる犯罪の範囲は、政治犯が対象からはずされたとはいえ、十分に広いものであった。追放の手続きは、まず県治安判事が追放条件を満たしている者を州政庁に報告し、退去命令を発するかどうかは州政庁の裁量に委ねられるというものであった。このように、できる限り広い射程を設けておいて、行政の恣意的な判断によって追放措置を実施するという発想は、これ以前のビルマ州における追放政策の実践経験から生まれてきたものであろう。こうして、一九〇〇年代末に海峡植民地を参考にして導入された追放措置の対象が、外国人である華人からイギリス臣民であるインド人へと拡充されたのである。

ラングーンは国際的ネットワークの結節点に位置し、ビルマ州政庁にとって望ましくないさまざまな犯罪者が州外からも後背地からも流入してきた。匿名性と流動性の卓越した都市社会において、ビルマ州政庁およびラングーン市警は、これらの犯罪者に対して困難な戦いを強いられた。ラングーンの治安維持制度は、一般的にビルマ州全体のそれを踏襲したものであった。しかし、一定の区域内で疑わしい者を監視するという治安維持制度は、農村部を想定して構築されたものであり、ラングーンでは十分に機能しなかった。刑事政策全般における収監者数の抑制と犯罪予防措置の強化という趨勢のなかで、一九二〇年代には、追放措置がその対象を拡充し、ラングーンに適した治安維持手段として多用されるようになった。追放の射程は広げられ、外国人とイギリス臣民、微罪人から重罪人までをカバーする法律の網が編まれた。そのクライマックスとなったのが、一九二六年の犯罪者追放法の制定であった。

追放法制が、ある領域に基づいて、人間の範疇をそれに帰属する者と帰属しない者とに峻別し、後者をその領域から排除可能な存在にしたことは重要である。厳密にいえば、外国人法は植民地国家である英領インドの領域に基づいており、非イギリス臣民を英領インドの領域から追放する権限をインド政庁に認めた法律であった。これに対して、犯罪者追放法はビルマ州の領域に基づいていた。この法律により、インドの一地方行政体にすぎなかったビルマ州が、インド本土をビルマ州の外部と設定することで、あたかもそれ自身が一個の国家のように振舞い始めたといえよう。本国インド省が帝国秩序の維持という観点から犯罪者追放法に違和感を覚えたのは、まさにそのためであった。

人間の範疇については、追放の対象となりうる「非ビルマ人」という範疇が作り出された。これにより、インド人をはじめとする「非ビルマ人」のイギリス臣民が、追放政策において華人などの外国人と同列化された。「非ビルマ人」は、ビルマ州の領域に基づく人間の範疇であったが、その法文上の定義の対偶をとれば、誰が「ビルマ人」とみなされたかが浮かび上がる。つまり、両親のどちらか一方が土着人種に属するか、あるいは、ビルマ州に本居をおいている者はすべて、この法律上は「ビルマ人」であった。「土着人種」という領域と人種とを結びつけた概念が、法律上の用語として登場したことは注目に値するが、人種は領域への帰属を示す唯一の要素ではなかった。土着人種ではないとみなされる者も、長期的な居住などによって永住の意志が確認されれば、ビルマ州に帰属していると判断されえたのである。追放に際して、ビルマ州における長期的居住の事実が勘案されたのは、外国人法の場合でも同様であったから、領域と人の帰属に関するビルマ州政庁の考え方はある程度一貫していたといえる。

ただし、こうした一見リベラルな範疇設定が、植民地権力がかかえる経済的要請と統治的要請とのバランスのうえに成立していたことは踏まえておく必要があろう。ビルマ州政庁は、州の外部から資本や労働力の供給を受け入れ続けながら、多様で流動的な人口のなかから望まれざる人物だけを選りすぐって排除せねばならなかった。被追放者の選定のあり方は、全体として、恣意的なものから規範的なものへと変化する傾向にはあった。しかし、犯罪者追放法における追放条件にあったふたつの概念――「土着人種」と「本居」――はいずれも厳密性を欠いており、そこには個々の事例の判断に行政権力の恣意が介在する余地が残されていたのである。

第四章 防疫線としての港——衛生管理と人種言説

ベンガル湾をまたぐ膨大な人口環流は、犯罪の増加のみならず疫病の流行という点でもラングーン社会のリスクを高めた。とくに、都市核心部における労働者集合住宅の異常な過密状況と居住者の移動性の高さは、ビルマ州の植民地行政官たちに疫病流行への危機感をいだかせ、移民に対する衛生管理制度の構築を促していった。

医療衛生史家マーク・ハリソンは、インドとオーストラリアの海港隔離検疫を比較してつぎのように述べている。「オーストラリアの入植者植民地では、隔離検疫の実践は人種偏見の影響を受け、移民管理の重要な道具となった。しかし、インドには移民問題は存在せず、いかなる民族(nation)に対しても隔離検疫を課すことで政府が得るものはなかった」[1]。しかし、植民地インドの内側においては大規模な人口流動が発生していたのであり、それへの対応として、下位の行政体が管轄区域の境界管理能力を強める場合があった。実際にビルマ州では、州立法を通じた海港強制種痘の導入によって、移民に対する衛生管理の強化が試みられた[2]。

また、オーストラリアの例と同様に、ビルマ州での移民に対する衛生管理制度の構築過程においても、人種言説が一定の役割をはたした。ビルマ州政庁は、植民地インド内でのドメスティックな人口移動とみなされる移民の流れに介入するため、その方便としてインド人を他者化する——植民者からのみならずビルマ州やビルマ人からも差異化する——人種言説を多用した[3]。本章は、こうした差別的言説が流行した歴史的背景に注意しながら、衛生管理の制度と実践が、人種や階級をめぐる諸言説の争点となっていたことを示す。そのうえで、移民に対する衛生管理の進展によって、植民地インド内の州境にすぎなかったラングーン港が、しだいに「国境」的な性格を帯びてゆく過程について考察する。

1　労働者集合住宅の過密問題とインド人

「疫病の巣」

海路来航したインドからの出稼ぎ労働者たちは、ラングーンでの滞在期間中、都市核心部の労働者集合住宅に身を寄せた(第一章)。これらの労働者集合住宅は、クーリー・バラック、共同住宅(テナメント・ハウス)、下宿屋(ロッジング・ハウス)などと呼ばれたが、いずれも深刻な過密と不衛生な居住環境に特徴づけられるものであった。[4] これらの建物内の混雑の度合いは、早くも一八七一年には、ラングーンの民医官が、「晩の遅くにそれら(下宿屋)のいくつかを訪れれば、あまりの混雑のため、誰かを踏みつけることなく通り抜けられる空間などほとんど見当たらなかった」と述べるほどであった。[5] 劣悪な衛生環境を生み出した労働者集合住宅は、「疫病の巣」と認識され、以後、ラングーン市の保健衛生部局から注視され続けることになった。[6]

労働者集合住宅における非常な過密問題に直面して、ラングーン市政当局はさまざまな条例を制定することでこれに対処しようとした。一八七四年に市政の自治組織として市政委員会が導入されると、同委員会には、下宿屋を規制するための条例をつくる権限が与えられた。[7] そうした規則は、下宿屋に登録制をしき、運営者に責任を負わせることによって管理しようとするものであったが、当初は下宿屋の定義づけが不十分であったために効果があがらなかった。その後、下宿屋の定義が拡張されたうえに、九一年にはより詳細な条例が制定され、下宿人一人当たりの最低床面積が約二平方メートルに定められたため、違反事案についての多くの起訴がなされるようになった。しかし、査察のための人員不足、治安判事の処罰の甘さなどにより、かんばしい成果を得られなかった。[8]

市当局による規制の試みもむなしく、労働者集合住宅の過密は二〇世紀にはいってからも緩和されるどころか、むしろますます悪化するありさまであった。一九二〇年代の後半になると、その状況について詳細な報告がなされるようになる。[9]それらの報告によれば、集合住宅の構成はだいたい、間口四メートル、奥行一〇メートル程度の部屋が一列に並んでいて、その一部屋に五〇人以上ものクーリーがすし詰めになっていた。床は横たわる人の体で一寸の隙もなく、壁にも寝棚がすえつけられている。換気と採光は入口の扉と対面の窓だけだが、そこからのわずかの風と光も人の身体にさえぎられている。部屋の内部は、「文字通り互いに重なり合いながら、同じ汚い空気を何度も繰り返し呼吸し、汗ばんだ体でひしめき合っている人びと、そこから発せられる呼気は、どんな強力な胃をもひっくり返してしまうに違いない」と表現されるような状況であった。[10]

過密・不衛生・「人種的習慣」

疫病の巣たる労働者集合住宅の惨状の原因は、イギリス人の行政官たちによってしばしばインド人たちの文化や習慣に帰せられた。こうした認識は、ラングーンの過密問題について、「その問題は大部分において、空間の問題ではなく、人種的習慣(racial habits)の問題である」と説明する一九一一年のセンサス報告書の一文にもっとも端的に表現されている。[11]この一文の直後にはつぎのように続く。「南インドからの移民クーリーは、手に入れうる居住空間がどのような場所になろうとも、すし詰めのバラックのなかに住むことに慣れているのである」。ここにみられるのは、南インド出身の労働者たちは、人種として、密集して生活を営む習慣を有している、との認識である。

「人種的習慣」という言葉は、先天的・生物学的なものを想起させる人種と、後天的・文化的なものと考えられる習慣との組み合わせで成り立っており、今日の感覚からすると少々奇異に感じられる。しかし、一九世紀の熱帯医学では、自然環境とそこに住む人びとの文化や体質とのあいだには密接な関係性があると想定された。インドについても、インド人の病気への罹りやすさや死亡率の高さが、インドの環境や文化、あるいはそれらの影響を受けて形成されると考えられたインド人の虚弱な体質によって説明されることがあった[12]。二〇世紀初頭のセンサス報告書で用いられた「人種的習慣」という言葉は、そうした思想の名残であると考えられよう。

一九世紀後半以降、ビルマへ赴任したイギリス人行政官たちは、すでに通念として形成されていたインド人に対するステレオタイプを念頭におきつつ、先に述べたような労働者集合住宅の惨状を目の当たりにすることで、人種主義的な認識を強めていったのではなかろうか。すなわち、密集を好み、したがって不衛生で、虚弱体質のため病気にかかりやすいインド人という認識である。しかも、そうしたインド人に対する否定的な認識は、インドとは環境も文化も人種も異なると考えられた、ビルマやビルマ人に対する相対的に肯定的な認識との対照によってより明確に強調されることになった[13]。一八七四年のビルマ州衛生行政年次報告書は、ビルマ州の気候や風土が英領インドの他地域と比べて好ましいものであることを示しながら、つぎのように記述する。

インドにおける、あまりにも多くの病と死を引き起こす状況は、ここ〔ビルマ〕ではみられない。インドでは、貧しい者たちの住まいは、閉鎖的で、風通しが悪く、狭い泥の建物である。ビルマでは、住居は地面から持ち上げられていて、板張りの壁と、竹や草でできた床は、空気を自由に出入りさせる。そこには空間の欠如、すなわち過密はみられず、原則として、畜牛は飼い主と同じ屋根の下にはおかれない。目を凝らしてみれば十分につぎの事実が明らかになろう。丸々としてみるからに健康そうな子どもたちの群れや、陽気で勇ましい住民たち、ビルマでみられるようなそうした光景は、インドのいかなる場所でもみることはできないのである[14]。

ここでは、おそらくは気候の違いに起因するインドとビルマとの生活様式の違いが、住民の体質や健康状態の差として現われていることが示唆されている。

ビルマ人は必ずしもヨーロッパ人と同じ程度に衛生的であると考えられたわけではなかった。しかしながら、ビルマ人はインド人と対比される限りにおいては、肯定的なイメージで語られる傾向にあったのである。[15] また、ビルマ人とインド人の双方がステレオタイプとして語られることによって、ビルマやインドが内包しているはずの多様性が捨象される傾向も顕著であった。

このように保健衛生にかかわる事柄についてインド人とビルマ人とを対比させる言説は、二〇世紀に入ってからもさかんに繰り返されており、人種主義的な認識が広く共有されていたことを物語っている。例えば、身体的な強さの比較という点では、一九二九年にインドの労働に関する王立委員会が組織されたとき、その質問表に対するビルマ州政庁の答申のなかで、当時のビルマ州公衆衛生局局長は、ビルマ人労働者の体格はインド人移民労働者のそれよりもまさっており、労働の効率を考慮すると、ビルマ人労働者のほうが優れていると強調した。[16] また、地理学者のO・H・K・スペートとL・W・トゥルーブラッドは、植民地末期ラングーンの東テインビュー地区において多人種が入り混じって生活する様子を描写するとき、「ビルマ人の通りは、いかに貧しくとも、インド人の通りよりも明らかに清潔である」と述べ、不衛生さは貧困以外の文化的・人種的な要因によってもたらされるものであるとほのめかした。[17]

ビルマ州、とくにラングーン市における衛生行政では、イギリス人行政官たちのこうした認識、つまり、インド人を不衛生な人種、ビルマ人を相対的に健全な人種と捉える認識が政策内容に濃い影を落とすことになったのである。

流動する貧者と防疫

労働者集合住宅を疫病の巣とみなす行政側の認識は、インド人に対する否定的な人種観と対応していたのみならず、実際にこれらの住宅に住んでいた労働者たちの移動性の高さによっても助長された。ラングーンに来航したインド人労働者のうち多くはそのまま市内にとどまったが、ラングーンの労働者集合住宅に短期間滞在したのちに、ビルマの内陸へと向かう労働者も少なからずいた。同様に、インドへと帰郷する労働者も、まずラングーンに戻ってくるのがつねであり、同市における人の出入りはとても激しいものであった[18]。こうした流動性の高さを鑑みたとき、労働者集合住宅のように不衛生な環境のもとで多くの人が密集している場所に、一時的にでも滞在していた人間、つまり、なんらかの伝染病に感染している確率が高い人間が、ラングーンからビルマ州内のいたるところへと拡散していくことは、ビルマ州のより広い地域を疫病の危険に曝しうると考えられた。したがって、ラングーンにおけるインド人移民の衛生状態は、市政の管轄下にありながら、ビルマ州政庁の重大な関心事でもあり続けたのである[19]。

ところで、前章で言及した物乞いの流入問題の事例で、港湾での入境制限について、ビルマ州政庁が一貫して消極的であったことを思い出していただきたい。ここから、ビルマ州政庁の移民管理に対する基本的姿勢を知ることができる。統治上の関心から、物乞いの問題に取り組むつもりはあるものの、水際での取り締まりは労働力供給に負の影響を与えかねないとして避けられたのである。

身体に不自由があることの多い物乞いたちと比べて、格段に移動性の高い労働者たちへの管理を強化しようとする場合、これらの労働者たちがラングーン市内にはいってしまってから監視の目を行き届かせるのは非常に難しかった。「疫病の巣」である労働者集合住宅に対する規制もほとんど効果がなかったから、労働者たちが集合住宅へ入居する前に、つまり、来航時に水際で、一人一人の健康状態を監視する必要があった。しかし、ここにおいても物乞い問題のときと同様、移民の衛生管理と労働力供給の確保とのあいだでジレンマが生じることになった。労働力供給の確保を脅かさないという条件のもとで、ビルマ州政庁は移民の衛生管理を強化してゆかねばならなかったのである。この過程をもっとも象徴的に表わしているのが、海港における強制種痘の制度化であった。

2　海港における移民の衛生管理制度の整備

揺らぐ統治技術——種痘

労働者集合住宅が疫病の巣として行政による注視の対象となったように、感染力の強い悪質な伝染病はつねに統治上の関心の的であった。とくに、天然痘、コレラ、ペストは、一九世紀後半から二〇世紀前半にかけて、流行時に大勢の命を奪う深刻な病気と考えられていた。以下で扱う種痘は、そのうちの天然痘に対する予防措置である。ビルマの種痘政策は、州立法を通じて独自の展開をみせた。なかでも、ビルマ州に特殊な事情に基づいて進展した海港における強制種痘の制度化には、ビルマ州政庁の主体的な動きを見出せる。また、後述するように、海港における強制種痘制度は、一定程度、天然痘以外の伝染病に対する予防措置としても企図され、そのように機能した。したがって、その制度化の過程は、ビルマ州政庁による移民に対する衛生管理の進展全般を象徴しているとも考えられる。

それでは、ビルマにおけるこの時代の種痘とはいかなるものであったか。その地域的・時代的な背景にふれながら、防疫手段としての種痘の特殊性や、植民地衛生政策における種痘の位置について説明しよう。

一八世紀末、イギリスのエドワード・ジェンナーによって、天然痘に対するより安全で効果的な予防技術として発見された種痘(牛痘接種法)は、その後のヨーロッパの勢力拡大にともなって、植民者たちの手で世界各地の植民地へともたらされた[20]。いまだ病理が究明されていなかったコレラやペストといった他の疫病への対策と比べると、天然痘に対する種痘はより確実な防疫手段であるとみなされた。そのため、ヨーロッパ人植民者たちは、先端的科学技術である種痘の実践を通して、現地人に対する優越性と支配の恩恵を証明しようとした。種痘は植民地化の尖兵として期待されたのである。

植民地インドの衛生政策は、一九世紀半ばにいたるまで、植民者であるヨーロッパ人コミュニティと支配の枢要である軍隊をインド社会から隔絶して、その内部の健康を保つことに注力し、現地人たちの健康には大きな関心をはらわなかった。しかし、一九世紀を通じて、植民者たちは、彼ら自身の健康を保つためには、周囲を取り囲む現地人社会全体の衛生環境の向上が必要であるとの認識にいたる。依然としてヨーロッパ人たちの健康が優先され続けたものの、インドの植民地権力はしだいに在地社会への介入を強めていった。とりわけ、感染力の強い疫病の流行を防ぐために、より強い介入が試みられた。植民地インドの医療衛生史を研究したデイヴィッド・アーノルドは、こうした衛生政策上の変化を「植民地エンクレイヴィズム」(colonial enclavism)から「公衆衛生」(public health)への流れとして描いた[21]。植民地権力が現地人の身体に直接的に働きかけ、支配下の個体を網羅的に把握しようとする種痘は、この公衆衛生政策の模範的先駆けであった[22]。

インド政庁は一八八〇年に初の種痘法を制定した。その意図は、インド在来の技術である人痘接種を種痘で代替させることにあった。人痘接種はしばしば天然痘流行の原因になったと考えられたので、その危険な慣行を禁止するとともに、子ども(生後六カ月以上で男子は一四歳、女子は八歳未満)に対する種痘を義務化することで、種痘を普及させようとしたのである[23]。同法は植民地インド全体を規定する法律として、その後のビルマ州の種痘政策の基本方針を決定した。一八八〇年種痘法には、自主的に種痘の普及を望む市や兵営地に限って適用されるという制限があったが、ビルマ州政庁は州立法で補強しながら、人痘接種の禁止と子どもへの種痘義務化の対象範囲を面的に拡大していき、一九三〇年頃までに、辺境地域を除いたビルマ中心部全域が対象として覆われるにいたった(表4-1)[24]。

この対象範囲の面的な拡大というところに一般的な種痘政策の特徴がある。種痘政策の前提には、ある限られた区域の内側に静態的かつ安定的に自然増加する人口を想定し、そのなかで生まれた子どもたちに網羅的に種痘を施すことで、天然痘に対する免疫力を面的に確保してゆこうとする思想が見出せる。したがって、種痘政策の進捗は、免疫の確保さ

表4-1　ビルマ州の種痘関連立法

年	法　律　名
1880	種痘法(インド政庁による立法)
1900	ビルマ種痘改正法
1908	ビルマ人痘接種禁止及び種痘官免許法
1909	ビルマ種痘改正法
1916	ビルマ人痘接種禁止及び種痘官免許改正法
1928	ビルマ種痘改正(改正)法

出典：*The Burma Code*, 6th edition, Rangoon: Superintendent, Government Printing and Stationary, 1934 より作成。

れた面の拡大として表現されうるのである。

また、区域内での網羅的実施がめざされる点も、予防措置である種痘の特徴であるといえる。種痘は、病気に感染した人への対症的措置としてなされるのではなく、すべての健康な(子どもの)身体に対して実施されるべきものだからである。一人一人の腕に接種のしるしとして、文字通り痕をつけていく作業は、権力による被支配民個々人の網羅的把握を象徴していた。実際に完璧な個体把握ができていたわけではないだろうが、種痘官が生後一年以内の嬰児に施した種痘の回数が、村長による報告を集計した登録出生数の是正に貢献することもしばしばだったのである。[25]

しかし、このような性格を有する一般的な種痘政策は、免疫を確保しようとする区域を人びとが頻繁に出入りするような状況には、そぐわなかった。以下にみるように、人口の流動性が著しく高いラングーンにおいては、既存の一八八〇年種痘法の路線にしたがった政策が、ほとんど効果をもたなかった。ラングーンでの天然痘流行を予防するためには、一八八〇年種痘法の路線とはまったく異なった対処法が模索されねばならず、結果として、海港における強制種痘制度の導入がはかられることになったのである。

最後に、もう一点踏まえておかねばならないことは、当時の種痘は実際のところ、植民地権力が自らの絶対的な優越性を証明できると期待していたほどには、確固たる医療技術ではなかったということである。原理的には有効な技術であることが確認されていたものの、熱帯の気候下で有効な痘苗の供給を維持することは難しく、実際に接種を施す下級医務官も十分に訓練されていなかった。当時の種痘は、痘苗の悪化や接種時の不手際から、期待通りの効果を得られないばかりか、ときに合併症などによって命の危険すら引き起こしかねないものだった。種痘が現地社会にとって異質であったという文化的要因に加えて、こうした技術的要因があったために、社会からの忌避や反発を招き、種痘による人痘接種の代替は遅々として進まなかった[26]。

統治権力による種痘普及の試みと社会の側の種痘技術への不信がもたらす相克は、ビルマだけに限ったことではなく、当時、世界中でみられた現象であった。本国イギリスでは一八五三年に子どもに対する種痘の義務化を定めた法律が成立した(これがのちに植民地インドにおける一八八〇年種痘法の原型を用意することになる)。イギリスにおいても一九世紀の種痘技術は不安定なものであり、強制種痘は国家による子どもの身体への介入や私的領域における自由への侵害とみなされ、広範な反種痘運動が展開された。この運動の結果、一九〇七年の法改正で、親が子どもへの種痘を望まない場合には接種の義務を免除されるという「良心的拒否者」(conscious objector)条項が設けられ、国家による種痘の強制は終焉を迎えることになった[27]。

強制種痘をめぐる国家と社会との相克の着地点は地域ごとに異なっていた。例えばドイツやアメリカでは社会からの反発にもかかわらず強制種痘制度が維持された[28]。しかし世界各地で組織化された反種痘運動は、相互に連携したり参照し合ったりして国際的な潮流を生み出した。こうした運動は、インドにおいても、植民地の内外から行政へ働きかける力として作用したのであるが、インド中央政庁も地方政庁も、良心的拒否者条項のインドへの導入には消極的であった[29]。

こうした事柄は種痘という統治技術の二面性を物語っていよう。すなわち、統治権力が被支配民個々人の身体へと浸透していく最前線に位置していながら、あるいはそうであるがゆえに、種痘にはつねにその行為の正当性に真っ向から疑問を突きつけられる可能性がつきまとっていたのである。

海港における強制種痘の法制化

ラングーンでは、膨大なインド人労働者の浮動人口が存在しており、その大多数は出身地で種痘を施されたことがな

表4-2 ラングーン市内における種痘実施回数

年	回　数
1893	35,063
1894	49,003
1895	35,401
1896	20,647
1897	12,047
1898	11,832
1899	6,544
1900	4,942
1901	6,278

出典：*Report on the Administration of Burma*（RAB）各年度より作成。

く、天然痘に対する免疫をもたなかった。したがって、ラングーンの市域内において、毎年、子どもを対象とした種痘が実施されたとしても、つぎからつぎに免疫をもたない者たちが流入したため、市域全体の免疫力は一向に高まらなかったのである。しかも、一八八〇年種痘法は、子どもへの種痘を義務化する条項を含んではいたが、大人への種痘については規定がなく、インド人労働者たちは強制種痘の対象外であった。

一八八〇年種痘法の路線が、ラングーンには適していないという問題が顕在化するのは一八九六年のことであった。その頃までにラングーンでは、市の下級医務官たちが一八八〇年種痘法を拡大解釈して、インド人労働者たちに種痘を強制的に施すことが慣例化していた。しかし、一八九六年八月、あるインド人使用人が強制的に種痘を施されたのちに破傷風に感染して死亡するという事件が起こると、ラングーン市長はこの破傷風を不適切な種痘によって引き起こされた合併症と判断し、慣例化していたインド人労働者たちへの種痘の強制を非合法行為として禁止する措置をとった。この禁止措置は、インド人使用人の死亡は種痘とはなんら関係がないと主張する市の医務官たちの反対にもかかわらず断行された。結果として、ラングーンにおける種痘実施数は減少し、天然痘流行の危険性が高まることになった（表4-2）[30]。こうしたなか、インド人労働者に対する種痘をいかに制度化するかという問題は、九七年に準知事州へと昇格し立法権を付与されたビルマ州政庁の検討課題となったのである。

折しも、この事件の直後の一八九六年九月には、ボンベイで深刻な腺ペストの流行が発生した。これを受けて、インド政庁は九七年に疫病法を制定した。この法律は、ペストのような危険な疫病の脅威が迫っているとインド総督が判断した場合、それを防ぐための強大な権限を一時的に地方政庁に与えるというものであった。すなわち、ペストに感染した疑いのある者に対する拘留、隔離、所有物の破壊、ペストに汚染された疑いのある家屋への立ち入り検査、消毒、明け渡し命令、破壊、また、祝祭や巡礼の禁止、道路や鉄道の旅行者への尋問など、医者や官僚がペスト鎮圧のために必要と考えたものであればおよそ何であれ実行に移すことのできる権限が与えられた[31]。ビルマ州においては、それほど強い介入的措置がとられたわけではなかったが、この疫病法の制定とボンベイやプネーなどで実践された社会への強度の介入はインド衛生行政史上の一大画期をなした[32]。

こうした風潮のもと、ラングーンでは、インド人労働者への強制種痘を合法化する動きが生まれた。先にその行為を禁止した当の本人であるラングーン市長H・L・イールズは、同市保健衛生部長の提言を受けて、ラングーンにおいては大人への強制種痘を認める特別な法律の制定をビルマ州政庁に対して再三要請した。例えば、一八九九年三月二三日付のビルマ州政庁官房長官への手紙で、イールズは多数の「ヒンドゥー教徒たち」によってもたらされている危機を強調しながら、必要な方策をつぎのように提案した。

市政委員会はラングーンが数年間にわたって曝されている危機に注意を向け続けてきました。その危機は、ヒンドゥー教徒の免疫をもたない膨大な層が、市内に存在し、また継続的に流入してきていることによって生じています。その層は天然痘にとても罹りやすく、その構成員たちは彼らの習慣と生活様式のゆえにあの恐ろしい病を助長し、ラングーン中にまき散らさざるを得ないのです。彼らが住処で密集するのを愛していることや、天然痘の患者を隠す行為は、彼らが免疫をもたない状態であることに加えて、ラングーンにおける彼らの存在を天然痘拡散の最大の要因にしています。繰り返される天然痘流行からラングーンを救うのに実質的な効果をあげるためには、免疫をもたないすべてのクーリーに対し、彼らがラングーンへはいるのを許す前に強制的に種痘を施すほかありません。その点で、私は保健衛生部長や市政委員会にまったく賛成です[33]。

ここでは、ラングーンにおける天然痘流行の原因が、インド人労働者たちが免疫をもたないことだけでなく、彼らの習慣や生活様式や性向にも帰せられている。天然痘はビルマの風土病であったにもかかわらず、その脅威がインド人移民労働者の存在によって増幅されているという強い認識がみられる。また、同じ手紙のうしろの部分でこうも付け加えられている。「一般的にいって、天然痘であれコレラであれ、疫病はヒンドゥー教徒たちから生じるのです」[34]。これらの言説を駆使することで、イールズは、インド人労働者たちが危険な存在であることを相手に強く印象づけ、来航時における網羅的な強制種痘という特別措置の必要性を訴えかけているのである。

当時のビルマ州準知事フレデリック・フライヤーは、個人的にはこうした方策の必要性を感じてはいたものの、このときすでにラングーン港における網羅的な強制種痘は実行不可能であるとの判断をくだしていた。大量の労働者を雇用するヨーロッパ系企業の利益団体である商業会議所が、ラングーン市長の提案した方策は労働力の流入を制限し、ビルマ州の商業に悪影響をおよぼすという意見であったためである[35]。

一八九六年以来の三年以上におよぶ議論の結果、一九〇〇年にビルマ種痘改正法が制定された。同法の第五条では、バラックや下宿屋の居住者に対して、通知によって種痘を受けるよう要求する権限が、種痘監査官に与えられた。これにより、従来法では大人であるために種痘の対象にならなかったインド人労働者に対して、はじめて合法的に種痘を強制できるようになった。しかしながら、一九〇〇年種痘改正法にはいくつもの欠点が存在した。同法は工場に居住する労働者には適用されず、問題とされている移民労働者全体を網羅できるものではなかったうえ、第五条で定められた通知は、治安判事の命令がなければ効力を発揮しなかったので、その手続きの煩雑さのために労働者に逃げる機会を与えることになった。最大の欠陥は、初期の法案に含まれていた海港における強制種痘を定めた条項が、商業会議所の意見を入れた州政庁の判断により、立法の過程で削除されてしまったことにあった[36]。

ビルマ州政庁は、別の方策として、マドラス管区政庁に対し、マドラス管区からビルマ州へ移民を送り出す際に、マドラス管区側の諸港で免疫をもたない者たちに種痘を強制する法律を制定できないか打診していた。しかし、マドラス管区政庁からの返答は、「本件は第一にビルマ政庁に委ねられるべきである」というものであった。[37] 結局、ビルマ州政庁は、インド人移民の衛生管理の問題を自力で解決せねばならなくなったのである。

一九〇五年と一九〇六年に、ラングーンで深刻な天然痘の流行が発生し、下ビルマの諸県へと流行が広がると、ビルマ州政庁は、ラングーンにおけるより厳格で効率的な天然痘対策実施の必要性を痛感することになった。[38] また、一九〇五年には、天然痘の流行のみならず、はじめてビルマ州内でペストが流行した。[39] これにより、ビルマ州のペスト対策の重点が、水際での隔離検疫からビルマ州内における罹患者の隔離、ネズミの駆除やワクチン接種といった方策へと移行したため、港湾での一般的な衛生管理を隔離検疫以外の方法で補強する必要も生じたと思われる。[40] こうした状況下において、ビルマ州政庁は海港における強制種痘条項を含めた新たな種痘改正法案を作成した。その法案へのインド総督からの認可を得るための手紙のなかで、インド人労働者を危険視するお決まりの文句が繰り返された。

これらの〔免疫をもたないインド人労働者〕移民たちが、いつもインドから天然痘を持ち込んでくるのではないことは申し上げておきます。ほとんどの場合、彼らはビルマでその病気に罹るということは認められねばなりません。しかし、彼らの習慣は、天然痘をたちまちのうちに彼らのあいだに広め、つねに流行を生み出しかねないようなものなのです。彼らは大挙して定期的にラングーンへ到来し、巨大な浮動人口を形成して、いかなる伝染病が広まるのにも助けになるようなかたちで、バラックや下宿屋、工場にすし詰めになっているのです。彼らは免疫をもたない状態にあるので、彼らが、町中に天然痘の流行を広める主要な媒体となっていることは疑いようがありません。[41]

今回は、海港での強制種痘に対して、商業会議所から反対の声はあがらなかった。一八九七年以来、ペスト対策の隔離検疫がラングーン港で実施されてきたにもかかわらず、労働者の移入量に負の影響がみられないことが明らかになったためである(第一章図1－2)。[42]

こうして、一九〇九年に再び種痘法が改正された。[43] そこでは、一九〇〇年法の不備の改善がはかられ、長年の懸案であった海港における強制種痘が、第九条としてついに法制化されることになった[44]。

第九条(一) 船舶がラングーン港、もしくは政庁が通知によってこの条項を適用した他の港に到着した際、海港衛生監督官、もしくはその代わりに政庁によって特別に権限を付与された他の官吏は、適当と判断される場合、労働者としてビルマにやってくるという目的をもって乗船した、いかなる船客に対しても、検査を受けるように要求することができる。また、検査によってその者が免疫をもたないと判断された場合、官吏はその者に種痘を受けるよう要求することができる。

また、上記の官吏によってそのように要求された者はすべて、ただちに官吏によって定められた検査と種痘をおこなうための場所へ進み、出発の許可が得られるまでそこに留まらなければならない。そして、もし免疫がないのなら、出発の前に種痘官にしたがって種痘を受けなければならない。

ただし、この条項は、国王陛下もしくはインド政庁の所属になるか、その公務を担っているどの船舶にも適用されず、諸外国やその王族に所属するいかなる船舶にも適用されない。

(二) 第一項を適用するため、説明を求められたときに、文書もしくは他の証拠によって労働者ではないと示せなかった者はすべて、ビルマへきて労働者として働くために、その船舶に乗って渡航してきたとみなされる[45]。

[一九〇九年種痘改正法第九条]

すなわち、まず海港において「労働者」を対象に、天然痘に対する免疫の有無が検査され、免疫をもたない場合は種痘を強制できるようになったのである。また、第二項にあるように、検査の対象とされた「労働者」の定義は、非常に広いものであった。この定義は、疫病の散布者として危険視されることもあった物乞いだけでなく、後述するように、自らを労働者とはみなしていない小商人らをも含み込みうるものであった。

しかし、このように広い射程を有し、移民に対する衛生管理を劇的に強化しうる待望の条項は、ラングーン港の波止場に来航者を留めおくための空間的余裕がなかったことなどの問題から、まもなく無効化されてしまった。そして、インド亜大陸東岸部で天然痘の流行が起きたときにのみ、臨時的に適用されることとなった。[46]

防疫実践の恒常化

一九一六年二月、マドラスで天然痘が流行すると、ビルマ州政庁は一九〇九年種痘法第九条を有効化した。当初、これは臨時的な措置と考えられていたが、天然痘に感染した乗客のラングーンへの来航が跡を絶たなかったため、政庁は同条項を撤回する機会を逸してしまった。この第九条の適用期間に、狭い波止場で長時間、身体検査のために待機させられることなどが、インドからの来航客たちのあいだに不満を募らせた。こうした不満を受けて、一九一七年八月、ビルマ州政庁は海港における種痘強制政策の適否を判断するための特別調査委員会を任命した。[47]

海港種痘調査委員会のメンバーは、以下の六人から構成された。議長を務めるペグー管区長官、ラングーン市長、パストゥール研究所所長、ビルマ商業会議所会頭、インド人コミュニティ代表、ビルマ人コミュニティ代表の六人である。委員会は、統計資料を収集するとともに、関係者と面接して証言をとった。そうした調査ののち、一人を除いた五人のメンバーが合意に達し、報告書がまとめられた。[48]

委員会多数派はその報告書のなかで、ビルマ州における天然痘の流行について、以下の事実を認定した。第一に、インドのほかの諸地域と比べて、膨大な人口移動のほぼすべてがひとつの港、ラングーンを経由しているという点で、ビルマはユニークであること、[49]第二に、出入りする移民はすべてインド人であり、土着の人びとは州内にとどまっていること、第三に、これらの移民のうち少数を除いたすべてが、天然痘に対する免疫をもたず、またとくに天然痘に感染しやすくなるような習慣をもつ労働者階級に属していること、第四に、ラングーンの居住人口はかなりの程度、種痘による免疫を獲得していること、である。

これらの事実の認定から、委員会多数派は、ラングーンひいてはビルマ州の健康は、免疫をもたないインド人移民の継続的流入によって危機に曝されていると断じた。そして、波止場の整備状況は理想から程遠いが、それによる不便さは、海港における強制種痘の実施をとりやめることによって生じる健康と生命への多大なる脅威を鑑みれば小さなものであるとの結論に達した。[50] これを受けてビルマ州政庁は、一九〇九年種痘改正法第九条の適用は、ビルマを天然痘感染から防衛するために必要な予防措置であると確認し、一九一八年以降、その適用を永続させる決定をくだした。[51] ここに、海港における強制種痘が恒常化されることになったのである。

ところで、一九〇九年種痘改正法第九条は、第一義的には、天然痘による災厄を緩和するために制定されたが、それはまた別の仕方でもビルマ州の防疫に資するものであった。本条項に基づいて、ほぼすべての来航客を対象に身体検査がなされたため、天然痘以外の伝染病をも港で摘発しえたからである。これは予防措置としての種痘が、その網羅的実施を必要とするがゆえの副次的な恩恵であった。以下では、一九一〇年代半ばまでのラングーン港における検疫の状況を概観し、第九条の恒常化がもつ意味を明確にする。

ペスト防疫の一環として一時的に強化されていたビルマ州の海港における検疫は、一九〇五年のペストのビルマ上陸後に緩和され、一九一〇年代前半までに十分な効果をもたなくなっていた。こうした検疫制度の弛緩は、例えば、一九〇一年と一四年の海港衛生規則を比較すれば明らかである。海港衛生規則は、折々に発出されるビルマ政庁総務部通知によって随時更新された。一九〇一年時点の海港衛生規則では、船長からの申告の有無にかかわらず、ペスト感染の有無の確認のため、海港の衛生監督官によるすべての来航船への網羅的な立ち入り検査が規定されていた。[52] ところが、一四年の規則では、ペスト以外のさまざまな伝染病が検疫の対象に含まれるようになってはいたものの、船長の自己申告に基づく選択的な船舶立ち入り検査しかなされなくなっていた。[53] 総務部通知に基づく海港衛生規則は、ラングーン港の衛生監督官が一五年の年次報告のなかで、「船長たちは船上の彼の運ぶ大群衆のなかに、どのような病気の患者がいるのか知る由もない。甲板客やクーリーたちによって病気が持ち込まれるのを防ぐための諸規則がぜひとも必要である」と述べているように、実効性をともなわないものになっていたのである。[54]

このような状況下で、総務部通知の海港衛生規則以外の法的根拠に基づく、より実効性の高い検疫の実現が模索され、一九一六年からふたつの方策がとられることになった。そのひとつが、同年二月、マドラスでの天然痘流行を契機に適用された、一九〇九年種痘改正法第九条に基づく海港衛生監督官による労働者への身体検査である。もうひとつの方策は、インド海港法第一七条第二項(d)に、乗船者の健康状態を調査するために乗船者の全部ないし一部に尋問することができる、と規定された海港衛生監督官の権限を利用することであった。[55] 後者の方策も、一六年二月からおもにインド諸港から来航した船舶を対象として実施されたが、これらふたつの方策では、一九〇九年種痘改正法第九条のほうがより重要であった。一七年のラングーン港における検疫行政を総括したビルマ州衛生局長はつぎのように述べている。

この法律〔インド海港法第一七条第二項(d)〕での海港衛生監督官の権限は、甲板上に群がる乗客乗員に対して、全体的な観察を許すのみであり、個々人に対する医学的な診察にはおよばない。したがって、この法律のもとで乗客のなかから病気を摘発できるのは極めてまれなことであり、感染者の大部分が摘発を逃れていると推察される。ゆえにこの法律は危険な感染症の伝来から〔ラングーン〕港と〔ビルマ〕州を防衛するのにはほとんど有効ではない。その活動はまったく見合わない結果を得るために、多大な時間と労力を費やすことになる。したがって、我々がもうひとつのさらなる防御線、すなわち一九〇九年種痘法のもとで乗客の種痘〔を受けたことがあるかどうか〕の状況を検査するために海港衛生監督官に与えられた権限を有していることは幸いである。[56]

実際、一九一六年以降、ラングーン港における来航者への検査と伝染病の摘発は、一九〇九年種痘改正法第九条によって強化された(表4-3、表4-4)。したがって、一九一七年の海港種痘調査委員会の結果、同条項が恒常化されたことは、天然痘に対する免疫をもたない移民に対する強制種痘の実施と、来航者に対する網羅的な身体検査を通じた伝染病

表4-3　ラングーン港衛生監督官の検査を受けた船舶数とその法的根拠による内訳　（単位：隻）

	ラングーン港への来航船舶数	検査を受けた船舶数((　)は感染の発覚した船舶数)							
		総務部通知		種痘法		インド海港法		その他	総数**
1915	1,013	59	(nd)	—	—	—	—	0	59　(nd)
1916	966	52	(22)	217	(44)	168	(10)	6	443　(77)
1917	895	66	(20)	198	(37)	184	(7)	0	448　(64)
1918	944	134	(32)	201	(34)	95	(1)	0	430　(69)
1919	1,067	100	(45)	256	(29)	134	(2)	143*	633　(nd)
1920	1,211	72	(43)	352	(45)	175	(1)	312*	911　(97)
1921	1,279	52	(26)	415	(30)	180	(nd)	564*	1211　(59)

*　1919年以降の「その他」は，インフルエンザ摘発のための特別措置。

**　一部，内訳の数値の積み上げが総数と合わないが，原資料のまま。

出典：*Report of the Port Health Officer, Rangoon* 各年次 より作成。

表4-4　ラングーン港において摘発された感染症患者数　（単位：人）

	ペスト	コレラ	天然痘	水痘	麻疹	その他	総数
1915	0	25	7	8	8	1	49
1916	0	22	55	20	26	10	133
1917	4	47	47	16	11	5	130
1918	4	51	60	17	9	2	143
1919	0	105	85	14	5	6	215
1920	1	51	78	23	30	5	188
1921	1	19	8	27	19	4	78

出典：表4-3と同。

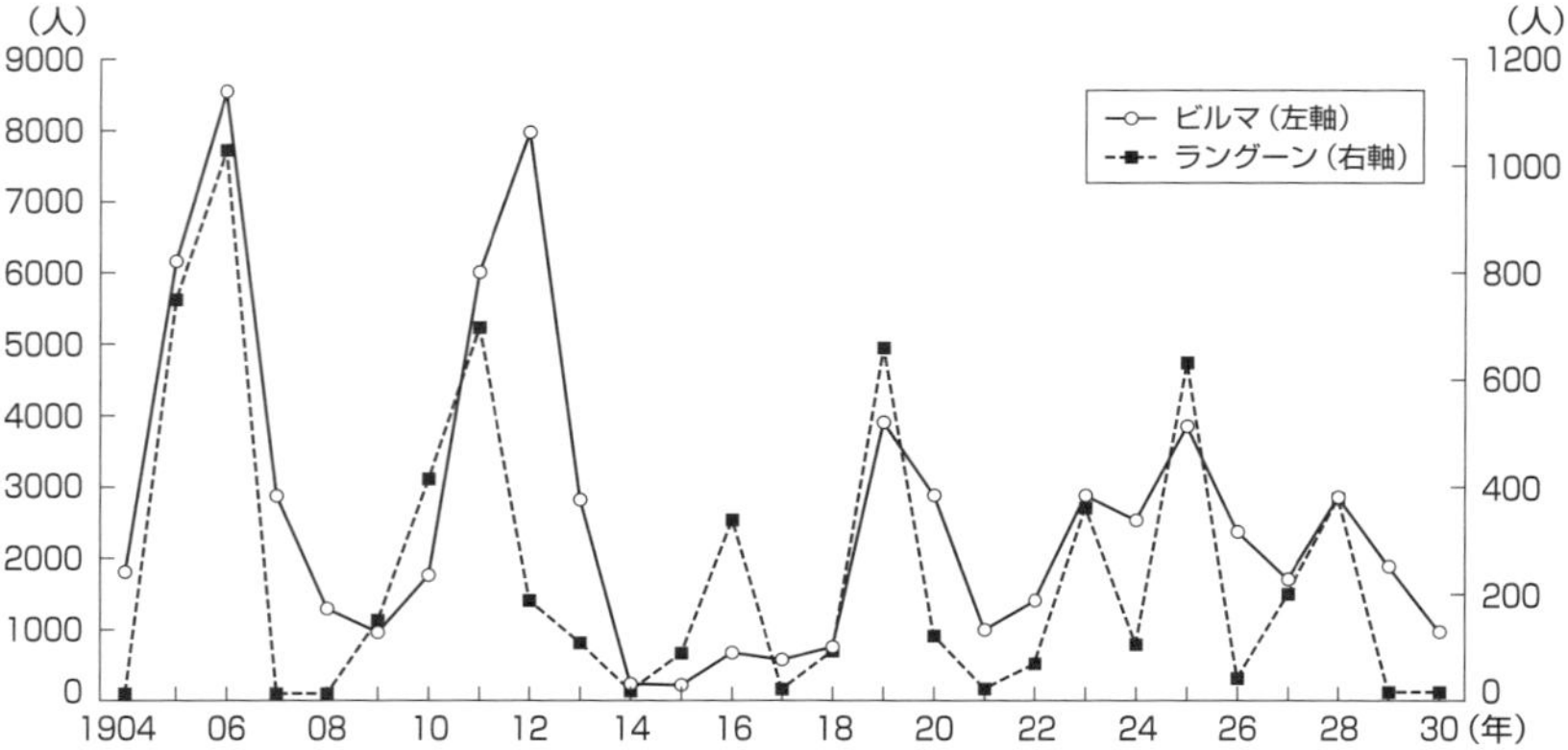

図4-1　ビルマ州とラングーン市における天然痘死亡者数

出典：ビルマ州の統計はRAB 1904-1930，ラングーン市の統計は*Report on the Working of the Rangoon Municipality* 1904-1922; *Annual Report of the Health Officer for the City of Rangoon* 1925, 1927, 1930 より作成。

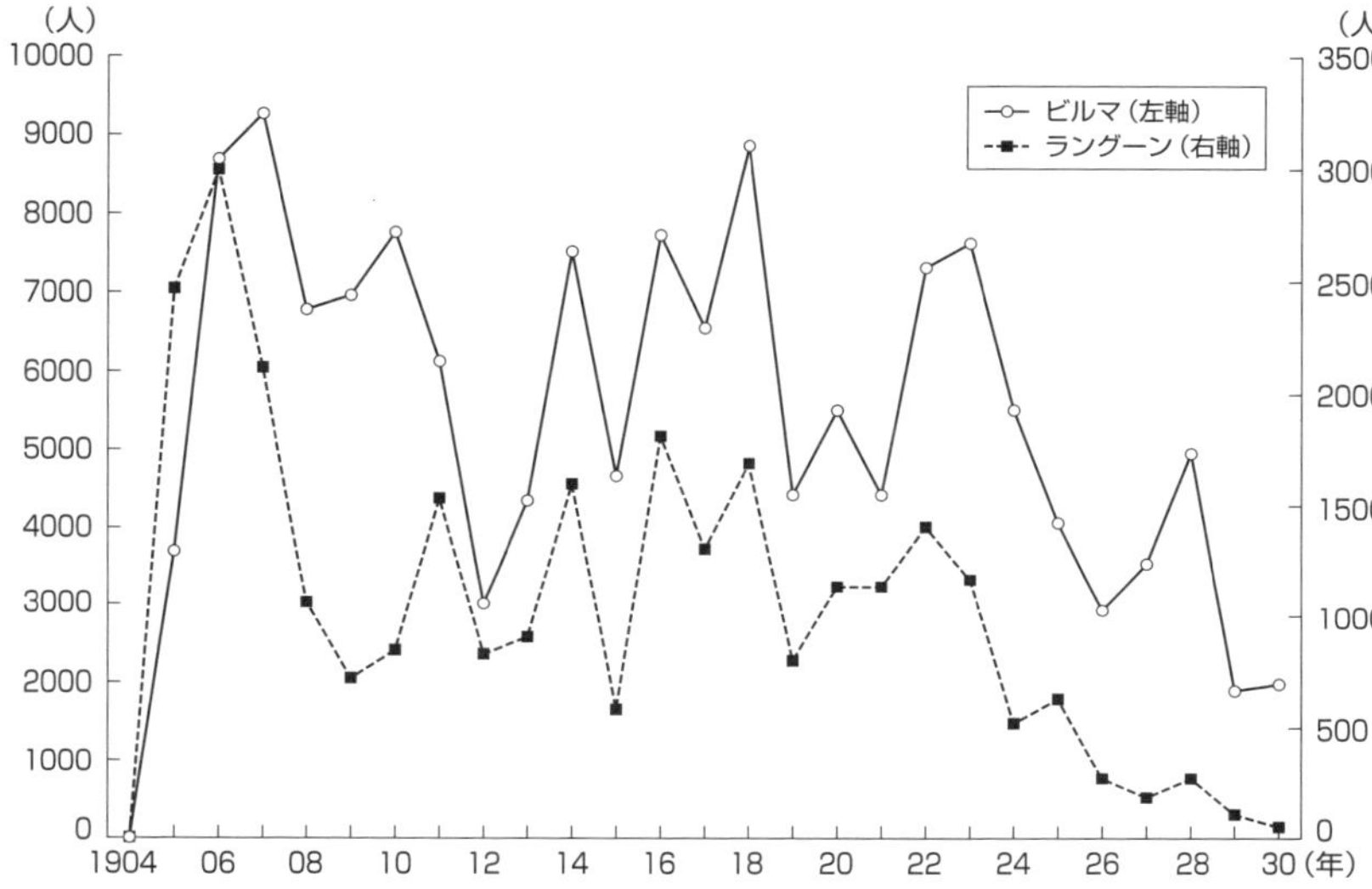

図4-2　ビルマ州とラングーン市におけるペスト死亡者数

出典：図4-1と同。

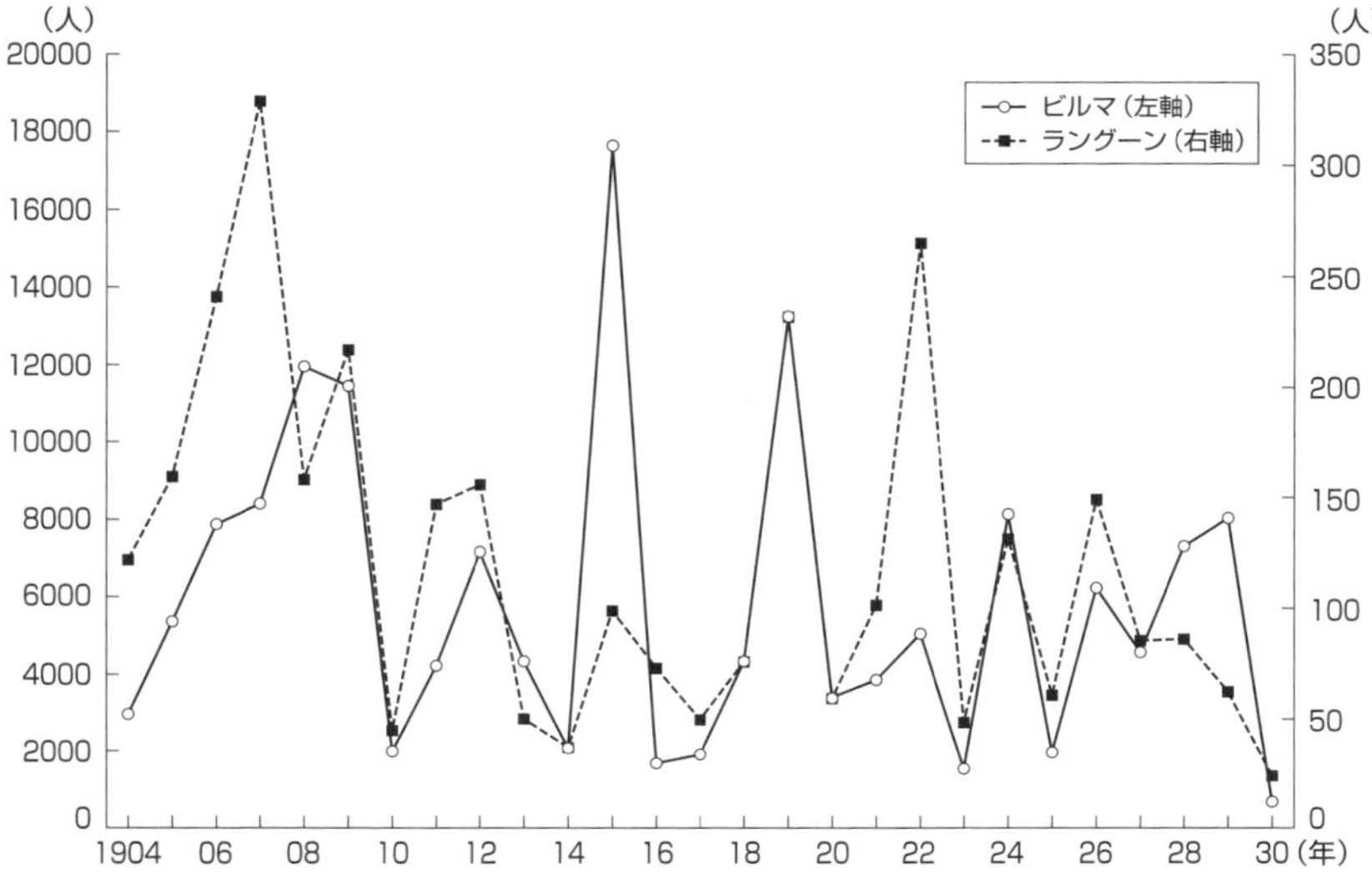

図4-3　ビルマ州とラングーン市におけるコレラ死亡者数

出典：図4-1と同。

の摘発という二重の意味において、移民の衛生管理が日常的におこなわれるようになったことを意味した。こうした管理強化が、実際にどれほどラングーン市およびビルマ州における疫病の流行を抑止しえたのかは、判断の難しいところである(図4－1、図4－2、図4－3)[57]。しかし、移民個々人の身体に対する植民地権力の行使が日常化したという点で、海港種痘調査委員会の報告とそれを受けた政策決定は画期的な出来事であったといえよう。

3 標的にされる人種と階級

自己主張する中間層と声なき労働者

ここまでみてきたように、ビルマ州政庁による海港衛生管理の強化は、おもにインド人の労働者を標的として進められたといえる。しかし、一九一七年海港種痘調査委員会に関与した人びとのあいだでは、人種や階級や科学を焦点として、さまざまな意見が闘わされた。ここでは、そこで表明された諸言説の内容やつぎの時期への影響を分析することを通じて、移民に対する衛生管理制度の性格が微妙に変化していった様子を描き出す。

まずは階級についてみてみたい。海港種痘調査委員会は、海港における強制種痘の実施にともない、ラングーン港への来航者から不満の声があがったことにより、その施策の是非を問うために設置された。その背景には、当時、ビルマ在住のインド人たちのあいだで、移民の待遇改善要求が高揚していたことがあった。一九一七年五月二四日、海港種痘調査委員会が任命される三カ月前、英字日刊紙『ラングーン・ガゼット』に、客船を運航する汽船会社ブリティッシュ・インディア・スティーム・ナヴィゲーションに宛ててインド人移民の窮状を訴える投書が掲載された[58]。これが直接のきっかけとなり、汽船会社のみならず、行政による移民の取扱い方も問題にされるようになったのである。

同年五月三〇日、インド国民会議のビルマ州支部であるビルマ州国民会議は、ビルマ州政庁に対し、ビルマ州の港において警察と税関、公衆衛生当局が海路来航したインド人に不快感と苦難と屈辱を与えているとして抗議の手紙を出した。そこでは、「警察や税関による船客たちへの捜査は、最小限の気配りしかともなわずに遂行され、捜査される人びとの感情にはほとんどなんの配慮も示されない」「人びとから信頼と尊敬を勝ち得ている高い地位を有したインド人が、まるで密輸の常習犯か、無政府主義の煽動的文献の配布者であるかのような取扱いを受ける」「公衆衛生当局は、甲板客の全員が感染源で病原菌の保菌者であるとの仮定のもとに手続きを進めているようである」と批判が並べられた。ビルマ州国民会議は、こうした状況に遺憾の意を示し、州政庁による状況改善の検討を要請した。[59]

こうした動きの中心にいたのがP・J・メヘターであった。[60] メヘターは二〇世紀初頭のビルマにおけるインド人コミュニティの領袖であり、一九〇八年にビルマ州国民会議を創設した人物である。[61] 彼とガンディーとの関係は特筆に値する。五歳年下のガンディーが留学のためにはじめてロンドンを訪れた一八八八年、すでに欧州に滞在していたメヘターがガンディーの世話係となり、以後、二人は終生の友情を保つことになった。一九〇九年には、南アフリカでサティヤーグラハを指導・展開していたガンディーが再びロンドンに四カ月間滞在したが、このときメヘターもまたロンドンにおり、二人は一カ月以上をともに過ごして議論を重ねる機会を得た。これを画期として、メヘターはガンディーの思想に傾倒し、ガンディーの活動を金銭的に援助するのみならず、その思想を江湖に紹介する著作も刊行するようになった。[62]

ビルマにおけるインド人移民の待遇改善を求める活動もまた、メヘターなりの思想の実践であったと思われる。メヘターはとくに労働者階級の福祉増進に熱心であり、一九一七年六月一三日には、労働者たちの権利を擁護するためにラングーン社会奉仕連盟を設立して、自らその書記に就任した。[63] また、ビルマ州政庁への彼の熱心な働きかけが、準知事ハーコート・バトラーによるふたつの特別調査委員会の任命に結実した。それが、同年六月任命の甲板客調査委員会と、同年八月任命の海港種痘調査委員会であった。メヘターは両方の委員に任命された。

前者の甲板客調査委員会では、メヘターはラングーン社会奉仕連盟の代表として、汽船会社のインド人労働者に対する扱いを批判した。この委員会での議論を受けて、ビルマ州政庁は、雇用者や汽船会社によるインド人労働者の扱い方を監視するため、ラングーン港移民保護官の役職を新たに設けて、ラングーン徴税官に兼任させ、その補佐としてタミル語やテルグ語に堪能な官吏を任用すると決議した。[64]

しかしながら、メヘターの積極的活動によって一定の成果を得たにもかかわらず、この動きは大きな社会的潮流を生み出すにはいたらなかった。ビルマ人の共感を得られなかったのみならず、インド人のあいだでも目的の共有ができていなかったためである。甲板客調査委員会の報告書を受けて、ビルマ州政庁は、移民の待遇改善を要求する動きに対してつぎのような印象をもつにいたった。

証言者の大多数が、クーリーたちが不便をこうむっているという口実を用いて、中間層の人びとの不便を力説しているのは明らかである。彼らは、二等客室の料金を払いたくはないが、しかし、甲板客として旅行しているクーリーたちのなかに押し詰められるのも嫌なのである。この動きは、そうした人びとから生まれてきているのであって、〔甲板客調査委員会に〕代表が設けられているはずのクーリーたちから生まれてきたものではないようである。[65]

つまり、甲板客の待遇改善要求は、労働者の救済をめざすメヘターと、それを利用して自らの便益を追求しようとする下位中間層との同床異夢であったといえる。

同様のことは、メヘターがインド人コミュニティの代表としてメンバーに加わった海港種痘調査委員会でも起こっていた。例えば、あるインド人商人から同委員会につぎのような証言が寄せられた。

ここで注視されるべきもっとも重要なことは、我らが海港衛生監督官殿は、れっきとした(respectable)甲板客のなかからクーリーを探り出す手間をかけることなど決してせず、全員を検査し、ほぼすべての甲板客に種痘を受けるように命令をくだしているということ、そしてそのためにまことにしばしば、すでに種痘を受けた良識ある(re-spectable)人びとが繰り返し種痘を施されることになっているということなのです。[66]

このインド人商人は、海港衛生監督官が、「リスペクタブル」である自分たちを「クーリー」たちと区別せず、ひとしなみに強制種痘に服させていることに不満を表明している。すでに述べたように、一九〇九年種痘改正法第九条では、海港における強制種痘の対象を「労働者」と規定したが、その「労働者」の定義は曖昧で広範囲の人びとを含みえた。このことが、下位中間層の不満を募らせたのである。

批判の的となったラングーン港衛生監督官は、海港種痘調査委員会に対して、「〔海港における〕診察と種痘の検査に対する真の反対者は、インド人の事務員や小商人といったクーリーよりも上の階級の比較的少数の甲板客たちと、仕事を探すのではなくてビルマにいる親戚や友人を訪ねてきたり、あるいはインド訪問のあとにこちらへ戻って来たりした少数の人たちであろう」と述べている[67]。こうした見方は、移民の待遇改善要求の実質的な主体が、移民の大多数を占める労働者層にあるのではなく、少数の下位中間層にあることを看破している点で、甲板客調査委員会のときのビルマ州政庁の見解と類似したものであった。

一九一七年のラングーン在住インド人たちによる待遇改善要求の動きは、少なくともそれを唱導しようとするメヘターにとっては、弱い立場におかれた人びとが労働者擁護の大義のもとで団結し、資本家や行政と対決するべきものであった。しかしながら、改善要求の主体となった下位中間層は、むしろ自らと労働者との差別化をはかろうとした。中間層が自己主張の声を強める一方で、最下層の移民労働者たちの声は行政に届かなかった。メヘターの活動にもかかわらず、ふたつの委員会の報告書に労働者たちの声が直接的に掬いあげられることはなかったのである。ラングーンでは、階級的分断が「インド人」を準拠枠とするような大衆運動の可能性を阻害した。

人種差別に抗って――メヘターの対抗言説

では、「インド人」という人種はどのように語られたのであろうか。本章でみてきたように、ビルマ州における移民管理制度はその構築の過程でつねにインド人に対する人種主義的な言説によって正当化されてきた。海港種痘調査委員会もまた例外的な場ではなかった。メヘターを除く委員会の多数派は、報告書本体の最終段落でインド人労働者に対する懸念を表明した。彼らは、インド人労働者とビルマ州が相互に恩恵をもたらし合う関係であることを認めつつも、軽蔑的な調子でつぎのように述べる。

インド人労働者が存在することについての利点は、つねに深刻な害悪をともなってきたのである。知性と教育において、インド人労働者はこの州の土着居住民(indigenous inhabitant)に劣っており、その満足と文明の水準はかなり低い。彼らの習慣は不潔であり、ある村に彼らが数人いるだけで、単純で効果的な衛生規則を守らせることが困難に、あるいは不可能になる。その衛生規則の防疫に示す効果が経験によって証明されており、それらの規則がビルマの世論の権威によって課されているにもかかわらずである。したがって、インド人労働者の便利さから、つぎの事実が差し引かれなければならない。インド人労働者が居ついた場所ではどこであれ、彼が病気の中心点となるという事実である。[68]

ここでは、ビルマ州の土着居住民との対比で、インド人労働者の不衛生さが強調されている。そのうえで、州政庁に対して、「インド人労働者の存在から生じる恩恵を減らすことなく、この州の定住人口のなかに彼が存在することによって引き起こされる定住者たちの健康と福祉への危険に対し、あらゆる防衛策を講じることが、ビルマ州政庁の務めである」との意見が提出された。[69] 植民地経済の発展を維持しながら、ビルマ州の統治に責任を負うのが州政庁の役割であり、移民の管理は両者のバランスのうえに成り立つのだと、ビルマ州政庁のおかれた立場を的確に言い当てている。そしてやはり、インド人をビルマ州から疎外する人種主義的な言説が、前者の条件を満たしつつ、後者を推し進めるための方便として機能している。

このように侮蔑的な態度でインド人労働者を他者化しようとする海港種痘調査委員会多数派の考えに、メヘターが賛同できる部分はほとんどなかった。彼は、報告書本体の頁数を上回る長大な反対意見書を提出した[70]。とくに彼が憤りを隠さなかったのは、インド人を人種として貶めるような言説に対してであった。メヘターは、公衆衛生の問題を人種や文化の問題に帰する考えを強く拒絶し、それがラングーン市という特定の場所における社会経済的な問題以外のなにものでもないことを強調した。

マドラス管区のテルグ諸県から、波止場や精米所や工場などでの職を求めてラングーンへ来航する人たちは、背が高く、しっかりとした体つきをしていて、大抵の場合、健康的な相貌をみせている。欠点は彼らの体質にあるのでも、彼らの習慣にあるのでもなく、また、彼らを生んだ村落にあるのでもない。欠点は、彼らをわずかばかりの賃金で雇い、彼らに小さくて汚く不衛生な住居をあてがっている人びとに存するのである[71]。

また、他の箇所ではヒンドゥー教徒やムスリムの沐浴の習慣に言及し、近年まで風呂にはいる習慣をもたなかったヨーロッパ人と対比させることで、インド人の清潔さを主張した[72]。

このようにインド人が不衛生であることの反証を提示することで、メヘターは行政側の言説の作為性を暴露しようとした。彼のこの議論が示唆するのは、人種主義的な言説を利用することで、自らの施策によって解決すべき都市問題の責任を、インド人労働者たちに転嫁してきた行政の怠慢である。例えば、労働者集合住宅の深刻な過密問題が、ひとたびインド人たちの密集を好む習慣・文化・性向によって説明されれば、行政当局はそこに、具体的施策によって根本的な解決をはかる責務から逃れる口実を見出せた。実際のところ、植民地の行政当局にとり、限られた財源のなかで都市問題への根本的解決策を講じることは不可能に近いことであった。再び労働者集合住宅の過密問題を例にとれば、公的資金の投入によって十分な数の衛生的な労働者収容施設を増設するという案は、それにともなう莫大な費用のためにお蔵入りとなったのである[73]。行政文書のうえで繰り返されたインド人労働者に対する人種主義的な言説は、一方で海港における移民の衛生管理を推し進める積極的役割を担いながら、他方で都市内の過密問題の解決を先送りにするための消極的役割をも担っていたように思われる(第五章)。

さらに進んでメヘターは、行政権力の繰り出す人種主義的な言説の背後に、支配下の人種同士を離間させようとする政治的意図すらも読み取ろうとした。

ビルマにはインド人に対する憎しみと侮蔑を助長しようとする勢力がある。彼らは一掃されなければならず、助長されるべきではない。ある人種を別の人種に対立するように仕向けるのは危険な政策である。それはまさに現在のビルマにおいて、種々の言論でなされている。そうした言論が正しいにせよ誤りにせよだ。彼の(インド人労働者の)習慣が不潔だというのは正しいか。実際のところ、彼はもっとも清潔な人種に属している。彼は状況が許す限り清潔でいるのである。インド人が居ついた場所ではどこであれ、彼が病気の中心点となるというのは正しいか。彼を中傷し罵るのが、近頃のビルマ官吏たちの流儀になっているのである。[74]

メヘターにとり、対決すべきは資本家や行政といった植民地の支配層であり、被支配者たちはそのために団結こそすべきで、反目しあうべきではなかったのである。[75]

メヘターは、海港種痘調査委員会多数派の人種主義的な見解のみに反対したのではなく、彼らが前提として受け入れていた事実そのものから否定した。委員会多数派は、ラングーン港における移民の出入りの激しさを強調し、そのラングーンの伝染病感染への脆弱性を主張した。[76] これに対し、メヘターはそのような規模での移民の出入りはボンベイやマドラスほかヨーロッパの諸港にもみられ、とくに珍しいことではないと指摘したうえで、それら世界中の港を見渡しても、「彼ら〔移民〕の到着時に、波止場で種痘を施されるような場所はどこにもない」と海港における強制種痘制度の異常性を強調した。[77] メヘターの批判は、「世界中でおこなわれていること、すなわち、船客の健康診断、船上での天然痘患者の隔離、感染の疑いのある者の監視などによって、この州への天然痘の移入を十分に防ぐことができるということを示す証拠が無視され、いかなる代償をはらっても現行の波止場における種痘が続行されると決められた」ことに向けられたのである。[78] そのすぐあとの部分で、「インド人が貧困にあえぎ、その習慣において不潔である云々といった問題は、本調査の関心事となるべきではなかった」と述べられているように、ここでもやはり、人種主義的な言説が他の防疫策の可能性を排除する方向で機能したことが示唆されている。[79]

メヘターのこうした議論の前提には、種痘という医療技術に対する根本的な懐疑があった。科学もまた階級や人種とともに議論の争点となったのである。ヨーロッパへ留学し、医学博士号を取得したメヘターは、同時代における世界的な医学思想の潮流にも親しんでいた。ヨーロッパやアメリカなどで展開されている反種痘運動の活動と関連文献を参照しながら、メヘターは、「感染した子牛の膿胞から抽出された膿を、人間の血流へ入れることは、倫理的に反しているだけでなく、医学的にも非衛生的かつ非科学的」であり、「天然痘の予防策としての種痘に対する信用はどこにおいても失墜している」ことを示そうとした。[80] こうした認識は彼の実体験によっても裏打ちされていた。メヘターは欧州留学から帰国後、インド西部グジャラート地方のイダル藩王国で主任医務官と種痘監査官を兼任したが、その時、種痘の実施数をいくら増やしても天然痘の流行を抑えられなかったという。[81]

種痘の実効性を否定し、植民地権力による人種主義的な言説を論駁したメヘターの結論は、つぎの一言に集約されている。

提起されている〔海港における強制〕種痘が、ビルマにおける天然痘流行を防げないことは明らかである。それは人種間の敵意を増幅させるだけであろう。[82]

しかし、このようなメヘターの見解は、委員会の他のメンバーには受け入れられず、ビルマ州政庁によっても、「過激な見解」として一蹴されてしまった。[83]

実際のところ、植民地権力がこの種痘政策においてどれほど確信的に人種間の分断をはかろうとしていたのかはわからない。しかし、次章で述べるように、一九二〇年代に都市再開発の問題が浮上したとき、インド人を人種として不衛生とみなすような言説はビルマ語の新聞紙上にも出現し、まさにメヘターが予言的に懸念を示していたようなかたちで、人種間の反目を強める方向に作用していくことになる。

科学による裁定

メヘターによる種痘への根本的疑義の提出にもかかわらず、海港種痘調査委員会の他のメンバーは、海港における強制種痘制度の必要性を疑わなかった。むしろ、メヘターとはまったく別のかたちで、現行制度の根拠となっている一九〇九年種痘改正法第九条を批判した。すなわち、「この法律は論理的ないし科学的な原則になんら基づいていない」と指摘し、より徹底した移民管理を達成するための法改正をビルマ州政庁に提言したのである。[84] この委員会の結論は、医学の専門家として委員会メンバーに加わっていたパストゥール研究所所長C・R・ピアースによって導かれたものと思われる。

委員会が現行法の問題点としてあげたのは、以下の二点であった。第一の点は、階級区別である。一九〇九年種痘改正法第九条では、広義の「労働者」が海港における強制種痘のための検査対象になり、その定義の曖昧さがインド人中間層のあいだに不満を引き起こす一因となった。しかし、医学的見地からすれば、階級とは関係なくすべての来航者を検査するのが望ましかった。「現行法は、ある種の階級立法、すなわち、原理において悪であり、幸運にも今や急速に時代遅れになりつつあるような階級立法の好例である」との理解に立って、委員会多数派はビルマ州政庁に対し、階級区別を撤廃し、ラングーンへ到着したすべての船客を検査の対象としうるような法律の改正を進言した。[85]

第二の点は、誰を「免疫をもたない人」とみなすかという点であった。一九〇九年種痘改正法は、第三条でその定義を「一四歳に達している人のうち、自然に、もしくは人痘接種によって天然痘に罹って、あるいは成功裏に種痘を施されたことによって、天然痘に対する免疫をもつのではない人で、かつ、一八八〇年種痘法もしくはこの法律〔一九〇九年種痘改正法〕のもとで、種痘を受け付けないと認定されたのではない人」と規定している。[86] 前述の通り、同法第九条では、海港における「労働者」の検査の際、免疫をもたないと判断された者のみが強制種痘に服することになっていた。委員会多数派は、こうした現行法における免疫の有無に関する定義は「科学的に正しくない」ものであると批判した。[87] 委員会多数派によれば、一定の期間内、例えば一〇年以内に、成功裏に種痘を受けた人だけが、天然痘に対する免疫をもつと想定されるべきであった。[88] つまり、たとえ種痘を受けたことがある人でも、種痘を受けて一定期間以上過ぎている場合は、免疫をもたないとみなして強制種痘の対象にすべきだというのである。この主張の背景には、二〇世紀にはいってからの植民地インドにおける種痘理論の進展があった。一九〇〇年から一〇年のあいだに、植民地行政によってとられた天然痘統計の精査を通じて、公衆衛生担当の官吏たちはつぎの事実を認識し始めた。つまり、一回目の種痘は一生持続する免疫を与えないということ、そして、免疫力は二回目の種痘すなわち再種痘によって増強される必要があるということである。[89] 免疫の有無の判断に関する委員会の意見には、こうした医療理論の変化が反映されていた。

委員会の報告を受けてビルマ州政庁は、海港における強制種痘制度続行の必要性は確認したものの、現行法改正の提言は受け入れなかった。ビルマ州政庁は、委員会多数派の報告における「論理的」や「科学的」といった言葉の使われ方がひどく作為的であると指摘したうえで、「この法律に適用されるべき真の判断基準は、それが制定された目的を実質的に達成できているかどうかにある」という立場を表明した。[90] 法文上の規定は表面的で従属的な問題であるとされ、インド人労働者を標的とするという実質的な目的が重視されたのである。そこで、強制種痘の対象を拡充して、ただでさえくすぶっている不満を煽るよりは、不満を声高に表明している下位中間層に配慮を示すという方針がとられることになった。ビルマ州政庁は、海港における強制種痘が、現行法の元来の意図に厳密に即したかたちで、つまり労働者のみを対象とするようなかたちで実施されるべきとの結論に達し、移民保護官と公衆衛生当局に具体的な方策を検討するよう命じた。[91] つまり、この時点では、医学的な原則よりも、行政の実際的な要請が優先されたといえる。

しかしながら、科学の立場からなされた一九一七年の海港種痘調査委員会の提言は、それから一〇年の歳月をへたのち、行政に取り入れられることになった。実務上の要請がより徹底した方策を必要としたからである。海港における強制種痘が恒常化されたのちも、ラングーンにおける天然痘の流行は一九一九年、二三年、二五年と繰り返された（図4-1）。長年、ラングーン市の保健衛生部局に勤め、二四年より同部長に就任していたK・R・ダラルは、その年次報告のなかで、より徹底的な政策の実施が必要であることを訴え続けた。[92] こうした要請を受けて、二七年に、現行法を改正するための法案が立法参事会に提出された。この法案は、一九〇九年種痘改正法第九条における階級区別を撤廃するためのものであった。[93] さらに、この法案は、同法の第一二A条として、新たにつぎの条文を付け加えた。

ラングーン市自治体と、この法律のすべて、もしくはいずれかの条項が適用された市政委員会および町政委員会は、州政庁の事前の認可を得て、一二歳に達している者に再種痘を強制する規則を定めることができる。そして、そうした規則によって再種痘を施されるよう求められるすべての人は、免疫をもたない人であるとみなされる。[94]

条文から、このような規則が制定された地域においては、種痘を強制するのに免疫の有無を確認する必要がなくなることが明らかである。都市行政当局の自由裁量によって、免疫の有無にかかわらず、誰にでも恣意的に種痘を強制できるようになった。しかも、種痘を強制できる年齢の下限が一二歳にまで引き下げられている。[95]

立法参事会では、西部ラングーンのインド人選挙区選出の議員から、この法案は「あらゆる階級のインド人を含み込む野蛮かつ包括的な施策」であるという反対が唱えられた。[96] これに対し政庁側からは、「インド人移民だけに実施を限定する意図はない。すべての階級、すべてのタイプの移民に全般的に適用されるものである」との反論がなされた。[97] 結果的にこの法案はそのままのかたちで可決され、インド総督の認可を得て、翌一九二八年に法律になった。

一九二八年種痘改正法の規定により、ラングーン市では、市内の一二歳に達したすべての子どもたちに強制的に再種痘を施すという徹底した政策がとられることになった。[98] それに加えて、ラングーン港への海外からの来航者に対しても徹底的な種痘の実施がおこなわれた。統計をみると、この年を境に港湾での種痘実施回数が飛躍的に伸びていることがわかる（表4－5）。

ところで、一九三〇年にインドの労働に関する王立委員会がビルマ州へ調査に訪れた際、面接に臨んだラングーン市保健衛生部長とビルマ州公衆衛生局局長とが、それぞれの答申のなかで、一九二八年種痘改正法について異なる見解を表わしたことは興味深い。まず、ラングーン市保健衛生部長ダラルは、一九二八年種痘改正法によって海路流入する移民に対しては種痘を強制することが可能になったものの、内地から列車でラングーンに戻ってくるインド人労働者がラングーンにおける天然痘流行の原因になっていると訴えた。[99] これを受けて、王立委員会は別の日に召喚されたビルマ州公衆衛生局局長に対して事実関係を問うた。公衆衛生局局長の返答は、ラングーン市は一九二八年種痘改正法によって、内地から戻ってくるインド人労働者に対しても種痘を強制する規則を制定できるにもかかわらず、そのような規則を制定していないだけであるというものであった。また、市保健衛生部長の不満はラングーンの内側よりも外側において天然痘などの病気がより蔓延していることによるのではないかという王立委員会からの質問に対

表4-5　ビルマ州の港湾における種痘実施回数

年	ビルマ州への移民数(人)(a)	港湾での種痘実施回数(回)(b)	種痘を受けた人の割合(%)(b/a×100)
1917	237,184	11,330	4.78
1918	259,922	6,055	2.33
1919	284,779	6,455	2.27
1920	341,180	14,718	4.31
1921	331,992	18,366	5.53
1922	360,038	n.a.	n.a.
1923	382,724	27,155	7.10
1924	388,205	30,202	7.78
1925	372,733	41,169	11.05
1926	408,464	49,763	12.18
1927	428,343	44,937	10.49
1928	418,698	186,966	44.65
1929	405,393	216,854	53.49
1930	368,590	194,534	52.78
1931	309,426	165,990	53.64
1932	300,368	173,025	57.60

港での強制種痘は1917年から29年まではラングーン港のみで，1930年から32年まではラングーン港とアキャブ港の２港でおこなわれた。
出典：RAB 1917-1932 より作成。

して、公衆衛生局局長は、ビルマ内におけるラングーンとそれ以外の地域との衛生状態の格差よりも、むしろ、ビルマとインドとの格差を問題にしようとした[100]。

このやりとりには、ラングーン市当局とビルマ州政庁のふたつの行政レベルにおける防疫についての考え方の違いが明瞭に表われている。インド人移民が天然痘流行の原因であることは双方から自明なものと思われていたものの、ビルマ州政庁にとっては、あくまでも州外から流入するインド人移民が脅威と目されたのである。そこには、ビルマ州をその外部の脅威から防衛するという思想が読み取れる。

ビルマ州政庁は、一九一七〜一八年の時点では、盛り上がるインド人中間層の待遇改善要求を懐柔するため、海港における移民の衛生管理制度の対象を、実質的にインド人労働者のみに限定するという方針をとった。しかし、一九二〇年代にいたっても天然痘の脅威を抑え込めていない状況を鑑み、ビルマ州の防衛という名目のもと、一九二八年の法改正によって劇的に衛生管理の射程を拡大したのである。その背景には、種痘に関する医学的研究の蓄積により、再種痘によって確実な免疫力を獲得できるという事実がより確かなものとして広く受け入れられてきたことがあった。科学的知識が、衛生政策における人種的・階級的な区別の重要性を減退させ、より包括的な境界管理制度の構築を促したのである。

ラングーンはベンガル湾をまたいだ人口環流のひとつの焦点として、膨大なインド人労働者を抱え込んでいた。彼らは同地滞在中、市中心部に位置する労働者集合住宅に身を寄せたが、過密で不衛生な状況を呈したそれらの集合住宅は、行政当局から疫病流行の発生源として注視され、移民労働者たちに対する衛生管理の関心が高まった。ただし、ビルマ州では、インド亜大陸からの無制限の移民供給が植民地経済の発展に絶対的に必要であるという条件のもとで、そうした移民によってもたらされうる疫病流行の脅威に対し、有効な防疫措置が模索されねばならなかったのである。そのような状況下で一九世紀末から、ラングーン市当局やビルマ州政庁によって、ラングーン港における移民の衛生管理制度の構築が進められた。とくに、一九一七年の海港種痘調査委員会の招集をひとつの画期として、ラングーン港へ来航したすべての労働者の身体検査と、天然痘の免疫をもたない人への強制種痘という二重の防疫措置が恒常化されたことは重要であった。

その制度構築の過程では、移民に対する衛生管理が強化されようとするたびに、インド人労働者をビルマ州およびビルマ人の外部として他者化し、疫病流行の元凶とみなすような人種主義的言説が持ち出され、彼らを対象とした特別措置の導入が正当化された。それは、衛生管理の手段であった医療技術がいまだ確立されておらず、それ自体として強い正当性を帯びてはいなかったためでもあった。しかしながら、時間の経過とともに医学研究が蓄積され、徐々に公衆衛生に関する統治技術の確度が高まっていくにつれ、科学の名のもとに、より包括的な管理を可能とする制度が構築されていった。制度上は、人種や階級の位置づけはより従属的なものとなり、ビルマ州の外部からの防衛という意義が前面に押し出されることになった。つまり、ラングーン港はビルマ州の領域を背負う防疫線としての意味合いを強めていったのである。

他方で、より通俗的な理解のレベルでは、一九世紀以来の人種偏見が依然として、行政官たちのあいだに深く根をおろしていたことには注意しておかねばなるまい。人種主義的通念もまた科学の装いをまとうことで、そのもっともらしさを補強していったのであり、科学が人種主義を駆逐しさることはなかった。移民管理制度を規定する法律や規則の条文では、特定の人種が対象として名指されることはなかったが、そうした一見ニュートラルな条文の奥に、行政官たちの人種主義的な考え方が深く組み込まれていたといえる。一九二〇年代末までに確立された包括的な移民の衛生管理制度も、衛生管理の実践の現場に立つ行政官たちに大きな自由裁量を与えることで、彼らが人種主義的な通念に基づいて存分に権力を行使することを許すものであったと考えられる。

一九二〇年代には、いまだビルマ州は植民地インドの一地方行政体にすぎなかった。しかし、移民の衛生管理制度の構築とその日常的実践を通じて、ラングーン港に引かれた州境は、ビルマとインド、ビルマ人とインド人とをわかつ国境の原初的形態へと変貌していったのである。

第五章　都市空間の遠心力——都市計画とビルマ人住民

ビルマ州立法参事会での犯罪者追放法案をめぐる議論においては、ビルマ州政庁とビルマ人議員は法案に賛成の立場で共闘関係にあった(第三章)。しかし、その裏側では、一九二〇年代を通じて、ビルマ州政庁の都市政策がビルマ人エリートたちの批判の対象となっていた。本章では、二〇年代のラングーンにおける都市計画・都市開発政策が都市社会に与えた影響に焦点を合わせ、ビルマ州の移民統治に関して植民地主義とナショナリズムが相克する局面を描き出す。

ラングーンの都市開発に関する専論は、一九世紀半ばの植民地化直後の時期について、初発段階の都市建設を扱ったマキシムの博士論文があるのみである。[1] しかし、本章が扱うのはそれよりあとの時期、とりわけ一度停滞した都市開発が再活性化する一九二〇年代であり、先行研究はまったく存在しない。以下では、一九二一年に強力な都市計画機関として発足したラングーン開発トラストに焦点を当て、その成立にいたる経緯と政策の基本路線を明らかにしたうえで、同機関による開発が都市社会にもたらした影響について論じる。その際、都市開発によりもっとも大きな影響を受けた都市の下層民に着目する。

一九二〇年代における都市下層民の状況を検討することは、本書の冒頭で記した一九三〇年の人種暴動について考察するうえでも重要である。この暴動は、港湾におけるインド人労働者とビルマ人労働者の諍いをきっかけとして、瞬く間に大規模な人種間衝突へと発展した。従来、この暴動は、マイケル・アダスのデルタ複合社会論の文脈で論じられてきた。アダスは、一九世紀後半に成立したデルタ地域における人種による分業と棲み分けが、米作の開拓前線が消失するとともに崩壊し、都市と農村の双方でインド人とビルマ人との雇用をめぐる競争が激化した結果、大恐慌を契機として大規模な人種暴動が発生したと論じた。[2] こうした議論は、大きなスケールで説得力あるビルマ近代史像を打ち出したが、農村を対象とした社会経済史的分析から導き出されたものであり、都市社会についての具体的検討をへていない。本章では、一九二〇年代に都市下層民がおかれた状況を検討することで、一九三〇年の人種暴動を導いた都市社会内部の構造的要因に光を当てたい。

1　都市縁辺の人口過密問題

低湿地上の人口膨張

一九世紀半ば以降、ラングーンでは当初の都市設計者の想定を大きく超えて人口が急速に増加した。核心部では一八七〇年代から労働者集合住宅の非常な過密状況が問題視されていたが、ついで人口増加が起こった隣接諸地区では、また別の過密と不衛生の問題が現出していた。一八六〇年代までに盛土による土地造成(以後、埋立とする)[3]や、上下水道の整備が完了していた核心部と違って、隣接諸地区ではこれらの基礎的な整備が遅れていたことが原因であった。人口の大部分を占める庶民の居住地は、北部丘陵地帯を避けて河川やクリーク沿いの低湿地に展開せざるをえず、未整備の低湿地のうえに人口が増加したため劣悪な衛生環境が生み出されたのである(第一章)。そこには、水はけの悪い地面のうえに高床の木造家屋が密集するという、都市核心部とは様相を異にした景観が広がっていた。

これらの不衛生な諸地区には、ビルマ人が多数派を占めていたランマドーや、ノース・チーミンダインとテインビュー の一部があてはまる。一九世紀後半の人口増加にともなって、核心部の碁盤目状の道路網が順次、東、西、北の三方向の隣接地区へと延伸された。しかし、それは単純に道路網の拡張にすぎず、埋立や上下水道の整備はともなっていなかった。[4] ランマドーは全域が核心部につぐ高い人口密度を示しており、地区の面積が広いノース・チーミンダインやテインビューでも、人口の密集した一部の地域に限れば、似たような状況を呈していたと考えられる。一八九三年の行政年次報告では、ラングーン各地区の死亡率についてつぎのような言及がなされている。

この町の諸地区は、その死亡率に際立った違いをみせている。ノース・チーミンダインの死亡率は四八・九〇（千分率。以下同）であり、サウス・チーミンダインでは一七・七七である。ノース・チーミンダイン、ランマドー、テインビュー、タヨウッタンの死亡率は極めて高い。これはそれらの諸地区の不衛生な状態によるものである。ボータタウン地区は、その死亡率が二三・〇一であり、ゴミ集積所が近くにあることの悪影響をうけていないようである。中心の市街地では、死亡率は二九・九七である。[5]

一九世紀の末、核心部のすぐ外側に位置した上記の諸地区は、労働者集合住宅が問題視されていた核心部よりも高い死亡率を示していた。すなわち、ラングーンでもっとも不衛生な地域であった。

近代的都市空間の漸次的拡張

核心部の外側における土地の整備は、人口の膨張を後追いするかたちで進められていった。しかし、進展のペースは遅く、その主たる原因は財政難にあった。行政による都市空間の造成は、基本的に官有地の売却および賃貸によって得られた利益を低湿地の埋立事業に充塡することによってなされた。このやり方で核心部の埋立は一八五〇年代、六〇年代にほぼ完遂された。しかし、売却可能な土地が漸減したことによってこの制度を維持しえなくなり、七〇年代の前半までに官有地の売却は停止された。[6] このため、埋立事業推進のための重要な資金源が失われてしまった。また、一八七四年に市政委員会が設立されると、埋立事業の責任は市が負うことになり、官有地の賃貸から得られた利益は、用途に制限のない市政の一般歳入と、市政委員会の管理する埋立基金とに分割され、埋立にあてられる資金はさらに少なくなった。[7]

近郊地域での埋立の必要性も一応は認識されており、一八八四年には、核心部の東に位置するボータタウン地区ブロックJの埋立事業が計画され、実施に移された。[8] 前項での行政年次報告の引用で、核心部隣接諸地区のなかでボータタウンの死亡率が相対的に低かったのは、人口密度がランマドーほど高くなかったことに加え、このような埋立事業の進展があったためであろう。しかし、この事業に費やされた支出は年間平均三万ルピーにも満たず、たった一ブロックの埋立に一二年の歳月がかかった。[9] また、都市核心部に隣接する諸地区の多くは官有地のままであったが、官有地のリース期間はほとんどが五年間、最長でも一五年間と短期であり、賃借人も土地改良に対するインセンティブを欠いていたので、民間の資金による官有地埋立の推進も期待できなかった。[10]

一九世紀末から、このような状況を打開するための方策がとられるようになった。一八九二年には、核心部に残存する官有地をすべて売却して、その利益をボータタウン地区の埋立にあてる計画が立てられ、インド中央政庁の認可が得られた。[11] さらに一九〇二年には、市内にある官有地の地代をすべて埋立基金にあて、貧民への住宅供給問題に特別の配慮をして詳細な計画を立てるようにとの命令がインド中央政庁からくだった。[12] 埋立基金の支出規模の変遷をみると、世紀末から一九〇〇年代にかけて埋立事業の規模拡大があったことがうかがわれる(表5-1)。

一九〇〇年代に埋立事業のおもな対象となったのは、テインビューやランマドーに残存する官有地であった。[13] これらの未整備の官有地には、定着への志向性をもつビルマ人家族が数多く暮らしていた。ビルマ州の植民地権力は、ラングーン市内の未整備の官有地に人びとがヤシの葉や木材で簡易な住居を建てて住むことを放任してきた。また、地代に関してもこうした人びとに対しては名目的な額しか課してこなかった。しかし、これらの人びとは、法的には土地に対してほとんど何の権利も認められないスクウォッターであり、通知も補償もなしで即刻立ち退かされうる存在であった。[14]

したがって、これらの地区で埋立事業が進展すると、住民の郊外への流出が発生した。これが増加し続けるインド人労働者の市全域への浸透とあいまって、従来ビルマ人が卓越していた諸地区に人口構成の変化をもたらした。一八九一年から一九一一年の期間に、地区人口に占める「仏教徒」の割合は、ランマドーで八三%から六三%、テインビューで六〇%から三五%、ノース・チーミンダインで六八%から五五%に減少した(第一章表1-10)。

とりわけランマドーは、他の核心部隣接諸地域と比べて人口密度が高く、住民の定着化も進んでいたので、埋立事業の社会的影響が大きかった。一九一〇年当時、ラングーンの副徴税官であったシュエザンアウンは、こうした状況を踏まえて、「つぎの一〇年間でランマドーのビルマ的要素は、ほとんど消滅し去ってしまうだろう」と予見している。[15] 彼は、州政庁から特別任務として市内官有地の地代を再設定するための調査を命じられていたが、このようなビルマ人住民の流出を押しとどめるべく、スクウォッターに対する配慮ある政策をとるよう提言した。結果として、地代は少し値上げされたものの、古くから居住していたスクウォッターに対する優遇措置は維持された。

表5-1　埋立基金の年間支出

年　度	支出(ルピー)*
1893年度〜1904年度の年間平均支出	268,169
1905〜06	736,726
1906〜07	862,158
1907〜08	750,563
1908〜09	858,989
1909〜10	748,363
1910〜11	727,632
1911〜12	515,820
1912〜13	291,191
1913〜14	284,863
1914〜15	252,389

*支出は,借金の返済を除く埋立費用。
出典：*Suburban Development Committee Report*, p. 41 より作成。

一九一〇年代にはいると、再び埋立事業が停滞する。やはり財政上の理由からであった。官有地の地代だけでは拡大する埋立事業に間に合わなかったため、その地代を担保に市から借金をすることで歳入が補填されていたが、一九一四年までにその負債が六〇五万ルピーにも膨れ上がっていたのである。一年当たりの平均返済額は約四五万ルピーで、これに対する歳入のほうは一九〇七年度の約五二万ルピーから漸減し、一三年度には四五万ルピーにまで落ち込んだ。[16] このため、一九一〇年代半ばまでに埋立事業の続行が難しい状況に陥ってしまったのである。一九一七年にいたっても、テインビューの西半分は、「〔道路の〕レイアウトがなされていて、家並みもかなり規則的であるが、埋立と整備の必要が差し迫っているいくつかの地域」のもっとも顕著な例であった[17]。

郊外におけるスラムの発見

ラングーンの市域内では、碁盤目状の道路が敷設された市街地以外の場所にも、ところどころ人口の密集地ができていた。ラングーンを地方へと結びつける鉄道や幹線道路の整備にともなって、郊外にある鉄道駅周辺や道路・水路の交差点付近に集落が自生的に形成され発展したのである[18]。当初、それらは市街地の外側にある「村」とみなされ、特段の行政的関心が向けられることはなかった。しかし、低湿地を埋め立て、近代的な都市空間を拡張してゆこうとする植民地権力の関心が、核心部を超えて隣接する諸地区へと向き始めると、そのさらに外側の郊外地も視野にはいってくるようになった。遅くとも一九一〇年代半ばには、これらの集落はイギリス人の都市行政担当者たちによって「スラム」という烙印をおされ、整理されるべき対象とみなされていた（表5-2、地図4）[19]。

スラムと呼ばれる地域に特徴的なのは、一戸建ての住宅の密集状況である。この点では前述した核心部に隣接するランマドーやテインビューーなどと共通しているが、スラムの場合、不衛生な状況を引き起こしている根本的な原因は、その無秩序と不規則性に見出された。むしろ、秩序が欠如しているがゆえに不都合の生じている地域に、行政側がスラムというレッテルを貼ったというほうがふさわしい。一九一七年に、当時のラングーン市長であったギャヴィン・スコットは、後述する都市計画委員会に提出した「都市計画に関する覚書」のなかで、これらの地区に言及する際、つぎのように述べている。

> スラム〔という語〕を、不規則に配置された建物で混み合っていて、街路によって整理されていない地域という正確な意味において用いるならば、まずもって一掃されるべきスラムがいくつか存在する[20]。

表5-2　1910年代半ばにおけるラングーンのスラム概況

地　名	場　所	概　況	土地保有形態
オボ*	鉄道線，アッパー・パズンダウン通り，モンゴメリ通りで囲まれた地域	一戸建ての家族用住居の密集。ひどく不衛生	自由保有地
ペドーゴン*	テービュー・クリークの北側の，鉄道線とアッパー・パズンダウン通りに挟まれた地域。オボの北側に隣接	バラックや共同住宅をともなう精米所と，一戸建ての家族用住居の密集。後者の住居は貧相でほとんどが埋立が必要	自由保有地
パズンダウン・クリーク沿い*	アッパー・パズンダウン通りとの間	同上	自由保有地
マルワゴン	タームウェの一部。チャイッカサン通りの東側	貧困階級の家族用住居の小集落といくつかのスラム地域。埋立が必要	自由保有地
ミニゴン	バウンダリー通りとバガヤ・ポンヂー通りに挟まれた三角地帯周辺	非常に不衛生なインド人集落	官有地
アーロンの一部	ローワー・チーミンダイン通りの西側周辺	近隣のスラムから追い出されたスクウォッターが近年入植した地域	官有地

*　オボ，ペドーゴン，パズンダウン・クリーク沿いの3地域は互いに隣接しており，まとめてオボとされることもある。
出典：*Suburban Development Committee Report*, pp. 12-13, 62-65, 91 より作成。

ここでは、スラムという言葉が、区画整理されていない地区という意味に限定して用いられている。そして、そのような無秩序な空間を排除することこそが、都市計画の第一義的な目的なのであった。

以上のように、ラングーンでは、建設当初の想定を越える急速な人口増の結果、市の核心部だけでなくその縁辺においても居住環境の悪化が生じることとなった。ランゲーンにおける過密と不衛生の問題は、大きく三つの類型にわけることができた。ひとつは、核心部と水路沿い工業地帯に存在した労働者集合住宅の超過密問題であり、残りのふたつが、ランマドーなど核心部に隣接する諸地域の問題と、郊外に点在するスラムの問題であった。第一の労働者集合住宅が、インド人の出稼ぎ労働者たちを収容するためのものであったのに対して、後者のふたつは、ビルマ人を中心とした定着的な都市住民にかかわる問題であった。これらの問題に直面した植民地権力にとっては、この都市の無軌道な膨張をいかに制御するかが政策的急務となっていったのである。

2 都市計画の政策と実践

基本方針の設定

都市の居住空間に関するさまざまな問題が累積してきたことを受けて、一九一〇年代中頃からビルマ州政庁の内部で、ラングーンを適正な方向へと発展させていくための議論がさかんにおこなわれるようになった。こうした動きの先駆けが、一九一四年初頭に組織されたラングーン郊外開発委員会である。ラングーンの郊外開発の重要性を認識した財務長官の提案により、調査・報告のために組織された。この委員会は、ラングーン県長官兼徴税官、ラングーン市長、インセイン県長官、ラングーン行政技官の四人から構成され、一六年一〇月に脱稿された報告書は翌年一月に財務長官からビルマ州政庁へ提出された。[21]

郊外開発委員会の目的は、土地の供給と適切な設計を通じて、「人びとの健康と幸福を増進する」ことにおかれ、「それを成し遂げるための第一歩は人びとを土地のうえに拡散させることだ」と考えられた。委員会の議論の対象はその名前の通り郊外に限られていたが、当然、中心部の過密問題をも視野に含めたうえで提言がなされており、「郊外の開発は、現在、ラングーンの都市部と郊外にある多くの過密地域、そのうちのいくつかはまったく不衛生であるような、そうした地域に住んでいる人びとを移り住ませることになるであろう」と期待された[22]。

委員会の提言はおもに、(1)市域の拡大、(2)市の内外を結ぶ交通の改善、(3)市域のゾーニング、(4)全体的な計画にそった官有地の設計、(5)計画の実行機関としての開発トラストの創設、の五点であった。(1)については、市域を拡大させラングーンの郊外をまるまる市政の管轄下におくことで、行政上の分断をなくし一貫した対策を可能にする狙いがあった。(2)は、市の内外を結ぶ幹線道路の敷設や改善、鉄道・市電・バス路線の拡大などを通じて、郊外から中心部への通勤を可能にするのが目的であった[23]。

(3)のゾーニングについては若干説明を要する。郊外開発委員会は、土地の利用目的に応じて郊外の土地を四つの区域に分け、これにそって開発が進むように、区域ごとの土地利用の制限や単位面積あたりの戸数規定などをおこなう権限が市政委員会に与えられるべきだと提言した[24]。区域は工業区域と、階層別の三つの居住区域に分けられた。工業区域は河川やクリークの沿岸部に位置し、工業用地と労働者のための集合住宅にあてられるとされた。三つの居住区域は、月収一〇〇ルピー以下の貧困層用、一〇一ルピー以上五〇〇ルピー以下の中間層用、五〇一ルピー以上の富裕層用であり、沿岸部の工業区域から内陸に向かって、地面が高くなるにつれてより高い階層の居住区域が割り振られた。

こうしたゾーニングは階層によって区別されていることになっているが、実質的には人種的な区別が念頭におかれていた。とくに貧困層に対する認識については、以下にみるように、集合住宅に住む単身出稼ぎ労働者のインド人と家族居住のビルマ人という対照が顕著であった。

まず、工業区域の労働者について、郊外開発委員会は、労働者集合住宅の過密問題を認識しつつも、「この人口を動かして郊外へと追いやろうとする試みは実際的ではないし、現在のインドの経済発展の段階においては望ましくない」と判断した。郊外に建設予定の家族用住居は、「独身男性の流動人口には不適切」であるから、しばらくのあいだ、労働者集合住宅は「必要悪」とみなさざるを得ないと考えられたのである。[25] また、ボンベイで試みられていた模範的共同住宅の建設についても、財政上の負担が大きいことから委員会は消極的な態度を示し、この問題は民間の手に委ねるべきであると主張した。[26] 過密人口の分散という委員会の目的は、ここには直接的には反映されることはなかった。むしろ工業区域に過密の悪弊を閉じ込めることで、居住区域を改善しようとする意図があったといえる。

代わりに過密人口分散の対象となったのは、貧困層に属する家族居住者であった。まずは委員会報告の記述を引用しよう。

ラングーンはすでに、ほとんどインド人の町である。元のビルマ人住民は大方追い出されつつある。……ビルマ人は家族居住を好む。これまでのところはまだビルマ人の多かった地区においても放逐の過程は続いていくだろう。そのように追い出された人口は、近郊に新しい居住地を見出さねばならなくなる。したがって、家族で生活を送るビルマ人とインド人のための土地をそこに用意すべきなのである。……現在、ラングーンの華人街はチャイナ通りから西方に向かってゴドウィン通りまで拡大しており、いまなお西方へ広がり続けていて、ランマドーからビルマ人を追い出している。こうした事態は間違いなく進行してゆくだろう。インド人労働者は埠頭や工業地の近くにみられ、今後もそこに住み続けるだろう。もし、貧困層のための小さな家族用住居がラングーンの南西、北西、北東にある官有地に用意されれば、市の中心から追い出されたビルマ人たちはそちらへ移住するだろうと考えられる。[27]

この記述から家族居住の貧困層として想定されていたのは、おもにビルマ人であったと考えられる。郊外開発委員会の基本的な態度は、まずインド人ないし華人の流入によってビルマ人家族がかつての居住地から追い出されつつある状況を認め、そうしたビルマ人家族に対して郊外の官有地に新たな居住地を提供することで、過密地域からの移住の傾向に拍車をかけようとするものであった。こうした考えはのちの都市計画政策の基本方針となる。

先の引用からもうかがえるように、郊外開発委員会がまず手をつけるべきとしたのは官有地であった（提言(4)）。自由保有地に手を加えるとなると、その土地の接収に多額の資金が必要となるから、財政的な理由から官有地が優先されたのである。[28] そして、官有地の改善とは、財政難のために停滞していた埋立事業を再活性化させることにほかならなかった。しかし、従来の制度では、事業の持続的運営が難しかったので、官有地開発を担う新たな公共機関としてラングーン開発トラストの設立が提言されたのである（提言(5)）。従来の制度には、財政的問題に加えて行政的な問題も存在した。委員会は、そうした行政上の問題点として、ラングーン官有地において地代の徴収体系と行政体系とが分断していたこと、埋立事業が市政委員会の大きな負担となっていたことを指摘し、開発トラストの設立によって、地代徴収と埋立事業を一本化するとともに、市政委員会の職務を軽減できると主張した。しかし、そのための具体案を提出するにはいたらなかった。[29]

ラングーン開発トラストの誕生

ラングーン郊外開発委員会の提言を受けて、開発トラスト設立に関する具体的な法案を著わしたのが、ビルマ都市計画委員会であった。ビルマ都市計画委員会は、一九一六年一二月にビルマの都市計画全般について検討するために組織された委員会であり、そもそもその報告対象はラングーンに限定されるものではなかったが、郊外開発委員会報告を検討した結果、ビルマ全体に適用可能な法案とは別に、ラングーンにはその特殊事情を考慮した法案を起草することになった。前者がビルマ都市計画法案草稿、後者がラングーン開発トラスト法案草稿であり、これらは一七年二月、報告書と一緒にビルマ州政庁へ提出された。[30]

これらふたつの法案草稿の作成に中心的役割をはたしたのが、ラングーン市長ギャヴィン・スコットであった。彼は、本国イギリスやインドの先行する法律を研究するとともに、ボンベイでの実地視察をおこなって、法案草稿の叩き台を作成した。その過程でスコットが書いた「都市計画に関する覚書」では、先行する諸法令の特徴がふたつの概念で整理された。都市改善(town improvement)と都市計画(town planning)である。前者はスラム・クリアランスやインフラの整備といった手法による既存の都市における問題点の是正を指し、後者は将来の都市発展の筋道を描いた計画案を立て、それにそって都市が適切に発展するよう統制することを指す[31]。

スコットによれば、先行するボンベイやカルカッタの改善トラストは都市改善を担ってきはしたが、そこに都市計画がともなっていないことが問題であった。スコットの議論の要点は、都市計画においては、ひとたび計画案が承認されれば、その案通りの開発を官有地のみでなく私有地にも強制できるというところにあった。ボンベイとカルカッタの改善トラストには、私有地に直接干渉する権限が与えられていなかったので、土地の接収がその活動の前提となっており、結果として莫大な費用が必要になったのである。スコットの望んだものは、「土地の接収をともなわない都市計画と都市改善の遂行」であった[32]。

ラングーンで最悪のスラムのあったオボ一帯は、自由保有地という実質的な私有地であったから、こうした意味での都市計画の権限が是非とも必要だったのである(表5-2)。ラングーンの機関の名前が、先行するボンベイやカルカッタの改善トラストとは異なる開発トラストとされたゆえんであろう。このように官有地も私有地も含めた包括的な都市開発を求める議論は、当面の開発対象を官有地に制限しようとした郊外開発委員会の提案からさらに一歩踏み込んだものであった。

都市計画立法のインドで最初の試みは、一九一五年のボンベイ都市計画法であり、ビルマ都市計画法案草稿はほぼそれを踏襲している。同法案草稿は、土地のレイアウトと利用に関して、「適切な衛生状態、快適さ、利便性を確保するために」計画案を作成する権限を「現地当局」に与え、その計画案は政庁の認可を得たのちには、この法律の一部であるかのように効力を有するものとしていた。計画案の含みうる内容は、道路や建物の建設から、インフラの整備、歴史的建造物の保存にいたるまで広範囲にわたっており、ゾーニングに関する規定も含まれた[33]。

一方のラングーン開発トラスト法案草稿では、ラングーンにおいては関係する諸組織の代表から構成される開発トラストが上記の「現地当局」であることが定められた。その他の点は、ほぼ郊外開発委員会の提案が受け入れられた。すなわち、開発トラストは負債も含めて埋立基金を引き継ぎ、官有地において州政庁の有するすべての権限を与えられるとされた。これにより、埋立事業を含む都市開発は、市政委員会から切り離され、開発トラストに託されることになる。また、官有地からの地代を補強する経常的な財源として、市政委員会から年間一〇万ルピーの寄付金、市内の不動産移転に課せられる二％の印紙税、ラングーン港から国外へ出航するすべての男性に対する二ルピー以下の課税に関する規定が盛り込まれた[34]。

ビルマ都市計画委員会のふたつの法案草稿は、ついで、ラングーンのさまざまな利害を代表する人びとで構成されるラングーン開発委員会の審議に付された[35]。そこでおおむね支持を受けたのち、ふたつの法案草稿は、対象をラングーンのみに限定してラングーン開発トラスト法案としてひとつにまとめられ、一九一九年八月に正式に立法参事会に提出された。この法案には、結局、開発トラストによる土地の接収を可能にする条項が付け加えられていた。そのため、立法参事会ではおもに地主の権利の侵害について議論がなされたが、結果として、微細な修正が施されただけで法案は通過し、二一年二月一日から施行された[36]。開発トラストの実体である理事会の構成は、前州政庁官房長官で法案の提出者でもあったチャールズ・モーガン・ウェブが総裁に就任し、そのほか、市政委員会およびラングーンに権益を有する民間組織の代表者と、政庁の代表者の総勢一三人からなっていた。また、その人種的構成はビルマ人が二人、インド人が一人のほかはすべてヨーロッパ人であった[37]。

ラングーン開発トラストの目的は、ウェブが立法参事会へ法案を提出したときに述べた言葉によく表わされている。彼は、「ラングーンの住宅問題は、第一に、膨張する人口の収容に適した土地を提供するための埋立の問題なのです」と述べ、一九一〇年代における埋立事業の停滞が、都市の過密状況の悪化と家賃・地代の高騰を招いているとの分析を示した。[38] そして、またこうも述べる。

アーロン、タームウェ、マルワゴン、ダラーの低湿地によって、拡大が妨げられ、交通が阻害され、過度の人口密集が不可避になっているのです。これらの地域に人口が拡散して、オボやパズンダウンの一部のような低湿地スラムの惨状がより大きな規模で繰り返される前に、それらは埋め立てられねばなりません。また、低湿地のうえに住居の建設が認められている地域は、何をおいても、埋め立てる必要があるでしょう。[39]

ラングーン開発トラストの最大の課題は、埋立事業の推進による住宅用地の供給にあった。自らが住宅を建設するのではなく、土地の造成に専念することで、そのうえに民間資本による住宅建設が進展することが期待された。その目的を達成するために財源が確保され、包括的な都市計画の強制も、土地の接収も可能な強大な権限が開発トラストに委ねられたのである。

庶民と地主のあいだで

ウェブも言及したように、一九一〇年代末のラングーンでは、住居不足が家賃と地代の高騰を引き起こし、全般的な物価上昇とあいまって都市住民の生活を圧迫していた。一〇年代半ばの時点ですでに、月収が二〇〇ルピー以下の事務員や職人といった下位中間層の人びとやそれよりさらに貧しい人びとにとり、家賃支出が大きな負担になっていることが行政に認識されていた。[40] これが一〇年代の末にかけてさらに深刻化し、治安悪化の一因とも考えられるようになった。ラングーン開発トラストによる宅地開発はこうした状況を改善するための根本的施策として位置づけられたが、その成果が現われるのにはなお時間が必要だった。そこで、緊急の臨時的施策として考案されたのが家賃の統制であった。ラングーン開発トラスト法案が審議されているさなかの一九二〇年一月、立法参事会にラングーン家賃法案が提出される。[41]

政庁官房長官フレデリック・ルイソンは、一九一九年春から、一部の地主が家賃を引き上げているという噂が飛び交い、市内に「相当な感情」を巻き起こしたため、対応を迫られたと法案提出の理由を説明した。[42] この法案も、やはりボンベイの先行する法律を踏襲したものであり、そのおもな内容は、いかなる敷地においても、原則として一九一八年四月一日時点で支払われていた家賃を標準家賃として、三年間の期限付きで固定することであった(この法案は、家賃のみではなく、地代や市場への出店料にも適用された)。[43] この政策は、家賃や地代の高騰を抑えることで、全面的な物価の上昇を防ぎ、なによりもまず、ラングーンの都市下層民の困窮を食い止めようとするところに主眼がおかれていた。ルイソンによれば、「ロールスロイスの値段が五割増しになるのと、ラングーンの町においてクーリーの下宿屋のそれが二〇ルピーから三〇ルピーにあがるのとではわけが違う」のであった。[44]

しかし、この法案には当然、地主層からの反対があった。立法参事会の場で地主権益を代表する議員は、家賃法案が地主たちによる労働者集合住宅の建設に歯止めをかけている、と反論を展開した。[45] このような地主側からの攻勢をうけて、家賃法案はいくつかの譲歩を迫られた。もっとも重要な修正は、標準家賃設定の例外事項に関するものである。最初に提出された法案では、一九一八年四月一日以前に貸し出されたことのない敷地については、政庁の任命する家賃統制官によって定められた標準家賃が適用されることになっていた。しかし、修正後は、一九一八年四月一日以降、はじめて貸し出されたときの家賃が標準家賃とみなされることになった。すなわち、この修正によって、新しく建物を建てようとする者は誰でも、家賃統制官による統制を受けることなく、その建物の家賃を自分で固定することができるようになったのである。[46]

こうして提出からわずか二カ月で法案は通過し、ラングーン家賃法が成立した。家賃法は、都市下層民の保護を目的としていたが、労働者集合住宅の新規建設を促すために、家賃の統制が緩和されることになった。こうした事態は、政庁が労働者集合住宅の建築を民間に任せていたことの限界性を露呈していた。

ランマドーの変貌

家賃法の制定によって都市下層民に対する保護がはかられはした。しかし、近代的都市空間の造成という植民地行政の主目的の前では、住民への配慮も後景に退いた。このことは、ラングーン開発トラストが活動を開始してまもなく明らかになった。もっとも顕著であったのは、ランマドーをはじめとする市内の官有地に対する政策転換である。その背景には、都市域が拡大するなかで、都市の中心に近い街区の重要性が高まっていたことがあった。

従来、市内の官有地では、借地は基本的に五年間の短期契約で地代が低額に抑えられ、スクウォッターに対しても名目的な地代しか課されてこなかった。ラングーン開発トラストは、既往住民へのこうした優遇措置が、都市空間の近代化を阻害し、開発のための資金繰りを行き詰まらせただけでなく、又貸しの横行や、木造一軒家への複数世帯の同居といった問題を深刻化させたと批判した。従来の政策が守ろうとした「地元民たちの大事な家々」は、経済的圧力に曝され、「不衛生なスラムのなかの、むさ苦しくてごみごみした小屋の集まり」へと堕してしまったというのである。[47]

こうした過去の失敗に鑑み、ラングーン開発トラストの理事会では、これまで官有地の借地人に対して与えられてきた権利を制限し、以後は「厳密に商業的原理にのっとって」官有地の運営をおこなっていくことが確認された。[48] 潜在的に価値の高い都市中心部の土地を埋め立て、インフラを整備して、長期の借地契約で貸し出すことで、適正な地代を徴収するとともに、収容能力に優れた集合住宅の建設を促す、というのが開発トラストのとった戦略であった。

発足後数年間の開発トラストの基本方針は、一九二三年三月一四日に催されたトラストの新事務所落成式における、ビルマ州知事ハーコート・バトラーの演説に明瞭に示されている。

順調にいけば来年の今頃までに三五〇〇を超える住宅用地が利用可能になるでしょう。一五〇〇は以前の借地人のため、約二〇〇〇は新参者のためのものです。財政的な理由から、また、トラストがいま取り除こうとしている害悪を避けるために、完全な商業的地代がラングーン中心部付近のすべての用地に課されています。他のいかなる施策も、又貸しや、法外な値段での売却、その他の望まれざる事々を導いてしまうでしょう。しかし、ラングーン中央の官有地にいるすべてのスクウォッターには、郊外における住宅用地の長期借地契約の特権が、低い地代で、提供されています。[49]

ここには、都市中心部の官有地から郊外へと、スクウォッターを積極的に追い出そうとする政策的意図が読み取れる。ここでいう「完全な商業的地代」の実現は、明らかに家賃法で目的とされた家賃・地代統制と矛盾している。家賃法は原則として、ラングーン市全域に適用されたが、州政庁は任意にその除外地域を設定できた。[50]この演説を州知事がおこなっていることからしても、中心部の官有地はこの除外地域であったと思われる。

こうした施策には社会からの反発が大きく、発足から三年をへた一九二四年初めに、開発トラストは方針の転換を迫られ、従来からの住民に対して配慮が示されるようになった。[51]一九二〇年代後半にはラングーン開発トラストの事業規模は全体的に縮小し、埋立事業も下火になる(図5－1)。

とはいえ、一九二〇年代の前半に強力に推し進められた都市開発政策は、ランマドーの景観に大きな改変を加えることになった。木造一軒家の群れが、レンガ造りの集合住宅へと代替されていったのである。行政側は労働者集合住宅の増設を民間に任せていたが、埋立とインフラ整備が完了し、土地に対する長期的な権利が保証されてはじめて、そのような恒久的な建物の建築が進展した。一九二六年に組織されたラングーン公衆衛生委員会の報告書からは、こうした変化の具体的な様相がうかがわれる。まず、ラングーン社会奉仕連盟によっておこなわれた労働者の住宅事情に関する調査結果では、ランマドーの状況がつぎのように描かれている。[52]

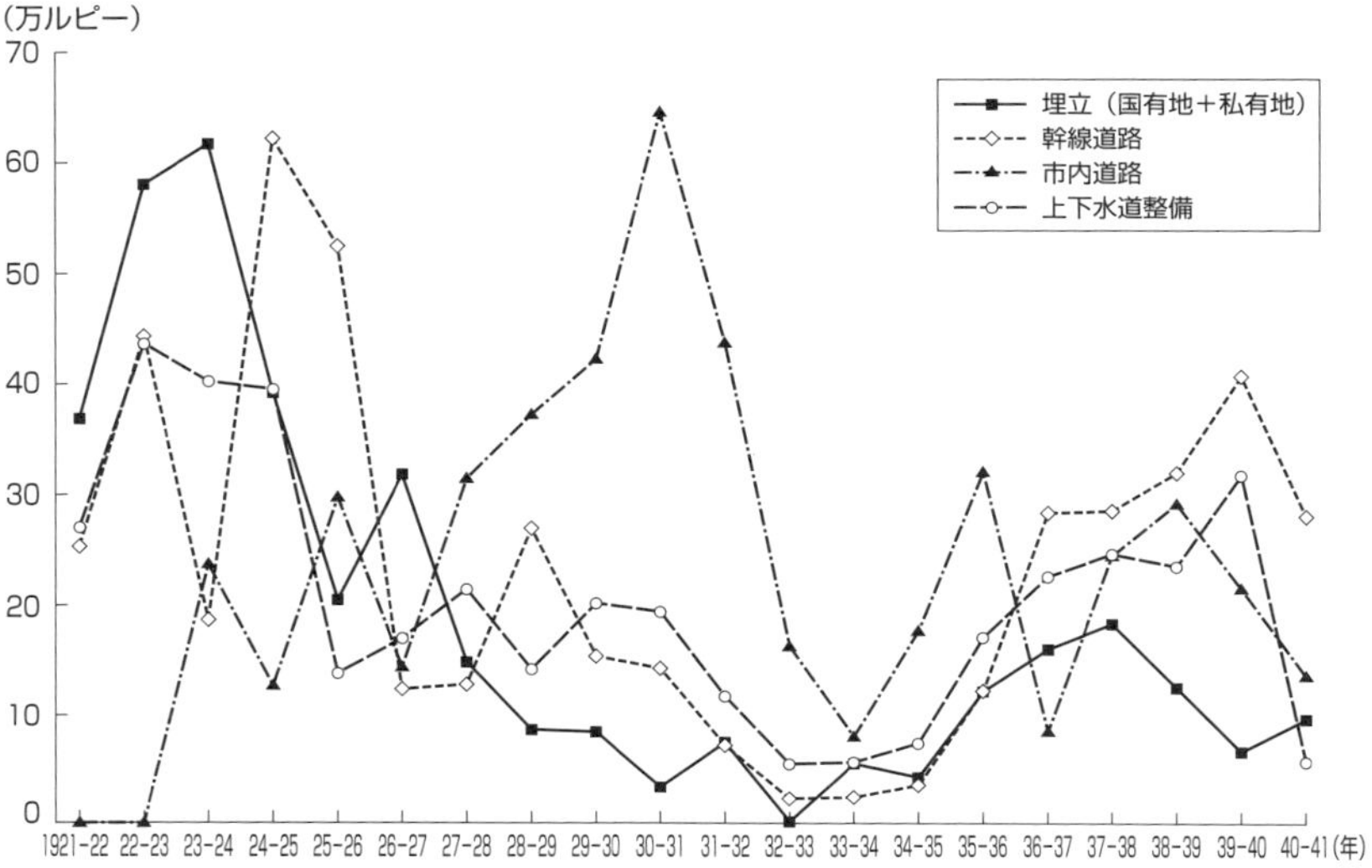

図5-1　ラングーン開発トラストの項目別支出規模の変遷

出典：*Report on the Working of the Rangoon Development Trust* 各年度 より作成。

共同住宅の数は増えているが、人口を収容するのに十分ではないため、一部屋に住む人の数は過剰である。たとえわずかに残された一軒家が売却されたとしても、共同住宅に利用できる土地は工業労働者を収容するのには不十分である。[53]

ここでは、労働者の収容施設を増やしてその過密状況を緩和すべきだという文脈で語られているから、その数の増え方に対して消極的な評価がなされている。しかし、かつてビルマ人の家族用木造住居が卓越していたこの地域の景観が、大きな変化を遂げていたことは明白である。こうした労働者集合住宅の増加は、従来の住民の生活に大きな影響を与えた。

今日、この階層〔月収五〇～二〇〇ルピーの中間層〕の多くの人びとが、二五フィート×五〇フィート〔約一二〇平方メートル〕のフラットに住んでいて、月に三〇ルピー、四〇ルピー、あるいは五〇ルピーを払っている場合すらある。ひとつのフラットに複数の家族が詰め込まれている場合もあるだろう。中間層は、彼らの住んでいた場所が下宿屋へと変えられていくことによって、外へ締め出されつつあるというのが事実である。[54]

また、あるヨーロッパ人の医療従事者が公衆衛生委員会に書き送った手紙では、こうした地域における衛生問題の質の変化が指摘されている。[55] 彼は、ラングーンにおける結核の増加について、その病気にかかるのは主としてビルマ人と緬華混血(Chino-Burmese)の事務員であることに言及したあとで、つぎのように述べる。

私たちはこの惨状の原因を近代的な型の「パッカ」(pucca)建築に帰すことができる。それは細い階段、小さな部屋、小さな窓を備えていて、高額な家賃は必然的に過密を生み出している。私たちが二〇年ないし二五年前の我らがランマドーでなじんでいた、杭のうえに建つ木造の不衛生な家は、その下部がぬかるんでいて不潔ではあったが、近代的な「パッカ」共同住宅よりは、ビルマ人の体質に適したものであったように思われる。[56]

「パッカ」とは、石造やレンガ造りなどの頑丈な建物を形容する場合に用いられるヒンディー語起源の言葉である。[57] ラングーンの場合は、おもにレンガ造りの建築をさしていた。ここで、このヨーロッパ人医療従事者は、消え去りつつある高床式木造住宅への懐旧の念を示すとともに、居住環境と体質とを結び付ける人種観を露呈している。こうした人種観の妥当性は措くとしても、木造住宅から集合住宅への転換が、結核などの新たな健康上の脅威を生み出したことは間違いないであろう。

このように、都市中心部の官有地における商業的地代の設定を通じて、ランマドーは近代的な造りの労働者集合住宅が立ち並ぶ地区へと変貌を遂げた。ボータタウンやテインビュー、チーミンダインの河川沿いの地域においても同様の変化が進行した。この過程で、従来、家族で定着的に暮らしてきたビルマ人の下層・下位中間層の人びとが、都市の中心部から郊外へと流出する事態に拍車がかかった。一九二四年には、官有地での商業的地代設定が廃止されたにもかかわらず、二六年にはラングーンの全域について家賃法による家賃統制が廃止されたから、都市中心部の住民の生活はますます厳しいものになっていったと推察される。[58] ラングーン開発トラストは、このような都市中心部における荒療治と並行して、郊外のまだ人口がまばらであった場所に新たに住宅用地を開発することで、都市中心部から流出する人口の受け皿を用意しようとした(地図4)。

3 ビルマ人都市住民の一九二〇年代

ラングーン開発トラストの政策を、都市住民の側はどのように捉えたのであろうか。以下では、ビルマ語新聞『トゥーリヤ』の社説記事を通じて、都市開発の実態に接近してみよう。『トゥーリヤ』紙は一九一一年、英語教育を受けたビルマ人エリートであるバペーとフラペーによって創刊された。当初は、週三回、隔日で発行されたが、一五年より日刊となった。一九一〇年代末から二〇年代にかけての論調は、バペーの政治姿勢を反映して、両頭制下でのビルマ人の政治参加を奨励するものであった[59]。一部のナショナリストが植民地議会への参加を拒否して急進的立場を取り始めるなかで、『トゥーリヤ』は穏健派ナショナリストの声を反映していたといえよう。ビルマ州政庁によって作成された一九二六年の定期出版物リストによると、その論調は「穏健」と評価されており、発行部数は三〇〇〇部であった[60]。

開発トラストへ寄せる期待

一九一〇年代の後半から行政側で都市改善に関する議論がさかんになされ、その結果として開発トラストの設立という案が現実味を増してゆくにつれ、新施策に対する都市住民の期待は高まっていった。そうした期待は、住民たちがいだいている現状への不満の裏返しでもあった。

開発トラスト法案が立法参事会で審議されているさなかの一九二〇年一月二二日、『トゥーリヤ』紙の社説上で開発トラストへの言及がなされた。この日の社説は、「ラングーンの状況」と題され、当時の都市住民が直面していた問題を表明するものであった。第一にあげられているのは、家賃の高騰である。第一次世界大戦後、世界中で物価の高まりがみられることを指摘したあとで、この社説は、ラングーンでも家賃が高騰しており、「多くの家で一軒に二世帯、三世帯が群がって暮らさねばならなくなっている」と述べる。当時は、住居不足が家賃の高騰を引き起こすと同時に、家賃の高騰が複数世帯の同居を促していた。さらに、住宅地のランマドーで、「豆や米の倉庫のみならず、悪臭のするガピ〔発酵したエビのペースト〕や獣皮革を保存する倉庫が数多く立ち並んでいる」とゾーニング概念の欠如が批判されている。そして、こうしたゾーニング概念の欠如や過密が「保健衛生(kyânmayêi)に反している」状況を生み出していると認識されたのである。この社説においては、生活上の困難が発生する原因をラングーン市政委員会の政策のまずさに帰すとともに、目下、立法参事会で審議中の開発トラスト法と家賃法に問題解決の望みを託している。[61]

このように従来の施策を批判する態度は、開発トラスト発足直前の一九二一年一月二六日の社説「ラングーン開発トラスト」にもみられる。そこでは、埋立基金の財政難のために埋立事業が立ち行かなくなった経緯が説明されたあと、トラストへの期待が語られるが、その期待の具体的内容は以下のようなものであった。

> ラングーン市内の貧民たちの住居の問題はとくに重要なので、上記のラングーン開発に関わる高官たちが、貧民たちへの住居供給を第一に考えて努力すると聞き、大変喜ばしくたのもしい。これまで、市内の土地の高さをあげる必要があるために、自分たちの家を捨てて出て行かねばならなかった貧民たちは、かなりの数にのぼっている。彼らのために土地と住居を用意することは極めて重要である。[62]

すなわち、従来の都市開発の結果、貧しい人びとがその居住地を追われたことを批判しつつ、新制度下において、彼らに対して何らかの補償がなされることを期待しているのである。ここでも、やはり問題の原因が都市行政の不手際に求められている。

市政委員会ばかりが、問題の原因として責任を追及されたのではなかった。むしろ、より厳しい非難の対象となったのは、最下層のインド人移民労働者たちであった。一九二〇年四月六日の「ラングーンとインド人クーリー」と題された社説では、ラングーン発展の阻害要因として、インド人労働者が辛辣な非難にさらされている。冒頭で、ラングーンの首都としての発展と、それに対する市政委員会の貢献が述べられ、そのつぎに「しかし」と続く。

> 　しかし、ラングーン市の西部から、東部の三八、三九、四〇番通りまでの街路には、大きな建物が数多く建っており、それぞれの建物の部屋ひとつひとつには、三〇人から四〇人ほどの大勢のインド人クーリー(eindiya-nainn-gandhâ-kălâ kuli)が、すし詰めになって生活している。そのため、それらの街路にある、クーリーのインド人たちが身を寄せている大きな建物は、かなり不潔で汚れた状態にある。さらに、インド人クーリーたちは一般的に服を着て身体を覆うことがなく、慚愧の法理からかけ離れているから、良識ある人たち(lugyî-lugâun)が、それらの地区で生活することを忌み嫌うのはもっともである。さらに、夜間はインド人クーリーたちが真夜中まで騒ぎ暴れるので、その地区に生活している良識ある人たちは、ひどい妨害にあわねばならない。[63]

ここでは、インド人労働者の過密で不衛生な居住環境と彼らの粗野な生活様式が強調され、それらが他の住民の快適で安穏な生活を阻害していることが批判されている。しかも、居住環境の劣悪さに関しては、続く文でさらに、「伝染病流行の原因のひとつも、インド人クーリーたちが不潔で汚い状態で寝食していることに加えて、押し合い圧し合いして暮らしていることが、保健衛生にはなはだしく反しているため」であると付け加え、ついには「私たちのビルマ国ラングーン市の品位失墜と、伝染病の発生は、インド人クーリーたちのためである」と結論づけるにいたるのである。[64]

　そして、かかる害悪を解消する方策が、開発トラスト主導の新たな都市計画の一環として盛り込まれるべきだと主張される。

> 　これに関連して、ラングーン市を新規拡張する計画がなされているが、政庁はその計画立案のための組織に参加する良識ある人びとと一緒に、今述べたラングーン市の害悪を解消するため、ラングーン市の郊外にバラック(nei-ein-tânyâmyâ)を建設し、インド人クーリーたちを住まわせるよう、計画して土地を割り当てねばならない。これは

ぜひとも必要であり、現在立案中のラングーン市の新規拡張計画にすぐに盛り込むべきである。

そうしてはじめて、私たちのビルマ国ラングーン市は、進歩し、発展し、繁栄した分の恩恵を享受できるようになり、住民は心身の幸福と快適な生活を得ることができるようになる。したがって、ラングーン市の繁栄と安穏を促進させるため、当局が細心の注意をはらって、私たちが書き示した通りに計画にあたることを期待している。[65]インド人移民労働者たちを郊外へと追いやり、市の中心から排除することではじめて、ラングーンの発展と住民の幸福が保証されるというのである。

総じて、『トゥーリヤ』は都市問題を、都市に生活する人びとの住みづらさの増大として描いた。住居の不足、家賃の高騰、市中心部からの下層民の放逐、移民労働者住宅の過密と不衛生など、問題とされる現象については、『トゥーリヤ』紙の認識と政庁や市政委員会といった行政側の認識とは、おおむね一致したものであった。同紙の社説には、政庁刊行物からの引用がしばしばなされたので、こうした認識の一致は不思議なことではなかった。したがって、開発トラスト創設という行政側の新たな試みは、これらの諸問題を解決へと導きうる有望な施策として大きな期待を集めたのである。[66]

しかし、現象として問題を捉えるところから一歩進んで、そうした問題の根本的な原因を追究する段になると、どの要因に強調点をおくかという違いによって、両者のあいだに微妙なズレが立ち現われてくる。このズレは、その後、『トゥーリヤ』の期待した施策と行政側が実際にとった施策との違いとして顕在化していく。

ビルマ人住民の失望

一九二一年二月一日、待望の開発トラストが発足する。ところが、一年もたつと、『トゥーリヤ』紙のトラストに対する評価は一転し、繰り返しトラスト批判が紙上に掲載されるようになる。『トゥーリヤ』の批判は終始一貫して、トラストの都市計画によって「貧しい人びと」が被害を受けているという認識に基づいて発せられていた(以下の地名は地図4参照)。

そうした認識が顕著に表われているのが、一九二二年五月一七日の社説「ラングーンの貧困層」である。そこでは、「ラングーン開発トラスト(yangoun myòu sipinthayayôun)による地片の割り当てに関連して、貧しい人たち(mashi nûnbâ hsînyei-dhu hsînyei-dhâ)が大変な苦しみをこうむっている」にもかかわらず、政庁の発表では、そうした人びとの苦しみには言及されず、批判をそらすための説明ばかりであることに疑念が露わにされている。[67]

続いて社説は、そうした政庁の発表をひとつひとつ取り上げながら、その欺瞞を暴いていこうとする。まず初めに引き合いに出されるのは、政庁による地代の設定である。政庁は、新規開発地区の地代をあまりに低く設定すると、開発トラストは資金不足に陥ってしまうとして、高めの地代設定の口実としたという。政庁は、チーミンダインのリンルン地区やサンヂャウン地区では三カ月につき一〇～一五チャット、チャイッカサン通りの諸地区では同じく二二チャットという、近郊諸地区での地代設定を比較的安価なものとして正当化しようとしていた。しかし、『トゥーリヤ』は、政庁の見解の正当性を認めず、トラストが不当に高額の地代を徴収していると主張する。

しかし、現在、上記の諸地区において、十分に割り当てられるだけの地片があるのかということは説明していない。私たちの知る限り、上記の諸地区では、土地の貸し出しはすでにいっぱいになっている。それだけでなく、それらの諸地区で課せられている地税(myeihngâgun)は、以前より何倍も高くなっており、部屋を借りて生活している人たちも、月々の家賃を以前より何倍も多く払って暮らさなければならないといわれている。[68]

開発トラストは、ノース・チーミンダインの鉄道線の東側などに、都市中心部から流出する人口の受け皿として新しい住宅用地を開発していた。しかし、新規住宅用地の供給量は十分なものではなかった。また、供給された住宅用地はまもなく投機の対象になったようで、地代も家賃も跳ね上がったのである。

都市郊外の新規住宅用地の供給不足と地代・家賃の高騰に加えて、中心から郊外へ「貧しい人びと」が追い出されつつある状況も批判の対象となった。貧困層の郊外への流出は、ラングーンのみに限られたことではなく、都市化における一般的な現象であると述べる政庁に対して、『トゥーリヤ』はそうした人びとが好んで郊外へと移出していくのではないことを改めて確認しようとする。「その貧しい人たちは、ラングーン市中心部で長年にわたって、生計を立てるために働き、暮らしてきたので、ラングーン市の辺地にある遠方の地区へなど移りたくもないし、移るための費用も工面できない」のである[69]。それにもかかわらず、実際には、多くの「貧しい人たち」が住み慣れた土地から離れざるをえなくなっていた。こうした人たちからは、『トゥーリヤ』新聞社に陳情が寄せられていたようである。

私たちのところへ寄せられる手紙によれば、ラングーン市のポーミェ地区、パズンダウン、ドーナチャウン地区などの諸地区に拠って生活している貧しい人たちは、自分たちの祖父母の代から、泥沼が密集し、象が棲み、虎が身を潜めているジャングルを切り開いて家を建ててきたが、今や、開発トラストが出現したため、自分たちの家を破壊され、市街から遠く離れた、自動車はもとより汽車やトラムなどによっても往来が不可能な、もっともぬかるみのひどいところに地片の割り当てを受けたのである。貧しい人びとが災難をこうむり、犠牲になっているということがよくわかる。貧しい人びとがなんのために災難をこうむっているのかというと、ラングーン開発トラストが値上げをしようと努めているからである[70]。

こうして再び議論は開発トラストの不当な地代の引き上げに対する批判へと収斂し、「貧しい人たち」の幸福を保障する政庁の責任を問うて、この日の社説は結ばれている。ここであげられている地名は、行政側にもっとも問題のあるスラムと目されていたオボ一帯に含まれている。これらの地域では、開発トラストによって、家屋の破壊など直接的かつ暴力的なかたちでの権力の行使がなされていたことがわかる。

以上から、『トゥーリヤ』が「貧しい人びと」の立場からトラスト批判を展開していたことは明らかである。この

「貧しい人びと」の人種が明示的に言及されることはなかったが、ほとんどの場合、ラングーンへの定着を志向して、家族で暮らしてきた下層のビルマ人たちをさしていると考えて差し支えないだろう。トラスト発足以前において、『トゥーリヤ』は、インド人労働者たちを市の郊外へと移住させることが市の発展につながると主張しており、開発トラストにその期待をかけていた。しかし、いざトラストが発足すると、郊外への流出を余儀なくされたのは「貧しい人びと」であったため、『トゥーリヤ』はその論調をトラスト批判へと一転させたのである。「貧しい人びと」、つまり、定着的なビルマ人貧困層の被害は、彼らが従来の居住地から追放される過程の加速化として描かれている。ビルマ人貧困層をこのような苦境に追い込んだ張本人が、「値上げをしようと努めている」開発トラストなのであった。ビルマ人下層住民の救済者として期待された開発トラストは、強大な抑圧者としてその姿を現わした。

開発トラストの影響による地代や家賃の高騰は、他の日の社説でも繰り返し批判された。一九二二年一〇月一二日の社説は、「ラングーン開発トラスト」と題して、再びこの問題を論じている。

社説冒頭では、「ラングーンの開発は、財産のある豊かな人たちのためだけになされていて、貧しい人びとは自分たちの住む家すら買えない状況に陥っている」と述べられ、その問題を議論するために、九月二七日から全市集会が開かれたことに言及される。集会は、開発トラストの新規開発地区における地代の高額設定と、富裕層たちによる家賃の高額設定が、貧しい人びとを苦しめているので、州政庁は開発の方法を再考すべきであると決議した。しかし、集会の決議への政庁の回答が満足のいくものではなかったため、それへの批判というかたちでこの論説は展開されていく[71]。

政庁は、議論の対象を、サンヂャウン、リンルン、チュンドー、ネイッバン、マヂーダンなどの郊外の新規開発地区に限定したうえで、それらの地区での地代が、近隣地区で地主が徴収する地代の三分の二程度にすぎず、低額であることを強調した。これに対して『トゥーリヤ』はつぎのように反論する。

このような徴収はまったく理にかなっていない。地主の徴収は土地と家の両方についてだが、政庁の徴収する地税はただ土地についてのみである。貧民たちは土地を手に入れても、自分たちの住む家を建てるのは大変難しい。貧民たちの最大の関心事は土地ではない。生活をする家こそがそれである。だから、政庁が自分たちの徴収する地税と、地主の徴収する地代を比べて示すことは、まったく理にかなっていない。そのように比較して説明することは無駄なことでしかない。[72]

開発トラストが土地を提供したとしても、「貧しい人たち」には自ら家を建てる資力がなかったのである。したがって、住民たちの目には、トラストの都市開発は、「ラングーン市内には裕福な人たちだけを住まわせて、貧しい人たちは市外の地区へ行って暮らさねばならないように計画を実行している」と映った。[73]

開発トラストの値上げに対する批判は、一九二二年一一月一〇日の社説「家主と家賃法」にもみられる。この日の社説の主題は、開発トラストではなく、家賃法延長の是非であった。一九二〇年家賃法は、家賃統制の期間を三年間に限っていた。この記事によれば、九月二七日にラングーン市借家人協会が、家賃法をさらに三年間延長するように求める決議をしていたが、他方で、ラングーン市の家主たちは一一月八日から高等裁判所法廷弁護士のＮ・Ｍ・カーワージーを議長として会議を開き、家賃法延長に反対する決議をした。記事では、この家主たちの決議が批判されていく。[74]『トゥーリヤ』の批判はおもに、ラングーンに暮らす借家人たちの苦しい生活の実情を無視して家賃法の廃止を提案するカーワージー議長に向けられた。しかし唯一、「家賃法により、家主たちは家賃をあげることができないが、ラングーン市開発トラストは、地税などを減額することなしに、自分たちが欲するままに振舞っている」という点では、開発トラストが批判の対象になる。[75]開発トラストの管轄する官有地が家賃法の適用外におかれ、市場原理にしたがった地代設定がなされていたことが、恣意的な家賃の値上げと解釈されたのである。いまや、住民たちにとって開発トラストは悪質な地主にほかならなかった。

また、このような貧しい借家人の立場からなされた家主や地主に対する批判では、階級的な差異に人種的な差異が重ね合わせられていた。この社説の後半部には、つぎのように記されている。

財産のある裕福なイギリス人、インド人、華人などの地主家主の金持ちたちは、上記の地主会議へ出席したが、ビルマ人の家主は一人として出席しなかったので、私たちは大変うれしく心強く感じている。ビルマ人の家主たちには貧民たちを思いやる正法の理(tayâ)があることは明白である。[76]

ビルマ人の家主たちを仏教的正義である「正法の理」の名のもとに貧しい人びとの味方へひき入れることで、「貧しいビルマ人」対「裕福なイギリス人、インド人、華人」という人種と階級が組み合わさった対立の図式が導かれている。

以上のように、開発トラストの発足後、『トゥーリヤ』は州政庁と開発トラストの都市政策に対する批判を繰り広げた。その批判からは、一九二〇年代初頭において強力に推進された都市開発の実態をうかがい知ることができる。開発トラストの土地政策は、市内の地域別にそれぞれつぎのように展開された。第一に、ランマドーなどの核心部に隣接した官有地では、商業的地代の設定を通じて、貧困住民の郊外への流出が促進された。第二に、従来、まったく行政の手がはいっておらず、無軌道な人口増加がスラムとみなされる状況を生み出していたオボ一帯では、より直接的な手段によってクリアランスが遂行された。第三に、開発トラストは都市中心部付近から住む場所を追われて流出した人びとに対する補償として、ノース・チーミンダインの鉄道線の東側に新規の住宅用地を開発した。政庁による初期の地代設定額は低く抑えられていたものの、自力で住居を建設する資力のない庶民には手が届かなかったし、そもそも住宅用地の供給量も不十分であった。結局、新規開発地区における長期借地契約は富裕層によって独占され、最終的に庶民に貸し出されるときの家賃は高額になっていた。『トゥーリヤ』のビルマ人ナショナリストたちの目に、こうした都市政策は、植民地権力と外来人種の富裕層とが結託して、ビルマ人下層民を抑圧してその居住地から放逐し、ラングーンの土地の独占をはかるものと映ったのである。

流民化から暴力の発現へ

一九二〇年代前半の開発トラストによる都市開発の強力な推進によって、都市中心部から多くのビルマ人下層民が流出した。郊外の新規開発の住宅地に移住することができなかった人びとは、その周辺の未整備の土地へと移り住まざるをえなかった。このことが一九二六年のラングーン公衆衛生委員会で問題視されることになった。委員会の議長を務めていた開発トラスト総裁J・E・ホールデーは、委員会メンバーから、「ラングーン開発トラストの最近の開発地区には、衛生的設備を悲惨なほどに欠いているところがあり、実際のところそれらは不衛生なバスティ(basti)となっている」と批判を受けた。[77]バスティとは、ヒンディー語起源の語彙で、ここではほとんどスラムと同義で用いられている。[78]つまり、開発トラストの活動は新たなスラムを生み出していると非難されたのである。

これに対し、ホールデーは自己弁護をはかって、委員会に短い覚書を提出した。まず、ホールデーは、批判の対象になっている地域が、タイガー・アレー、マルワゴン、サンヂャウン、チュンドー、リンルン、アーロン低湿地であると想定する。そして、「多くの場合、ラングーン開発トラストがバスティを生み出したのではない。バスティはすでにそこにあったのであり、ラングーン開発トラストはそれを浄化しているのである」と責任の回避を試みる。[79]

タイガー・アレーからミニゴンにかけての地帯や、マルワゴン、アーロン低湿地といった地域は、一九一〇年代の半ばにはすでにスラムと認識されており、ホールデーの釈明にも一定の理はある(表5-2)。また、新規開発地のサンヂャウン、チュンドー、リンルンは、ミニゴンに近接していたから、その周縁にもスラム的状況が広がったのであろう。ホールデーは、これらの地域の現状について、「たしかに恒久的な排水設備や給水管は整っていない。しかし、きちんと勾配がつけられ、適切なレイアウトで道路が敷設されている」と述べ、これらの土地の状況が、開発トラストの活動を通じて改善されつつあることを強調した。[80]

またホールデーは、未完成の状態で人びとに居住を許していることについては批判を甘んじて受け入れると述べながら、これらの集落を構成している人口の相当な部分が、トラストがかつて整理した、より悪質なスラムから流出した人びとであるという事実に注意を向けようとする。その具体例として、かつては「疫病の巣であり、ラングーンにおける文明の汚点」であったオボ・チンビェ地区が取り上げられる。ホールデーは、開発トラストはオボの住民を一掃して埋立を遂行するのに数十万ルピーを費やしたが、その際に、立ち退かせた住民を移り住まわせたのが、現在バスティのひとつとして問題視されているマルワゴンであったと説明する。マルワゴンが選ばれたのは、まがりにもなりにも道路が通っており、直立型の給水管があったからであった。こうしたことを踏まえたうえでホールデーは、「彼ら〔マルワゴンの住民たち〕は、巨大な肥溜め以外の何物でもなかったオボ・チンビェに暮らすより、こうした開発トラストのバスティに暮らすほうがましではないのか」と、従来の開発トラストの方針を擁護した。[81]

以上のホールデーの説明は、彼の自己弁護の意図に反して、郊外でスラム的状況が深刻化していたことを明らかにする。これらの郊外スラムは、市の中央部から郊外へ向けた人口流出の圧力と、デルタ後背地からラングーン市への人口流入の圧力の双方に曝され、未整備の土地のうえに大量の人口を受け入れていった。開発トラストもまたそうした状況をやむをえないものとして黙認せざるをえなかった。また、このようにしてスラムへたどりついた人たちは、やはり土地に対するごく薄弱な権利しか認められなかったと推察される。先送りにされていたこれらの土地の改良がひとたび開始されたら、彼らはまた居住地から根こそぎ引き抜かれて、さらに条件の悪い土地へと移出させられるに違いなかった。

インド人労働者の権益を擁護する政治家ナラヤナ・ラオは、一九三〇年にこうした状況をつぎのように表現している。トラスト当局は、部分的に整備された土地を、貧しい人たちが極めて安価な額で占有することを許していると主張する。たしかにそうだろう。しかし、それに加えて、短期借地契約、認可、許可〔という言葉〕は、われわれの心に数年前のランマドーなどからの貧しい住民たちの悲劇的流出を思い起こさせるのである。[82]

一九二〇年代の後半には、このような郊外スラムの深刻化と同時に、一九二六年の家賃法廃止にともなって、都市中心部においても家賃の再高騰が起こり、都市住民の生活は厳しさを増した。そうしたなかで、『トゥーリヤ』は、インド人出稼ぎ労働者こそが不衛生なのであり、市外へ移出させられねばならないという主張や、インド人地主が植民地権力と結託してビルマ人を都市から阻害しているといった批判を繰り返していた。[83]

本書の冒頭でふれた一九三〇年五月末の大規模な人種暴動は、このような都市の居住をめぐる構造的な問題のなかに位置づけて考えるべきであろう。それを象徴するように、暴動の具体的経過には地域性がみてとれる。事後に組織された調査委員会の報告からその経緯を再構成してみよう。[84]

暴動の発端は、港湾労働者のあいだの小さな諍いであった。従来、ラングーンの港湾労働には、インド東部からのテルグ人移民が独占的に従事していた。ところが、五月九日に賃上げを要求して二〇〇〇人のテルグ人港湾労働者がストライキを開始すると、代替労働力としてほぼ同数のビルマ人労働者が雇い入れられた。ビルマ人労働者のほとんどが荷役作業の未経験者であり、かえって波止場が混乱に陥った。五月二四日、賃上げ交渉が妥結してテルグ人労働者が職場に復帰し、ビルマ人とテルグ人とが同じ場所で働く状況が生まれた。雇用者の船舶会社が事後のビルマ人労働者の扱いを検討していた矢先の五月二六日、早朝五時、あたりが白み始めた頃に波止場へ働きにきたビルマ人とテルグ人とのあいだで諍いが発生し、それが瞬く間に大規模な暴動へと発展した。

暴動は最初、都市中心部でインド人労働者たちによるビルマ人労働者への襲撃として始まった。暴動調査委員会の報告に、「出来事の最初の段階では、ビルマ人は数のうえで絶望的に劣っており、身の安全を求めて散り散りに逃げ去らねばならなかった」とあるように、波止場に近い都市中心部では、インド人労働者が圧倒的多数派を形成していたのである。この時点で警察が動き始め、襲撃の脅威に曝されていたビルマ人労働者の護送がおこなわれることになった。ビルマ人の多くが町の中心にあるスーレー・パゴダの境内へと逃げ込んでいた。そこで、「そこに集まっているビルマ人たちを、彼らの家へと送り返す処置がとられた。バスが徴発され、彼らはいくつかの組に分けられて、タームウェ、チーミンダイン、パズンダウンや、その他のラングーンの周縁の土地へと送られた」。しかし、そうして送還された者たちが誇張を含めて出来事を吹聴し、ビルマ人女性がテルグ人に虐待されたとか、ボータタウン・パゴダが襲われたなど、真偽の定かでない噂が広まった。その結果、噂を耳にして憤ったビルマ人群衆が、郊外から大挙して都市の中心部へと押し寄せ、大規模な殺戮にいたったのである。[85]

このような郊外のビルマ人が暴動を大規模化させたという経緯を、本章で検討してきたことと照らし合わせてみると、都市住民の居住をめぐる問題が、暴動発生の構造的要因をなしていたように思われてくる。現住地から追い立てられる不安が大きくなっていくなかで、都市のビルマ人住民たちの不満は、彼らの目には植民地権力と結託してビルマ人を圧迫しているように映るインド人労働者やインド人地主に対する怒りとして鬱積していったのではなかろうか。港湾労働の現場での諍いは、暴動のきっかけをつくったにすぎなかった。郊外にいた大勢のビルマ人住民たちをも巻き込んで、暴動が大規模化したことの背景には、一九二〇年代を通じて深められた構造的矛盾が彼らの生活を脅かしていたという事実があったのであろう。

一九世紀の後半以後、急速な人口の増加をみたラングーンでは、都市核心部の労働者集合住宅の過密問題のみならず、その縁辺でも別様の問題が現出した。都市周縁の低湿地には、家族で暮らすビルマ人の高床式木造住居が密に立ち並び、また人口圧力が高まるにつれて、一軒の家に何世帯もが同居するという過密状況が生まれた。植民地権力による近代的都市空間拡張のプロジェクトは、このような低湿地上の過密集落を、レンガ造りの労働者集合住宅の立ち並ぶ街路へと改変しようとするものであった。ラングーンの商工業を支える基幹労働力であるインド人出稼ぎ労働者たちを収容する能力を高めることが、プロジェクトの重要な目的のひとつであったと考えられる。

近代的都市空間の拡張を推進するための強力な機関として、一九二一年にラングーン開発トラストが設立された。開発トラストは従来の都市政策を抜本的に転換し、官有地における商業的地代の設定やスラム・クリアランスといった手段によって、改善対象とする土地の占有者を立ち退かせ、埋立やインフラの整備を精力的に推し進めた。結果として、都市中心部付近の木造家屋が集中していた地域の景観は一変し、ビルマ人下層民の郊外への流出が促進された。郊外では、トラストが用意した新しい住宅用地の周縁部にスラムが広がり、トラストの事業規模縮小にともなって、事態は深刻化した。

ビルマ人の都市住民たちは、一九二〇年代を通じて、こうした状況に対する不満を鬱積させていった。ビルマ人が居住地を追われる一方、それらの土地をしばしばインド人地主が抑えて、インド人出稼ぎ労働者を収容するための集合住宅が建てられるという傾向は、ビルマ・ナショナリズムが高揚するなかで、都市住民の不満の矛先をインド人へと向けることになった。一九三〇年の大規模な人種暴動はその帰結であったと考えられる。

ビルマ州政庁は、伝染病や犯罪者のビルマ州への流入を阻止するために、ビルマ州の領域に基づいた外来者統治制度を構築した。それらの制度はビルマ州の住民の福祉向上に貢献するという面も兼ね備えていた。しかし他方で、ビルマ州政庁の政策の根幹には移民受け入れによる労働力の確保という至上命題がつねに存在していた。労働者集合住宅の増設とそのための宅地開発が最重要視された都市政策は、植民地の経済的要請が住民の福祉を置き去りにして前面に押し出た政策分野であったといえるだろう。政治的に解消される見込みの薄いビルマ人住民の不満は、鬱積され、より弱い立場の出稼ぎ労働者たちにはけ口を見出して暴発したのではなかろうか。

終章　居座る境界

本書では、植民地期ラングーンにおけるビルマ州政庁の移民統制策を検討してきた。そこで明らかになったのは、管轄区域の内と外を区別し、内側に統治を確立しようとする地方的な植民地権力の制度構築と日々の行政実践を通じて、地図上に引かれた線にすぎなかった行政区画の境界が、徐々に実体化する様である。かつて、東アジア、南アジア、東南アジアのフロンティアに位置していたこの地域は、英領インドへの組み込みを経由して、固い国境線を有する国家へと変貌してゆく。この終章では、ここまでの議論を要約してラングーンに生まれた境界の性質について考察し、独立をへて現在にいたるビルマの近現代史を理解するうえで、本書が示唆するところを述べたい。

移民都市と境界形成

第一章では、人口と都市内諸地区の地域性に注意しながら、植民地期ラングーン都市社会の特徴を叙述した。一九世紀後半の米産業の勃興は、ラングーンにインド亜大陸から大量の労働者を引き寄せた。ラングーンはインド人労働者の流動性と遍在性に強く規定される移民の町として発展した。都市の比較的上層においては、多様な要素からなるコスモポリタンな雰囲気が醸成される一方、下層においては、圧倒的多数のインド人男性の単身労働者とビルマ人家族を核とする定着居住民というふたつのタイプが存在した。都市社会は、人種と職種、階層によって分節される複合社会を形成したが、分節のあいだに介在し統合の核となりうるようなメスティーソ社会は一九三〇年にいたっても未成熟であった。[1]

空間的にみれば、都市の核心部には、近代的土木事業によって整備された土地のうえにレンガ造りの強固な建築が立ち並び、官庁、商店、事務所が軒を連ねる華やかな目抜き通りと過密な労働者集合住宅の裏路地とが対照を際立たせながら隣接していた。他方で、都市核心部の縁辺では、未整備の低湿地のうえに、下層定着居住民の木造家屋がひしめき合っていた。第五章で論じたように、こうした空間的配置は二〇世紀に入ってから、都市の中心から周辺へと近代的な都市空間が拡張されるにつれて変化してゆく。しかし、それに先行して、都市核心部の集合住宅の収容能力を超えた膨大な移民労働者の群れが、核心部縁辺の社会へと拡散浸透してゆく過程が存在した。

第二章から第四章では、一九世紀末から一九二〇年代までのビルマ州政庁による移民管理制度の構築過程を明らかにした。ビルマ州政庁は、帝国の経済発展と管轄区域の統治というふたつの要請のあいだに立ち、移民管理制度を構築した。それは、移民の量に対する制限は極力設けずに安価な労働力を確保しながら、労働力の受け入れにともなう疫病や犯罪といった危険性を減退させる試みであったといえる。

第二章と第三章では、外来犯罪者に対する追放政策の展開を論じた。犯罪の予防が植民地権力の重要課題となるなかで、人口が著しく流動的で監視の難しい都市においては、追放という手段が重視されるようになった。具体的には、一九〇九年に海峡植民地をモデルとして、華人の暴動扇動者を対象に導入された追放政策が、一九二〇年代にふたつの意味でその射程を広げてゆく。第一に、追放の条件となる犯罪の範囲が拡張され、追放者数が大幅に増加した。一九一〇年代に比べて、二〇年代の追放者数は四〇倍以上にもなった。このことは追放措置が、微罪人を含む都市下層大衆を統治する手段へと変質していったことを示唆している。

第二に、イギリス臣民籍をもたない外国人に限定されていた追放の対象が、イギリス臣民へと拡大されていった。とくに、一九二六年の法律によって、「非ビルマ人」という範疇が設けられたことが重要であった。これは、主としてインド人犯罪者をビルマ州から排除するためにとられた措置であり、英領インドのイギリス臣民をビルマ州に帰属する者としない者とに区別することになった。つまり、地方行政体にすぎないビルマ州への帰属性の有無が、追放という強権的措置にかかわる法的身分の差として、意味を持ち始めたのである。ただし、実際に誰が追放の対象者になりうるかに関しては、行政による解釈の余地が残された。

第四章では、ラングーン港における強制種痘制度の導入の過程を論じた。インド人労働者の流動性を勘案すれば、ラングーンひいてはビルマ州を疫病から守るためには、水際での検疫が必須であった。そのための施策として、ビルマ州政庁は海港強制種痘政策を推し進めた。一九一八年には、入港した労働者に対する網羅的身体検査が制度化され、さらに、二八年には、誰にでも種痘を強制できる裁量権が現場の衛生監督官に付与された。これらの政策の正当化のために、ビルマ州政庁は、インド人を人種として不衛生だとする言説を頻繁に用い、ときにそれをビルマ人の相対的健全さと対照させることで強調した。このため、ビルマ州の領域の外部からの防衛という議論が人種主義的色彩を帯びることになった。

第五章では、一九二〇年代までのビルマ州政庁による都市計画政策を取り上げ、都市社会内部における居住空間の変化を論じた。植民地権力による都市開発の基本路線は、縁辺の低湿地を埋め立てて土地を造成し、労働者を大量に収容できる堅固な建築物の増設を促すというものであった。そこでは、安価な労働力の確保と活用という植民地主義の最優先課題が前面に押し出された。一九二一年に発足したラングーン開発トラストは、都市計画機関として強大な権限を付与され、こうした基本路線にそって、近代的都市空間の拡張を推し進めた。この結果、ビルマ人を主とする下層の定着居住民が、都市の中心から周辺へと疎外されてゆく構造が定着した。こうした一九二〇年代の構造が、都市の中心を占めるインド人の地主や労働者に、ビルマ・ナショナリズムの矛先を向けさせるひとつの素地をなし、三〇年代のラングーンにおける大規模な人種間暴動を準備した。

国家的領域性の醸成

このようにラングーンにおける統治的関心が生み出した境界は、ビルマ州の領域性を高め、インドの地方行政体をインドとは別個の国家のように変貌させるものであった。もちろん、ビルマ州の領域性は、境界管理によってのみ高められたのではなく、支配領域内の面的な支配の進展によってももたらされた。

ビルマ州の平野部全体における植民地統治は、基本的にこのような面的な支配として進展した。これはビルマ州の主要財源が地税であったこととも関連すると思われるが、人と土地とを結びつける思想が統治の根幹にあった。本書との関わりから述べれば、公衆衛生の先駆となった通常の種痘政策も、治安維持の基礎となった村落制度も、一定の区域内の安定的人口を前提として、その把握を通じて病気や犯罪を未然に防ごうとするものであった。

こうしたビルマ州の白地図を塗りつぶしていくように広がる面的な支配の中枢がラングーンであった。にもかかわらず、流動的人口が卓越するラングーンの都市社会では、農村の安定的人口を前提に構築された統治制度は有効に機能しえなかった。そこで、海港検疫や外来犯罪者の追放といったラングーンに特殊な境界管理の技法が、本国や他の植民地の事例を参照しながら練り出されたのである。これらの移民統治制度は、一九一〇年頃から実質的な運用が開始され、一九二〇年代末までにその射程を大幅に広げていった。移民統治の進展は、行政上の空間という点でも、またそれに帰属する人的範疇という点でも、ビルマ州の内外の区別を強化した。そこでは、とくにインドとの関係が重要であった。当時、インドの一地方行政体であったビルマ州において、残りのインドの地が「ビルマの外部」と位置づけられたからである。つまり、この過程でビルマ州はインドとは別個の国家的な領域として観念され、事実、そのように振舞い始めたといえる。

面的支配と境界管理は近代的統治の両輪をなし、相補的に国家的政体としてのビルマ州の領域性を高めていった。しかしながら、面的な支配は平野部に限られ、境界管理もほとんどラングーンの一点に集中していたということには留意しておく必要がある。植民地行政は、ビルマ州を取り囲む山地部において、またその地図上の外縁をなす地続きの国境・州境において、統治を徹底させる実際的な動機も能力も持ち合わせていなかった。むしろ、イギリスの導入した平野部と山地部との分割統治は、フロンティア空間のマンダラ諸政体を平野部から切り離して固化させるものであったといえる。そのような行政的配置に加え、平野部における民族別議員選出制度の導入もあいまって、かつての諸王に代わる主権的存在として想像された諸民族が、それぞれに政治的主張を掲げる状況が現出した。ビルマにおける植民地近代の特殊性は、ひとつには、このようなマンダラ的状況の固定化に見出せよう。[2] 国家的な行政空間としてのビルマ州は、ラングーンに座す植民地地方権力によって措定された理念的な枠組みであり、実態として、領域の一円的支配が貫徹されたわけではない。

ラングーンもまた、国際的ネットワークと後背地の双方に向けて開かれ、それゆえに多様な要素が入り混じっているという意味では別種のフロンティアであったともいえよう。しかし、ラングーンは同時に、植民地行政権力の統治的関心がもっとも集中する場所でもあった。本書が強調したのは、そのように開かれた中心であったラングーンという場所においてこそ、州の内外を区別し、その内側に国家的な領域性を想像させうる境界が、日々の行政的実践を通じて形成されたということである。この過程で重要なのは、第一次世界大戦を機に大きくうねり出した地方分権化や民族自決といった世界の潮流のなかで、地方的な植民地権力であったビルマ州政庁がどのようにしてラングーンに境界を形作っていったかということである。ビルマ州政庁による制度構築と行政実践においては、いくつかの特徴を見出せる。

第一に、資本による利潤追求の優先である。ラングーンの統治の基調は、移民の流入量に制限をかけず、ヨーロッパ系企業の大資本に安価な労働力を提供することにあった。地方分権によってビルマ州政庁に付与された権限は、帝国の経済的要請を満たす限りにおいて行使されえた。ときに地方統治の実務的要請に突き動かされるかたちで、大資本や上位の植民地権力の想定を超えて、ビルマ州政庁の主体性が発揮される場合もあった。しかし、被支配者のための社会福祉の向上は、方便として言及されることはあっても主目的として追求されることはありえなかった。こうした状況は雇用や居住をめぐる都市の社会環境を悪化させ、ビルマ・ナショナリズムの批判対象となるが、一九三七年にビルマがインドから分離されたのちも、社会問題の根本的な解決につながる移民の量的規制はなされなかった。

第二に、人種主義である。支配者たる白人の人種的優越性が誇示されたことはいうまでもないが、それに加えて、衛生問題をめぐるビルマ人とインド人の対照のように、被支配者の諸人種を差異化・階層化する言説もみられた。人種の語は、形質的特徴のみならず、文化や習慣などを共有する人間の種類というような広い意味で用いられた。政策決定過程の議論では、しばしば人種を指標とした紋切り型の言辞を用いて社会問題が描写され、それに対応するかたちで具体的政策が考案された。こうした植民地支配者による言説は、それを引用し、翻訳し、批判するビルマ語のメディアのなかでも、しばしば同じようなかたちをとって表われた。

第三に、行政の自由裁量権の設定である。ビルマ州政庁によって構築された移民統治制度は、法文上の対象範囲を極力広くとりつつ、実際の運用の場面では、誰に対して権限を執行するかの判断が行政官の裁量に委ねられる傾向にあった。これは、個々の事情に応じた行政の柔軟な対応を可能にする一方で、目的遂行のための恣意的な権力行使をも合法化しうる仕組みであった。こうした仕組みのもとで、一見ニュートラルでリベラルな制度に基づいてなされる日々の行政実践のなかに、植民地支配者の人種主義が潜み込む余地が生まれた。

このように植民地主義に規定された移民統治が行政機構によって日常的に実践され、それを都市に生きる人びとが繰り返し経験することを通じて、ビルマの内外を分かつ境界がラングーン社会に刻み込まれていったのではなかろうか。[3]

都市社会からみた国家と国民——今後の展望

本書での考察が、現在のビルマ国家のかかえる問題を考えるうえでなにがしかの貢献をなしうるとすれば、それはビルマ国家の形成過程において、植民地主義の行政実践が国家的な領域性を醸し出したという側面に光を当て、ビルマ・ナショナリズムを相対化する視座を設けたところであろう。その視座からは、考察の対象時期を独立後にまで延長して、植民地主義とナショナリズムとの相互作用のなかで、ビルマの国民国家形成を考えるという新たな研究の展望が開けてくる。植民地主義が都市社会に刻み込んだ境界は、植民地の行政空間がビルマ・ナショナリズムに引き継がれることによって、以後も居座り続けることになるからである。この点について若干の見通しを述べて、本書の締めくくりとしたい。

第五章でみたように、一九二〇年代から三〇年代にかけてのラングーンにおいて、極度に反インド的な機運が高まった。このようなナショナリズムの排他的側面は、ビルマ州に帰属しない外部者を差別化する移民統治の諸政策と親和的であり、さらには量的な移民制限を求める声を高めていった。さらに、経済性を追求する植民地主義がビルマ人貧困層に対する抑圧として現われる場合も、受益者とみなされたインド人に対する反感が増幅された。植民地主義による境界形成のあり方は、ビルマらしさの「固有性」を主張するナショナリズムの想像のあり方とは次元を異にしていた。にもかかわらず、それらの相互作用の結果として、ビルマ・ナショナリズムの反インド的性格が強まったと思われる。

他方で、この時期のビルマ語紙を概観すると、州内のビルマ人以外の土着人種に対する意識は、比較的薄弱であったようにみえる[4]。これはラングーンの人口状況と関係しているかもしれない。ラングーンでは、外国人の存在感が強く、また土着民はほぼすべてビルマ語を母語とする狭義のビルマ人であった。そのために「外来」と「土着」のコントラストが強調される一方、非ビルマ系の土着人種を含む広義のビルマ人と狭義のビルマ人とが明確に区別されないまま、曖昧に使用され続けることになったのではないだろうか。はたして植民地期から独立後にかけてのビルマ人の自他認識とはいかなるものであったのか、人種(民族)意識と国家意識との関わりから思想史的検討がなされねばならない[5]。その重要な鍵となりうるのが、おそらく植民地期都市社会の言論のなかから生まれてきた「土着人種《タインインダー・ルーミョウ》」(tâin-yîn-thâ lumyôu, National race)という概念である。

土着人種の概念は、独立後のビルマ国家を規定する基本的な枠組みをなし、当地に住む人びとに多大な影響をおよぼし続けている[6]。そもそも独立ビルマ国家はその領域に土着であるとされる主要な諸人種による連邦国家として成立した。またその憲法や市民権法では、つねに、土着人種のいずれかに属していることが国民としての成員資格を得るためのもっとも根本的な条件であるとされた。現在のところ、この土着人種は、多数派のビルマ人を含めて一三五の人種(民族)から構成されるというのが公式の見解である。インドや中国、あるいはヨーロッパなどビルマの外側に起源をもつと考えられる人びとは、原則として、この一三五の土着人種のリストには含まれない外来人種、すなわち外国人《ナインガンヂャーダー》(nainn-gan-hkyâ-dhâ)の範疇に属するものとみなされる。彼らは、無条件で生得的に国民成員資格を付与される土着人種の人びととは一線を画した存在である。外来人種の人びとを選択的・段階的にビルマ国民国家へと包摂していく法的な仕組みもつくられてはきたものの、依然、外来人種とみなされる人びとはこの国で生活していくうえでさまざまな不利をこうむっている[7]。

他方で、土着人種の連帯に基づく連邦制という理念は、うわべだけのものにとどまった。実態としては、ビルマ民族中心の中央政府が強大な権力を握り、その他の土着人種は、十分な自治権を認められないまま、国内の少数民族という従属的な位置づけを与えられた。独立直後から、政治的権力の分譲を要求して、あるいは連邦からの脱退と独立をめざして、反政府武装活動を展開する少数民族勢力が陸続と現われた。これが一九六〇年代初頭の国軍による政権掌握の一因となり、半世紀以上にわたって内戦が続くことになった。この内戦において、反政府武装勢力は国境地域に拠り、しばしば隣国からの支援を得て国軍に抗戦した。中央政府と国軍は反政府組織を「連邦国家の統合を破壊する者たち」として非難するプロパガンダを展開し、その排外主義的な態度を強めた。[8]

モデル的な国民国家では、ある民族とある領域とが一体視され、そこに共有されるべき歴史が付与されることで共同体としての国民が想像されることになる。しかし、ビルマでは、諸民族のあいだにそうした共同体としての国民意識が十分に涵養されることはなかった。歴史を共有する共同体として想像されるのは各々の民族であり、諸民族間の国民としての共同性は、それぞれの民族の国家領域への土着性という比較的薄弱な要因によってのみ担保されることになった。[9]ビルマでは、一つの国家や一つの政府を奉じることについての国民的な合意が十分に形成されないままに、政府が国家的領域の維持に固執してきたのである。

一九九〇年代以降、中央政府が少数民族武装勢力に対する軍事的優勢を確立させたことで、ビルマの国民国家建設は新たな局面を迎えた。政府は、国語としてのビルマ語の普及にくわえ、ビルマ民族の伝統とみなされるものを国民文化として称揚するなど、国民のビルマ民族化政策を積極的に展開し、均質的な国民の創生に注力し始めた。[10]それと同時に、武装組織との停戦も推し進めてきた。二〇〇八年の新憲法制定と、同憲法に基づく二回の総選挙をへて、長く続いた軍政は終焉し、二〇一六年には約半世紀ぶりの文民政権が誕生した。新政権は国内和平の達成を大きな目標のひとつとして掲げており、名目的な連邦制の見直しをも視野に含めつつ、各少数民族組織と和平交渉をおこなっている。文化的にビルマ民族化した均質な国民の創出と、民族の多様性に配慮した連邦制国家への改組とのあいだで、今後、ビルマ国家の進むべき方向が模索されていくであろう。いずれにせよ、独立以来、維持されるべきものとして掲げられてきた理念的な国家枠組みに、ようやくその内実が与えられ始めたといえる。

しかし、均質な国民の形成であれ、土着人種の連帯であれ、その前提にはやはり土着人種と外来人種との区別が厳然として存在し続けている。このことは西部のバングラデシュ国境付近のイスラーム教徒であるロヒンギャの問題に象徴的に表われている。ロヒンギャは、ベンガル語に近い言語を話す人びとで、自分たちはビルマの土着人種であると主張している。ビルマ政府は、国民を構成する土着人種の連帯を強調する一方で、ロヒンギャを土着人種＝国民とは認めずに「ベンガル人」と呼び、バングラデシュからの「不法移民」の集団であるとみなして、一貫して抑圧的な措置をとってきた。ロヒンギャの問題とその他の土着少数民族問題との対照は、ビルマ国家による土着人種と外来人種の区別が、南アジア系の人びとに対する人種差別やイスラーム教に対する宗教差別を含み込み、ビルマ社会に深く根を張ってしまっていることを示唆している。

ビルマ政府は一九四八年の独立以来、土着人種を緩やかに包摂し、外来人種を厳しく排除することにより、国民統合をはかってきたようにみえる。植民地期ラングーン社会に胚胎された境界は、なぜこれほど粘り強く居座り続けるのであろうか。差し当たり、植民地期を通じた植民地主義とナショナリズムの相互作用によって、「領域に基づく国家」の像と「人種・民族に基づく国民」の像がずれを含み込みながら重なり合い、土着人種と外来人種を区別する独立ビルマの国家枠組みを形作ったと考えておきたい。しかし、脱植民地化の過程で、都市の境界はいかにビルマ国家による包摂と排除の論理へと展開したのか。植民地行政の作り出した諸制度は、ナショナリズムに領導される新国家にいかに継受されたのか、あるいはされなかったのか。新国家の諸制度・諸政策が社会にもたらした影響はどのようなものであったのか。検討すべき課題は多い。

あとがき

「なぜ、ビルマ（ミャンマー）のことを研究しているのですか」と、よく聞かれる。たいてい私は、「ご縁があったんでしょうね」と応える。あとづけの理由をあれこれ述べることもできるかもしれない。東南アジアの仏教国に興味があったからとか、研究蓄積が少なく、テーマ設定の自由度が高そうだったからとか、英語の資料を使って卒業論文を書くことができたからとか、初訪問のときに衝撃を受けたからとか。しかし、どれもが決定的な要素ではない。二〇代のはじめに小さな選択を繰り返した結果として、いつのまにかどっぷりとビルマ史研究に浸かっていた。「ご縁」という言葉には、そうした動機の曖昧さをごまかせる便利さがある。

発端の動機はともかくとして、すでに私の人生はビルマと分かちがたく結びついている。卒業論文に取り組んでから、一四年が過ぎた。このあいだに、とくに最近の約五年間で、私の境涯もビルマの状況も随分と様変わりした。ビルマでは、長く続いた軍政が終わり、半世紀ぶりの自由で公正な選挙による政権交代が実現した。近年のビルマの急速な変化のおかげで、不安定なポスドク生活を送っていた私が食い扶持を得ることができた、といっても誇張のしすぎにはならないだろう。いまの職務はビルマの現状分析であり、これまで専門的に勉強してきたこととは少し距離がある。しかし、今後もこの「ご縁」を大切に思い、歴史研究をどのように現状分析と結びつけられるか、研究や分析を実践の現場とどのようにつなげられるか、といったことを考え続けながら、日々、精進してゆきたい。

本書は、二〇一三年一月に東京大学大学院人文社会系研究科に提出した博士論文「インド人移民の都市からビルマの首都へ——植民地港湾都市ラングーンにおけるビルマ国家枠組みの生成」がもとになっている。いくつかの箇所については、すでに個別の論文として発表してきた。発表順に並べると以下のようになる。

①'An Embryonic Border: Racial Discourses and Compulsory Vaccination for Indian Immigrants at Ports in Colonial Burma, 1870-1937,' *Moussons: Recherche en sciences humaines sur l'Asie du Sud-Est* 17, 2011.

②「植民地期ビルマ・ラングーンにおける華人統治——追放政策の展開を中心に」『華僑華人研究』一一、二〇一四年。

③'Discovery of "Outsiders": The Expulsion of Undesirable Chinese and Urban Governance of Colonial Rangoon, Burma, c.1900-1920,' *The Journal of Sophia Asian Studies* 32, 2014.

④'Housing the Rangoon Poor: Indians, Burmese, and Town Planning in Colonial Burma,' IDE Discussion Paper 561, 2016.

ここにいたるまでには、多くの方々から、ご教示やご支援をいただいた。お名前を挙げ尽くすわけにはいかないが、すべての方に感謝申し上げたい。もちろん、本書の記述に間違いや不足があれば、その責任はすべて私にある。

長く学籍をおいた、東京大学の東洋史学研究室(正確には、文学部思想文化学科東洋史学専修課程および大学院人文社会系研究科アジア文化研究専攻南アジア・東南アジア歴史社会専門分野)では、ゼミや講義、あるいは研究室での雑談を通じて、諸先生方に歴史学や地域研究の基本を叩き込んでいただいた。

二〇〇一年以来、一〇年以上にわたり、故桜井由躬雄先生のご指導を賜った。文字通り朝から晩まで続く毎週のゼミでは、学問の作法と楽しさを教えていただいた。毎年恒例のアジア農村研究会で、アジア各地を先生と一緒に歩いた経験は私の宝である。そして、何よりも大事なこととして、人と地域に向き合う姿勢を、ときに厳しく、ときに優しく、示してくださった。先生にこの本をお見せしたら、どのようにおっしゃるだろうか。褒めてもらえるとは思わないが、先生に読んでいただくことができないのは、とてもさみしい。

古田元夫先生には、桜井先生が定年退職された二〇〇七年以降、指導教員を引き受けていただいた。学生の自由意志を尊重される古田先生の包容力のお蔭で、私は自分のペースで博士論文の執筆を進めることができたし、壁にぶつかって相談申し上げたときには的確なご指導と温かい励ましをいただくことができた。

博論審査の副査を引き受けていただいた水島司先生は、学部卒業論文、修士論文と私の全ての学位論文を審査してくださった唯一の先生であり、その都度、私がもっとも突いてほしくない論文の欠点を、問題をより鮮明にするようなかたちで指摘してくださった。そうしたご指摘が、いつもつぎなる研究の指針となってきた。

ゼミ、東洋史研究室、アジア農村研究会では、上野美矢子さん、小川道大さん、小川有子さん、神田真紀子さん、工藤裕子さん、國谷徹さん、小金丸美恵さん、小林理修さん、渋谷由紀さん、坪井祐司さん、東條哲郎さん、富永泰代さんから、いくつもの貴重なご意見をいただいた。

ビルマ地域研究という文脈では、伊東利勝先生、岩城高広先生、岡野賢二先生、奥平龍二先生、斎藤照子先生、澤田英夫先生、髙橋昭雄先生、土佐桂子先生、根本敬先生、Daw Yin Yin May 先生、Daw Aye Aye Mu 先生、Ma Hay Mar 先生、飯國有佳子さん、池田一人さん、石川和雅さん、井上さゆりさん、斎藤紋子さん、齋藤瑞枝さん、中井潤子さん、中西嘉宏さん、水野明日香さん、といった諸先生方・諸先輩方・研究仲間に教えていただくところが大きかった。そもそも語学が得意ではなく、修士課程にはいってから遅れてビルマ語の勉強を始めた私は、自分のビルマ語能力や地域理解に劣等感をもっていた。しかし、日本のビルマ研究グループの温かな雰囲気のなか、皆様の親身なご指導により、深遠な地域世界の深みへと徐々にいざなっていただいたことで、そうした劣等感を、ある程度は、ぬぐい去ることができたのではないかと思う。伊東利勝先生、髙橋昭雄先生、根本敬先生には、論文審査の副査をしていただいた。特に伊東先生と根本先生には、ビルマ近代史研究の大先達として、長いあいだ、ご指導を賜っており、既存の歴史観・社会観の批判的検討という課題を意識づけていただいた。

二〇〇七年から二〇一〇年にかけて断続的におこなった、約一年間半のビルマ留学と、合計で半年間ほどになる二度のイギリスでの資料調査は、みずほ国際交流奨学財団の助成金と文部科学省科学研究費によって実現した。ここに記して感謝の意を表したい。

留学先のラングーン（ヤンゴン）では、身を寄せていたヤンゴン外国語大学（YUFL）の諸先生方や同学の諸氏、主たる仕事場であった国立公文書局（NAD）のスタッフの皆様にさまざまな便宜を図っていただいた。小山智史さん・祐貴子さんご夫妻、Romain Caillaud さん、Marion Sabrie さん、Aung Soe Min さん、Myo Oo さん、Daw Nang Kham Wah 先生、Daw Thin Thin Aye 先生は、私といろいろな経験を共有し、あるいは私に知識を授け、留学生活に豊かな彩りを与えてくれた。

イギリスでは、British Library の Asia, Pacific and Africa Collections のスタッフの皆様に多大な便宜を図っていただいた。また、John Okell 先生、Michael Charney 先生・直野温子先生ご夫妻、Daw Tharaphi Than 先生、Bo Bo さん、Lalita Hingkanonta さん、Su Lin Lewis さん、Yi Li さん、Jonathan Saha さんに大変お世話になった。友人の少ないロンドンにおいて良き話し相手となっていただき、学問的な意見交換にとどまらない素敵な会話を楽しむことができた。

博士論文の改稿と出版の過程でも、多くの方にお世話になった。山川歴史モノグラフの匿名査読者の先生方、鬼丸武士さん、中西嘉宏さん、和田理寛さんは、さまざまな段階で草稿に目を通してくださり、内容に関する有益なコメントをくださった。勝康裕さんは、急なお願いであったにもかかわらず、丁寧に草稿を見てくださり、編集者の視点から本づくりの基礎的な注意点を教えてくださった。山川出版社編集部には、原稿の遅れや差し替えなどで迷惑ばかりおかけしたが、その都度、大変丁寧にご対応いただいた。また、現在の勤務先である日本貿易振興機構アジア経済研究所では、素晴らしい上司や同僚に囲まれ、恵まれた研究環境のもとで、本書をつくるために多くの時間を割くことができた。本書が博士論文よりも改善されたものになったとすれば、それはこうした方々のご指導とご協力の賜物である。

藏本龍介さんとは、修士課程進学以来、友人として、ビルマ研究の同志として、互いに叱咤激励し切磋琢磨し合う関係を築いてきたと思う。ふたりで同時期に進めていた留学手続きが頓挫しかかったときには、現地へ行けない不安と焦燥を押し殺して、淡々と基礎文献の勉強会を続けた。留学中には同居人となって、毎夜のごとく話をした。歴史学と文化人類学、普遍志向と個別志向、考え方は真逆ともいえるほど異なっていたが、教わったことや影響を受けたことも多い。彼のような友人をもてた幸運に感謝している。

妻の光成歩は、自分も仕事を抱えているにもかかわらず、いつもいろいろな角度から私の仕事を援護してくれている。精神的サポートや家事の分担から、最終段階での校正作業への協力まで、彼女の支えがなければ、本書を完成させることはできなかった。

最後に、何をしているのだかよく分からない息子を、いつも温かく見守り支えてきてくれた両親に、深い感謝の気持ちを込めて本書を捧げたい。

二〇一六年一〇月

長田　紀之

長田　紀之　おさだ　のりゆき
1980年生まれ
2012年，東京大学大学院人文社会系研究科博士課程単位取得退学
2013年　博士(文学)号取得
現在，日本貿易振興機構アジア経済研究所地域研究センター研究員

主要論文・著作

「植民地期ビルマ・ラングーンにおける華人統治――追放政策の展開を中心に」(『華僑華人研究』11，2014年)

『ミャンマー2015年総選挙――アウンサンスーチー新政権はいかに誕生したのか』日本貿易振興機構アジア経済研究所，2016年(中西嘉宏・工藤年博と共著)

"An Embryonic Border: Racial Discourses and Compulsory Vaccination for Indian Immigrants at Ports in Colonial Burma, 1870–1937," *Moussons: Recherche en sciences humaines sur l'Asie du Sud-Est* 17, 2011

山川歴史モノグラフ31　胎動《たいどう》する国境《こっきょう》
英領《えいりょう》ビルマの移民問題《いみんもんだい》と都市統治《としとうち》

2016年11月1日　第1版第1刷印刷　2016年11月10日　第1版第1刷発行

著　者　長田紀之《おさだのりゆき》
発行者　野澤伸平
発行所　株式会社 山川出版社
〒101-0047 東京都千代田区内神田1-13-13
電話　03(3293)8131(営業)　03(3293)8134(編集)
https://www.yamakawa.co.jp/　振替　00120-9-43993
印刷所　株式会社 太平印刷社
製本所　株式会社 ブロケード
装　幀　菊地信義

ISBN978-4-634-67388-5

索　　引

● ア
アダス，マイケル　Michael Adas　13, 14, 135, 136
厦門　63
イギリス臣民(籍)　69, 75, 85-89, 91, 93, 98, 169, 170
移民の規模　29
移民の定着　30, 32, 68, 72
移民の統制　5, 9-12, 14, 90, 105, 168, 171, 173
イラワディ川　7, 16-18, 22
イラワディ・デルタ　10, 17, 22, 26, 30, 42, 52, 54, 73, 136, 164
インド高等文官職　26
インド国民会議　120
インド省　73, 94
インド人移民労働者　34, 155, 156
インド人の言語集団　28, 29
インド政庁(インド中央政庁)　52, 58, 66, 67, 71-73, 83, 98, 107, 110, 114, 138
インド総督　18, 20, 110, 130
印緬分離　21, 25, 173
ウェブ，チャールズ・モーガン　Charles Morgan Webb　72, 147, 148
埋立　21, 136-140, 145, 147, 148, 151, 155
雲南　52, 53, 65, 68-70
英緬戦争　9, 18, 21, 39, 41
英領インドへの組み込み(ビルマ州)　5, 9, 10
疫病法(1897年)　111

● カ
海峡植民地　42, 43, 50-54, 56, 58, 59, 67, 73, 74, 85, 169
街区長　44, 45
海港種痘調査委員会(1917年)　115, 117, 121-124, 126, 128, 130, 133
外国人法(1864年)　58, 62, 64, 67, 84-88, 91, 92
会党　39, 51, 53, 54, 56, 74
械闘　54, 56, 57, 59, 87
核心部　21, 33, 34, 40, 41, 45, 86, 100, 101, 136-140, 142, 166, 169
覚民書報社　69
華人諮詢局　57, 59, 62-65, 67, 70, 72, 73, 85, 92
華人商業会議所　63, 69
華人の人口・言語　52, 72, 73
華人保護署(海峡植民地)　53
華人問題顧問官　52, 56, 71-73
金貸し　26
カルカッタ　10, 43, 63, 85, 95, 146
監獄　79, 80, 92
カンパニャク，チャールズ　Charles Haswell Campagnac　34, 95, 96
甲板客調査委員会(1917年)　121-123
官有地　20, 23, 137-139, 145-147, 150, 151, 153, 167
強制種痘　105, 106, 108-117, 120, 123, 126, 129-131, 133, 170
境界形成　5, 8, 9, 168
牛痘接種　106
行政制度(ビルマ州)　21, 110
クラドック，レジナルド　Reginald Craddock　71
グーンダ法　83, 84
行　54
郊外への流出　139, 144, 153, 159, 160, 164, 167
『光華日報』　65-68
公衆衛生　15, 107, 125, 130, 171
国際的ネットワーク(ラングーン)　49, 70, 78, 98, 172
コスモポリタニズム(コスモポリタン)　13-16, 28, 32, 41
『国家改革文書第1号』　4
コー・バンパン　Ko Ban Pan(高万邦)　69, 70
米　10, 11, 22, 29, 38, 136
コリス，モーリス　Maurice Collis　3
「混血」　14, 26, 30
コンバウン朝　17-19, 21

● サ
在外インド人活動家　66, 121
再種痘　129-132
地主　26, 147, 149, 160-162
資本家　26
自由保有地　146
シュエザンアウン　Shwe Zan Aung　139
シュエダゴン・パゴダ　16, 17, 38
種痘法(1880年)　107-110, 129

種痘改正法　──►ビルマ種痘改正法
娼館　34, 43, 46, 47, 49, 57, 62, 87-89, 93
商業会議所　94, 112, 113, 115
小人口世界　10, 73
植民地主義　15, 135, 173, 174, 177
シンガポール　42, 48, 51, 63
人口(ラングーン)　23, 25, 26, 28, 29, 38, 40, 76, 79, 115, 136, 137
人種主義　14, 15, 103, 104, 124-127, 133, 170, 173
人痘接種　107, 109, 128
スクウォッター　21, 33, 138, 139, 150, 151
スコット，ギャヴィン　Gavin Scott　140, 146
スラム　140, 142, 146, 150, 162-164, 167
スーレー・パゴダ　19, 32-34, 165
センサス　25, 30, 32, 39, 40
村落制度　44, 81, 83, 171

● タ・ナ

タイ(シャム)　9, 49
タキン党　──►我らビルマ人協会
脱植民地化　9, 177
タヨウッタン(華人街)　38, 39, 86, 137, 144
タン・スンチャイ　Tan Sun Chye(陳順在？)　58, 63
治安維持　15, 42, 44, 45, 98
治安判事　3, 112
チェッティヤー　47
チェン・グンアン　Cheng Gun An(荘銀安)　68
チーミンダイン　40, 136, 137, 139, 153, 158, 162
中間層　26, 28, 34, 41, 122, 123, 128, 129, 132, 143, 148, 152, 153
追放　15, 42, 49, 57, 58, 62, 64, 65, 67, 68, 72, 84, 85, 91, 92, 95-98, 169, 170
中国同盟会　65, 67
テオ・エンホック　Teoh Eng Hock(張永福)　69
伝染病(疫病)　90, 100, 101, 104-107, 111, 116, 117, 120, 126, 132, 133, 156, 164, 167, 169
天然痘　106-108, 110-116, 120, 127-133
『トゥーリヤ』　154, 157-162, 165
都市域の拡大　33, 38, 76, 77, 136, 169
都市計画　15, 135, 146, 148, 171
都市設計　18-20
トー・セインコー　Taw Sein Ko(杜成誥)　52, 67, 71
賭場(賭博)　43, 50, 57, 62, 87
ネザーソール，F. R.　F. R. Nethersole　70

● ハ

売春婦　46, 86-89, 91
バトラー，ハーコート　Harcourt Butler　80, 94, 150
バペー　Ba Pe　154
反インド人暴動(1930年)　3-5, 13, 14, 135, 136, 165, 167, 170
バンコク　48, 49
犯罪者追放法(1926年)　75, 93, 94, 97-99, 135
犯罪捜査局　67, 70
反種痘運動　109, 127
ピーコック，ウォルター　Walter Peacock　53, 54, 56-59, 71
ビルマ種痘改正法(1900年)　112, 113, 130
ビルマ種痘改正法(1909年)　113-117, 128, 129
ビルマ種痘改正(改正)法(1928年)　131, 132
ビルマ常習犯移動制限法(1919年)　81-85
ビルマ人都市住民　14, 30, 39, 41, 166-168
ビルマ都市計画委員会　140, 145, 147
ビルマ・ナショナリズム　4, 11, 14, 75, 167, 170, 173, 174
ビルマ来航者課税法案　93
ファーニヴァル，J. S.　J. S. Furnivall　12-14, 71
フェーヤー，アーサー　Col. Arthur Purves Phayre　18-20, 32
複合社会　12-14, 16, 22, 26, 41, 54, 76, 135, 168
フロンティア　6, 7, 168, 172
ペスト　106, 110, 111, 113, 116
ペナン　46-49, 53, 54, 68
ベンガル州　22, 79, 84, 85, 97
ベンガル湾　3, 7, 10, 16, 100, 132
防犯　42, 43, 45, 80-84, 92, 97, 98, 169
ホワイト，ハーバート・サーケル　Herbert Thirkell White　51, 66
本居　84, 95, 96
ボンベイ　10, 43, 44, 77, 110, 111, 126, 146

● マ・ヤ

マドラス　10, 43, 115, 117, 126
マドラス管区　22, 112, 125

マンダラ(国家，諸政体)　7, 9, 172
南シナ海　7, 10, 73
メィアウン　May Oung　93, 97
メヘター，P. J.　Pranjivandas Jagjivandas Mehta　121-128
物乞い　86, 89-91, 105
家賃，地代　148-151, 153-155, 158-162, 167

● ラ・ワ

ライス，W. F.　W. F. Rice　66, 67
ラングーン衛生委員会(1867年)　33, 39
ラングーン開発トラスト　135, 143, 147-151, 153-155, 157-164, 166, 170
ラングーン港衛生監督官(海港衛生監督官)　114, 116, 117, 122, 123
ラングーン郊外開発委員会　142-147
ラングーン公衆衛生委員会(1926年)　151, 153, 159
ラングーン市警　42-44, 50, 53, 58, 59, 62-64, 69, 72, 77, 78, 81, 83-87, 91, 92, 98
ラングーン市政委員会　90, 101, 111, 137, 138, 145, 147, 155, 156
ラングーン社会奉仕連盟　121, 151
ラングーン家賃法(1920年)　149, 151, 153, 161, 164
ランマドー　38-40, 45, 136-140, 150, 151, 153, 155, 162, 164
蘭領東インド　9, 47, 49
リーチ，エドマンド　Edmund Leach　6
立法参事会　75, 90, 93-95, 130, 135, 147, 149, 154, 155
リム・チンツォン　Lim Chin Tsong(林振宗)　57
領域性　8, 9, 11, 171, 172
歴史圏　6, 7, 9, 16
労働者集合住宅　15, 34, 38, 41, 78, 100-106, 125, 132, 136, 137, 142, 144, 149, 150, 152, 153, 166, 167, 169
ロヒンギャ　176, 177
我らビルマ人協会(タキン党)　4

資料・参考文献

資　料

1　文書館未公刊資料

Asia, Pacific and Africa Collections, British Library, London, UK.

（旧 Oriental and India Office Collection）

Government of Burma Home Proceedings

IOR/P/5340

File No. 1Z-3 (1898) "Compulsory Vaccination of coolie emigrants to Burma"

IOR/P/5560

File No. 1Z-4 (1899) "Compulsory Vaccination of coolie emigrants to Burma. Proposed amendement of the Vaccination Act, 1880."

IOR/P/5801

File No. 5S-5 (1900) "Strength and distribution of the police force. Local jurisdiction of police-stations and outposts, Rangoon Town district"

IOR/P/6739

File No. 10C-52 (1904) "Riot consequent on the police regarding a gambling Chinese Club in 23rd Street"

Government of Burma Medical Proceedings

IOR/P/7501

File No. 2Z-3, pt. 2 (1906) "Prevalence of Smallpox in Rangoon. Improvements to be carried out in the vaccination establishment and measures to be taken for the supply of lymph."

Government of Burma Police Proceedings

IOR/P/9126

File No. 1M-42, Part 2 (1913) "Measures for the suppression of pimps who profit by the prostitution of foreign women in India"

IOR/P/10158

File No. 10C-46, Part 1 (1917) "Measures to be taken to cope with the great increase of crime in the Tharrawaddy District. Colonel Nethersole's report"

Government of Burma Police (Confidential) Proceedings

IOR/P/7502

File No. 10C-44 (1905) "Chinese Secret Societies"

File No. 10C-52 (1906) "Chinese Secret Societies"

IOR/P/7504

File No. 10C-45 (1907) "Chinese Secret Societies"

IOR/P/7792

File No. 10C-1 (1908) "Chinese Secret Societies"

IOR/P/8070

File No. 10C-1, Pt. 2 (1908) "Chinese Secret Societies"

File No. 10C-37, Pt. 2 (1909) "Chinese Secret Societies. Orders issued to certain Chinese foreigners in Rangoon under section 3 of the Foreigners Act, 1864, to remove themselves from British India. Formation of a Chinese Advisory Board. Proposal to amend the Burma Gambling Act, 1899, so far as it relates to Rangoon Town"

IOR/P/8348

File No. 10C-17, Pt. 1 (1910) "Chinese Secret Societies. Proposal to amend the Burma Gambling Act so far as it relates to the Town of Rangoon"

File No. 1M-32 (1909) "Provisions of the Foreigners Act, 1864, to be applied for the expulsion of Chinese who create disturbances. Procedure to be observed in the case of persons ordered to remove themselves from British India, under the provisions of the Act"

File No. 1M-13 (1910) "Expulsion of four Chinese Foreigners, Kyway Hyi alias Tan Pe Heik, Lee Bon Tee, Kow Bway and Eng Nga, form British India under section 3 of the Foreigners Act, 1864"

File No. 1M-13, Pt. 2 (1910) "Expulsion of four Chinese Foreigners, Kyway Hyi alias Tan Pe Heik, Lee Bon Tee, Kow Bway and Eng Nga, form British India under section 3 of the Foreigners Act, 1864. Return of Kow Bway to Burma and action taken in consequence"

File No. 1M-13, Pt. 3 (1910) "Expulsion from British India of Chinese Foreigners under section 3 of the Foreigners Act, 1894. Case of Tan Tien alias Twa Tow Tian"

File No. 1M-13, Pt. 4 (1910) "Expulsion of certain Chinese Foreigners from British India under section 3 of the Foreigners Act, 1894. (1) Case of Tan Tien alias Twa Tow Tian. (2) Return of Gwa Li alias Go Lai and action taken in consequence"

File No. 1M-13, Pt. 5 (1910) "Expulsion from British India of Chinese Foreigners under section 3 of the Foreigners Act, 1894. Case of Lee Bon Tee"

IOR/P/8628

File No. 1M-28 (1911) "Expulsion from British India of a Chinese foreigner under section 3 of the Foreigners' Act, 1864. Case of Ong Nga Kywe"

File No. 1M-28, Pt. 2 (1911) "Expulsion from British India of Chinese foreigners under section 3 of the Foreigners' Act, 1864. Case of: — (1) Ong Nga Kywe, (2) Tan Phaow, (3) Eu Paw and (4) Tan Lan Mah"

File No. 1M-28, Pt. 3 (1911) "Expulsion from British India of Chinese foreigners under section 3 of the Foreigners' Act, 1864"

IOR/P/8881

File No. 10C-55 (1912) "Appointment of members to serve on the Chinese Advisory Board"

File No. 1M-15 (1912) "Expulsion of two Chinese Foreigners--Tan Wee Hong and Lim Taw alias Ah Yu--from British India under section 3 of the Foreigners Act, 1864."

File No. 1M-20 (1912) "Return of Eng Nga, a Chinese foreigner, to Burma, and action taken under the Foreigners Act, 1864"

IOR/P/9126

File No. 1M-28 (1913) "Expulsion of Chinese foreigners under section 3 of the Foreigners Act, 1864. Case of Kyway Hyi alias Tan Pe Heik. Order of expulsion cancelled"

File No. 1M-33 (1913) "Expulsion of two Chinese Foreigners, Cheng Boon Byan and Lim Keen, alias Keen Nah, from British India under section 3 of the Foreigners Act, 1864"

File No. 1M-45 (1913) "Expulsion of Chinese foreigners under the Foreigners Act, 1864. Return of Lee Bon Tee to Burma, and action taken in consequence"

IOR/P/9402

File No. 1M-47 (1913) "Expulsion of a Chinese foreigner, Wee Nga Sang, from British India under section 3 of the Foreigners Act, 1864"

File No. 1M-10 (1914) "Expulsion of a Chinese foreigner, Wee Nga Sang, from British India under section 3 of the Foreigners Act, 1864"

File No. 1M-20 (1914) "Appointment of members to serve on the Chinese Advisory Board"

File No. 1M-26 (1914) "Expulsion of Chinese foreigners under section 3 of the Foreigners Act, 1864. Case of Lee Bon Tee. Order of expulsion cancelled"

IOR/P/CONF/3

File No. 1M-4 (1915) "Expulsion of a Chinese Foreigner Tan Hwat, son of Su Wa, from British India under section 3 of the Foreigners Act, 1864."

File No. 1M-32 (1915) "Expulsion of a Chinese Foreigner, Wong Chew alias Ah Ch, from British India under section 3 of the Foreigners Act, 1864"

IOR/P/CONF/15

File No. 1M-10 (1916) "Expulsion of Chinese foreigners (1) Tan Ba alias Tan Ah Ba, (2) Loo Ah Leng alias Loo Wa Lim, (3) Kyauk Ye Gyan alias Cheow Gai Hein alias Kee Ya Gyant alias Kyow Gay Gyant; and (4) Lim Ah Hone alias Lim Ah Wyan alias Hone Ah, from British India under section 3 of the Foreigners Act, 1864"

File No. 1M-10, Pt. 2 (1916) "Expulsion of Chinese Foreigners under the Foreigners Act, 1864. Return of Tan Ba alias Tan Ah Ba to Burma and action taken in consequence"

File No. 1M-10, Pt. 4 (1916) "Expulsion of Chinese Foreigners — (1) Lim Chwee Hlwah; and (2) Lim Heng, alias Sal La Hen, alias Lim Ah Eng, alias Eng Oh, from British India under section 3 of the Foreigners Act, 1864. Cancellation of the order expelling Lim Heng, alias Sal La Hen, alias Lim Ah Eng, alias Eng Oh"

File No. 1M-16 (1916) "Expulsion of (1) Ch'an Sam, (2) P'un Sam Po, (3) Lu Chai, and (4) Chan Yee, from British India under section 3 of the Foreigners Act, 1864"

File No. 1M-17 (1916) "Expulsion of a Chinese foreigner, Ah Chein, son of Ah'San, from British India under section 3 of the Foreigners Act, 1864"

IOR/P/CONF/28

File No. 1M-44 (1916) "Expulsion of a Chinese foreigner Ong Bun Hein alias Tan Kong Hein from British India, under section 3 of the Foreigners Act, 1864"

File No. 1M-29 (1917) "Question of the treatment of Indians coming by sea to Burma or travelling in the country by the Police and Customs and Port Health authorities of this province."

IOR/P/CONF/38

File No. 1M-38 (1917) "Expulsion of Chinese foreigners (1) E Taw, (2) Kaw Saw, (3) Kyee Ya and Lee Woy from British India under section 3 of the Foreigners Act, 1864"

File No. 1M-52 (1917) "Expulsion of Chinese foreigners under the Foreigners Act, 1864. Return of the Tan Hwat, a deportee under the Act, to Burma and action taken in consequence"

File No. 1M-5 (1918) "Expulsion of a Chinese foreigner Tan Chu Kim alias Kim Swee, on his release from jail, from British India under section 3 of the Foreigners Act, 1864"

File No. 1M-44 (1918) "The question of the policy to be adopted as regards the Chinese"

IOR/P/CONF/48

File No. 1M-4 (1919) "Question of the policy to be adopted as regards the Chinese"

File No. 1M-51 (1919) "Expulsion of Chinese foreigners under the Foreigners Act, 1864. Return of Kyauk Ye Gyan, alias Cheow Gai Hein, alias Kee Ya Gyant, alias Kyow Gay Gyant to Burma and action taken in consequence"

IOR/P/CONF/54

File No. 4F-8 (1920) "Expulsion of Chinese Foreigners (1) Chin Ah Htun, (2) Ah Kow and (3) Lee Htone under section 3 of the Foreigners Act, 1864"

File No. 1M-1 (1920) "Question of the policy to be adopted as regards the Chinese. Proposed appointment of a permanent Adviser on Chinese Af-

fairs in Burma"
IOR/P/CONF/63
File No. 4F-3 (1921) "Proposed expulsion of Tin Mah alias Aung Tim, a Chinese Foreigner, from British India under section 3 of the Foreigners Act, 1864. Order cancelled as Tin Mah alleged that he was born in Penang"
File No. 4F-6 (1921) "Expulsion of a Chinese foreigner Tan Chu Kim alias Kim Shee alias San Maung, on his release from Jail, from British India under section 3 of the Foreigners Act, 1864"

Public and Judicial Departmental Papers: Annual Files

IOR/L/PJ/6/380
File No. 1531 (1894) "Alleged prostitution of Chinese women in Burma"
IOR/L/PJ/6/731
File No. 2424 (1905) "Abolition of the appointment of Advisor on Chinese Affairs in Burma and arrangements regarding the duties of the Examiner in Chinese"
IOR/L/PJ/6/1448
File No. 2987 (1916) "Prostitution in India: suppression of brothels in Rangoon; consideration of the Burma Suppression of Brothels Bill, 1921"
IOR/PJ/6/1679
File No. 3335 (1920). "The Appointment of an officer of Straits Settlements or Malay States Service as Adviser on Chinese Affairs to the Government of Burma"
IOR/L/PJ/6/1851
File No. 3300 (1923) "Burma Habitual Offenders Restriction Law, 1919"
IOR/L/PJ/6/1906
File No. 1645 (1925) "Introduction in Legislative Council of (1) Burma Sea Passengers Bill to impose tax on persons entering Burma by Sea & (2) Expulsion of Offenders Bill for deportation of convicted offenders. As to refusal of sanction to Bills"

Public and Judicial Departmental Papers: Separate Files

IOR/L/PJ/12/472
File No. 737 (A)/33 (1934) "Proposed legislation against communism: views of local governments in India and Burma"

National Archives Department, Yangon, Myanmar.

Records of Chief Secretary's Office (NAD/1/1-/--)
File No. 155 (1867-1868) "Sanitary Commission, Town of Rangoon" (NAD/1/1A/1239)
File No. 13G (1886) "Naturalization of Pai Beng Teng" (NAD/1/1A/2425)
File No. 2N-2 (1892) "Application of Ko Bhan Pun & 3 others of Rangoon for certificate of Naturalization" (NAD/1/1A/3223)

File No. 2N-9 (1901) "Naturalization of Tiahu Eng Huat, Rangoon" (NAD/1/1A/3492)

File No. 2N-10 (1902) "Naturalization of Ho Wa Pun, Liquor Licensee, Rangoon" (NAD/1/1A/3559)

File No. 1C-61 (1908) "Request made by the Chinese Government the Kuang Hua newspaper published in Rangoon might be suppressed" (NAD/1/1B/6491)

File No. 1C-3 (1909) "Request made by the Chinese Government the Kuang Hua newspaper published in Rangoon might be suppressed" (NAD/1/1B/6590)

File No. 1C-16 (1910) "Request made by the Chinese Government the Kuang Hua newspaper published in Rangoon might be suppressed" (NAD/1/1B/6762)

File No. 1C-16, Pt. B (1910) "Memorial of Ah Num & Mos Lat praying that the orders removing Chin Hang Peng & Liu Kok Seng from British India may be cancelled" (NAD/1/1A/3800)

File No. 1C-10 (1911) "Request made by the Chinese Govt. that the "Kuang - hua" newspaper published in Rangoon might be suppressed" (NAD/1/1A/3854)

File No. 1C-40, Pt. 1 (1912) "Application from Chen Han-Ping, formerly manager of the Kuang Hua, newspaper which was published in Rangoon" (NAD/1/1B/6968)

File No. 1C-33 (1912) "Chinese Intrigue in Burma: the Geh Min Dan Society" (NAD/1/1A/3878)

File No. 1C-40, Pt. 2 (1912) "Permission granted to Chen Han-Ping and Liu Kok Seng to return to British India" (NAD/1/1B/6969)

File No. 1C-35 (1913) "Note on a visit to Tengyueh in June, July and August 1913 by Mr. F. Lewisohn I.C.S., D.C., Bhamo; Question of dealing with the leaders of the Kuo Min Tang Society in Burma and the Foreigners Act 1864" (NAD/1/1C/9246)

File No. 1C-36 (1913) "Chinese Intrigue in Burma: the Geh Min Dan Society" (NAD/1/1A/3896)

File No. 4E-10 (1913) "A Japanese accused of murder in Rangoon in 1912" (NAD/1/1C/9269)

File No. 4E-16 (1913) "Proposed Extradition from Siam, Tan Tok Eng (clerk of Mr. Tang Cheng Wun) accused of criminal breach of trust in Rangoon" (NAD/1/1C/9271)

File No. 1C-3 (1914) "Request of the Consul for China at Rangoon that Government should disband the Kak Min alias Kuo Min Tang Society throughout Burma and deport its leaders" (NAD/1/1B/7086)

File. No. 1C-46 (1915) "Collection of money by certain Chinese in Burma the purpose of helping on anti-Government Party in China" (NAD/1/1A/4039)
File No. 1C-3 (1916) "Collection of money by certain Chinese in Burma the purpose of helping on anti-Government Party in China" (NAD/1/1B/7282)
File No. 1C-3, Part 2 (1916) "Collection of money by certain Chinese in Burma the purpose of helping on anti-Government Party in China" (NAD/1/1A/4048)
File No. 1C-26 (1920) "Appointment of an Advisor on Chinese Affairs in Burma" (NAD/1/1B/7528)
File No. 2N-7 (1920) "Naturalization of Chee Ah Fun; Chin Ah Woon alias Chin Leong Fong; Lim Ah Apan alias Lim Teow Hyim and Wong Ah Kang alias Wong Loon Kwong of Rangoon (Refused)" (NAD/1/1A/4291)
File No. 207B (1927) "Indian Naturalization Act 1926" (NAD/1/1A/4650)

Records of the Irrawaddy Division (NAD/1/15-/--)

File No. 6M-4 (1918) "Increasing influx of Chinese shop-keepers into the Division" (NAD/1/15E/4185)

2　政府公刊物

(1)定期公刊物

A Collection of the Acts passed by the Governor General of India in Council
Abstract of the Proceedings of the Council of the Lieutenant-Governor of Burma (APCLGB)
Annual Report of the Health Officer for the City of Rangoon (RHOR)
Burma Gazette (BG)
Census of India, Volumes on Burma (Census)
Proceedings of the Legislative Council of the Governor of Burma (PLCGB)
Report of the Port Health Officer, Rangoon (RPHOR)
Report on the Administration of Burma (RAB)
Report of Sanitary Administration of British Burma (RSABB)
Report on the Rangoon Town Police (RRTP)
Report on the Working of the Rangoon Development Trust (RRDT)
Report on the Working of the Rangoon Municipality (RWRM)
Statement of Newspapers and Periodicals Published in the Province of Burma

(2)その他の公刊物(委員会報告書など，一部未刊行あり)

Baxter, James, *Report on Indian Immigration*, Rangoon: Superintendent, Government Printing and Stationery, 1941.

Bennison, J. J., *Report of an Enquiry into the Standard and Cost of Living of the Working Classes in Rangoon*, Rangoon: Superintendent, Govt. Print and Stationery, 1928.

Lloyd, I. G., *The Rangoon Town Lands Manual*, Rangoon: Office of the Superintendent, Govt. Printing, 1911.

Morrison, W. S., *Report on the Revision Settlement Operations in the Rangoon Town District, season 1911-12*. Rangoon: British Burma Press, 1913.

Nethersole, F. R., 'An Inquiry into the Cause of Crime in the Tharrawaddy District and a Search for Their Remedy: Report,' unpublished, 1917 (in File No. 10C-46, Part 1 (1917), GoB Police Procd. A. (IOR/P/10153)).

Peacock, Walther, *Report on Chinese Affairs in Burma*, Rangoon: Office of the Superintendent, Government Printing, 1908 (in File No. 10C-1 (1908), GoB Police (Conf.) Procd. A. (IOR/P/7792)).

Report of the Committee Appointed to Enquire into the Allegations of Inconvenience and Hardship Suffered by Deck Passengers Travelling between Burma and India, Rangoon: Office of the Superintendent, Government Printing, 1918.

Report on the Committee Appointed to Investigate the Alleged Hardships caused by the Compulsory Vaccination, under the Provision of Section 9 of the Burma Vaccination Law Amendment Act, 1909, of Labourers arriving in Rangoon by Sea, Rangoon: Office of the Superintendent, Government Printing, 1918.

Reports of the Suburban Development Committee Rangoon: and the Departmental Committee on Town Planning Burma with Resolution of the Local Government, Rangoon: Office of the Superintendent, Government Printing, 1921.

Report on the Public Health of Rangoon, 2 vols., Rangoon: Superintendent, Government Printing and Stationery, 1927.

Royal Commission on Labour in India, *Burma* (Evidence Vol. X), Simla: Government of India Press, 1931.

Sanitary Organization and Development in Burma, Rangoon: Superintendent, Government Printing, 1915.

Shwe Zan Aung, *Report on the Enquiry regarding Rents of Government Land in Rangoon*, Rangoon: Office of the Superintendent Government Printing, 1910.

The Burma Code, 6th edition, Rangoon: Superintendent, Government Printing and Stationery, 1934.

The Burma Plague Manual containing The Epidemic Diseases Act, 1897, and the Rules, Orders, and Notifications issued thereunder, 1st edition, Rangoon: Superintendent, Government Printing, 1901.

The Imperial Gazetteer of India, new edition, vol. 1, Oxford: The Clarendon Press, 1909.

(3)ビルマ語新聞

Thuriyà

参考文献

(1)英　語

Adapa Satyanarayana, '"Birds of Passage": Migration of South Indian Labour Communities to Southeast Asia,' *Critical Asian Studies* 34(1), 2002, pp. 89-115.

Adas, Michael, *The Burma Delta: Economic Development and Social Change on an Asian Rice Frontier, 1852-1941*, Madison: University of Wisconsin Press, 1974.

Amrith, Sunil S., *Crossing the Bay of Bengal: The Furies of Nature and the Fortunes of Migrants*, Cambridge, Mass.; London: Harvard University Press, 2013.

Anderson, Clare, 'Sepoys, Servants and Settlers: Convict Transportation in the Indian Ocean, 1787-1945,' in Frank Dikötter and Ian Brown(eds.), *Cultures of Confinement: A History of the Prison in Africa, Asia and Latin America*, London: C. Hurst & Co., 2007, pp. 185-220.

Andrew, E. J. L., *Indian Labour in Rangoon*, London: Oxford University Press, 1933.

Arnold, David, 'Crime and Crime Control in Madras, 1858-1947,' in Anand A. Yang (ed.), *Crime and Criminality in British India*, Tucson: The University of Arizona Press, 1985, pp. 62-88.

——, 'Touching the Body: Perspectives on the Indian Plague, 1896-1900,' in Ranajit Guha(ed.), *Writings on South Asian History and Society* (Subaltern Studies 5), New Delhi: Oxford University Press, 1987, pp. 55-90.

——, *Colonizing the Body: State Medicine and Epidemic Disease in Nineteenth Century India*, Berkeley: University of California Press, 1993.

Association of Myanmar Architects, *30 Heritage Buildings of Yangon: Inside the City that Captured Time*, Chicago: Serindia Publications, 2012.

Aung Myo, 'Police Administration in Myanmar (1885-1945),' Ph.D. Dissertation, Department of History, Mandalay University, 2007.

Barrier, N. Gerald, 'Introduction,' in N. Gerald Barrier(ed.), *The Census in British India: New Perspective*, New Delhi: Manohar, 1981, pp. v-xiv.

Banerjee, Paula, 'Aliens in a Colonial World,' in Ranabir Samaddar(ed.), *Refugees and the State: Practices of Asylum and Care in India, 1947-2000*, New Delhi: Sage Publications, 2003, pp. 69-105.

Bashford, Alison, *Imperial Hygiene: A Critical History of Colonialism, Nationalism, and Public Health*, New York: Palgrave Macmillan, 2004.

——, 'Immigration Restriction: Rethinking Period and Place from Settler Colonies to Postcolonial Nations,' *Journal of Global History* 9(1): 2014, pp. 26-48.

Bhattacharya, Sanjoy, Mark, Harrison, and Michael, Worboys, *Fractured States: Smallpox, Public Health and Vaccination Policy in British India, 1800-1947*,

New Delhi: Orient Longman, 2005.

Blythe, Wilfred, *The Impact of Chinese Secret Societies in Malaya: A Historical Study*, London: Oxford University Press, 1969.

Bo Bo, 'Raising Xenophobic Socialism against a Communist Threat: Re-Reading the Lines of an Army Propaganda Magazine in 1950s Burma,' in Tony Day and Maya H. T. Liem (eds.), *Cultures at War: The Cold War and Cultural Expression in Southeast Asia*, Ithaca: Cornell University Press, 2010, pp. 171–194.

Boomgaard, Peter, 'Smallpox, Vaccination, and the Pax Neerlandica-Indonesia, 1550–1930,' *Bijdragen tot de Taal Land en Volkenkunde* 159 (4), 2003, pp. 590–617.

Bose, Sugata, *A Hundred Horizons: The Indian Ocean in the Age of Global Empire*, Cambridge, Mass.: Harvard University Press, 2006.

Brenner, Neil, 'Beyond State-Centrism?: Space, Territoriality, and Geographical Scale in Globalization Studies,' *Theory and Society* 28 (1), 1999, pp. 39–78.

Brown, Ian, 'South East Asia: Reform and the Colonial Prison,' in Frank Dikötter and Ian Brown (eds.), *Cultures of Confinement: A History of the Prison in Africa, Asia and Latin America*, London: Hurst & Co., 2007, pp. 221–268.

——, 'A Commissioner Calls: Alexander Paterson and Colonial Burma's Prisons,' *Journal of Southeast Asian Studies* 38 (2), 2007, pp. 293–308.

Burnett-Hurst, A. R., *Labour and Housing in Bombay: A Study in the Economic Conditions of the Wage Earning Classes in Bombay*, London: P. S. King & Son, Ltd., 1925.

Butler, Spencer Harcourt, *Collection of Speeches by Sir Harcourt Butler*, Rangoon: Govt. Press, n.d.

Cady, John Frank, *A History of Modern Burma*, 2nd ed., Ithaca: Cornell University Press, 1958.

Callahan, Mary P., 'Language Policy in Modern Burma: Fashioning an Official Language, Marginalizing All Others,' in Michael E. Brown and Sumit Ganguly (eds.), *Fighting Words: Language Policy and Ethnic Relations in Asia*, Cambridge: MIT Press, 2003, pp. 143–175.

Campagnac, Charles Haswell, *The Autobiography of a Wanderer in England & Burma: The Memoirs of a Former Mayor of Rangoon*, Raleigh, N.C.: LuLu Press, 2010.

Chakravarti, Nalini Ranjan, *The Indian Minority in Burma: The Rise and Decline of an Immigrant Community*, London; New York: Oxford University Press for the Institute of Race Relations, 1971.

Charney, Michael W., 'Beyond State-centered Histories in Western Burma: Missionizing Monks and Intra-regional Migrants in the Arakan Littoral, c. 1784–1860,' in Jos Gommans and Jacques Leider (eds.), *The Maritime Frontier of Burma: Exploring Political, Cultural and Commercial Interaction in the Indian Ocean World, 1200–1800*, Leiden: KITLV Press, 2002, pp. 213–224.

——, *History of Modern Burma*, Cambridge: Cambridge University Press, 2009.
Chen, Yi-Sein [陳孺性], 'The Chinese in Rangoon During the 18th and 19th Centuries,' in Ba Shin, Jean Boisselier and A. B. Griswold(eds.), *Papers on Asian History, Religion, Languages, Literature, Music Folklore, and Anthropology* (Artibus Asiae. Supplementum, 23: Essays offered to G. H. Luce, by his colleagues and friends in honour of his seventy-fifth birthday, vol. 1), Ascona, Switzerland: Artibus Asiæ Publishers, 1966, pp. 107–111.
Cheng, Siok-Hwa, *The Rice Industry of Burma, 1852–1940*, Kuala Lumpur: University of Malaya Press, 1968.
Christian, John LeRoy, *Modern Burma: A Survey of Its Political and Economic Development*. Berkeley: University of California Press, 1942.
Clipson, Edmund Bede, 'Constructing an Intelligence State: the Colonial Security Services in Burma, 1930–1942', Ph.D. Dissertation, University of Exeter, 2010.
Colgrove, James Keith, '"Science in a Democracy": The Contested Status of Vaccination in the Progressive Era and the 1920s,' *Isis* 96, 2005, pp. 167–191.
Collis, Maurice, *Trials in Burma*, New edition, London: Faber and Faber Limited, 1945 (The first edition was published in 1937 by the same publisher).
De Bevoise, Ken, *Agents of Apocalypse: Epidemic Disease in the Colonial Philippines*, Princeton: Princeton University Press, 1995.
Durbach, Nadja, *Bodily Matters: The Anti-Vaccination Movement in England, 1853–1907*, Durham: Duke University Press, 2005.
Edwardes, S. M., *Crime in India: A Brief Review of the more Important Offences included in the Annual Criminal Returns with Chapters on Prostitution & Miscellaneous Matter*, London: Oxford University Press, 1924.
Edwards, Penny, 'Half-cast: Staging Race in British Burma,' *Postcolonial Studies* 5 (3), 2002, pp. 279–295.
——, 'On Home Ground: Settling Land and Domesticating Difference in the "Non-Settler" Colonies of Burma and Cambodia,' *Journal of Colonialism and Colonial History* 4(3), 2003, no pagination (online journal).
——, 'Relocating the Interlocutor: Taw Sein Ko (1864–1930) and the Itinerancy of Knowledge in British Burma,' *South East Asia Research* 12(3), 2004, pp. 277–335.
Fischer-Tiné, Harald, 'Indian Nationalism and the "World Forces": Transnational and Diasporic Dimensions of the Indian Freedom Movement on the Eve of the First World War,' *Journal of Global History* 2(3), 2007, pp. 325–344.
Frasch, Tilman. 'Tracks in the City: Technology, Mobility and Society in Colonial Rangoon and Singapore,' *Modern Asian Studies* 46(1), 2012, pp. 97–118.
Furnivall, J. S., 'The Fashioning of Leviathan: The Beginnings of British Rule in Burma,' *Journal of Burma Research Society* 29(1), 1939, pp. 3–137.
——, *Colonial Policy and Practice: A Comparative Study of Burma and Nether-*

lands India, New York: New York University Press, 1956 (The first edition was published in 1948 by Cambridge University Press, Cambridge).

——, *An Introduction to the Political Economy of Burma*, 3rd ed., Rangoon: People's Literature Committee and House, 1957 (The first edition was published in 1931).

Hansen, Thomas Blom and Finn Stepputat (eds.), *States of Imagination: Ethnographic Explorations of the Postcolonial State*, Durham: Duke University Press, 2001.

Harrison, Mark, 'Quarantine, Pilgrimage, and Colonial Trade: India 1866–1900,' *Indian Economic and Social History Review* 29, 1992, pp. 117–144.

——, *Climates and Constitutions: Health, Race, Environment and British Imperialism in India*, New Delhi: Oxford University Press, 1999.

Hazareesingh, Sandip, *The Colonial City and the Challenge of Modernity: Urban Hegemonies and Civic Contestations in Bombay City, 1900–1925*, Hyderabad: Orient Longman, 2007.

Hennock, E. P., 'Vaccination Policy against Smallpox, 1835–1914: A Comparison of England with Prussia and Imperial Germany,' *Social History of Medicine* 11(1), 1998, pp. 49–71.

Hirschman, Charles, 'The Meaning and Measurement of Ethnicity in Malaysia: An Analysis of Census Classifications,' *The Journal of Asian Studies* 46(3), 1987, pp. 555–582.

Hooker, M. B., 'The "Chinese Confusion" and the "Chinese Buddhist" in British Burma, 1881–1947,' *Journal of Southeast Asian Studies* 21(2), 1990, pp. 384–401.

Ikeya, Chie, *Refiguring Women, Colonialism, and Modernity in Burma*, Honolulu: University of Hawai'i Press, 2011.

Indo-Burma Unity, *Burma Government's Crusade against Indians*, Bombay: Sunshine Pub. House, 1929.

Ireland, Alleyne, *The Province of Burma: A Report prepared on behalf of the University of Chicago*. 2 vols., Boston; New York: Houghton, Mifflin and Company, 1907.

Iu, Yan-Kit Nancy, 'Anglo-Chinese Diplomacy regarding Burma, 1885–1897,' Ph.D. Dissertation, School of Oriental and African Studies, University of London, 1960.

Kelly, Robert Talbot, *Burma: Painted & Described*, London: Adam and Charles Black, 1905.

Khin Maung Kyi, 'Indians in Burma: Problems of an Alien Subculture in a Highly Integrated Society,' in K. S. Sandhu and A. Mani(eds.), *Indian Communities in Southeast Asia*, Singapore: Times Academic Press; Institute of Southeast Asian Studies, 1993, pp. 624–665.

Kidambi, Prashant, *The Making of an Indian Metropolis: Colonial Governance and Public Culture in Bombay, 1890–1920*, Aldershot; Burlington: Ashgate, 2007.

Lalita Hingkanonta Hanwong, *Policing in Colonial Burma*, Chiang Mai: Center for

ASEAN Studies, 2015.

Leach, Edmund R., 'The Frontiers of "Burma,"' *Comparative Studies in Society and History* 3(1), 1960, pp. 49–68.

Lee, Edwin, *The British as Rulers: Governing Multiracial Singapore, 1867–1914*, Singapore: Singapore University Press, 1991.

Lewandowski, Susan, 'Urban Planning in the Asia Port City: Madras, an Overview, 1920–1970,' *South Asia. New Series: Journal of South Asian Studies* 2(1), 1979, pp. 30–45.

Lewis, Su Lin, 'Print Culture and the New Maritime Frontier in Rangoon and Penang,' *Moussons: recherche en sciences humaines sur l'Asie du Sud-Est* 17, 2011, pp. 127–144.

Li, Yi, 'Local and Transnational Institutions in the Formation of Chinese Migrant Communities in Colonial Burma,' Ph.D. Dissertation, School of Oriental and African Studies (SOAS), London University, 2011.

Mahajani, Usha, *The Role of Indian Minorities in Burma and Malaya*, Westport, Conn.: Greenwood Press, 1960.

Maxim, Sarah Heminwa, 'The Resemblance in External Appearance: The Colonial Project in Kuala Lumpur and Rangoon,' Ph.D. Dissertation, Cornell University, 1992.

Mayne, Alan, '"The Dreadful Scourge": Responses to Smallpox in Sydney and Melbourne, 1881–82,' in Roy MacLeod and Milton Lewis (eds.), *Disease, Medicine, and Empire: Perspectives on Western Medicine and the Experience of European Expansion*, London; New York: Routledge, 1988, pp. 219–241.

——, 'Guardians at the Gate: Quarantine and Racialism in Two Pacific Rim Port Cities, 1870–1914,' *Urban History* 35(2), 2008, pp. 255–274.

McGrath, Thomas E., 'A Warlord Frontier: The Yunnan-Burma Border Dispute, 1910–1937,' *Ohio Academy of History Proceedings 2003*, 2003, pp. 7–29.

Mehrotra, S. R., 'The "Reader" in Hind Swaraj, Dr. Pranjivan Mehta, 1864–1932,' *Dialogue* (a quarterly journal of Astha Bharati, New Delhi) 12(2), 2010, no pagination (online journal).

——, *The Mahatma & the Doctor: The Untold Story of Dr. Pranjivan Mehta, Gandhi's Greatest Friend and Benefactor*, Mumbai: Vakils, Feffer and Simons Pvt. Ltd., 2014.

Meller, H. E., 'Urbanization and the Introduction of Modern Town Planning Ideas in India, 1900–1925,' in K. N. Chaudhuri and Clive J. Dewey (eds.), *Economy and Society: Essays in Indian Economic and Social History*, Delhi: Oxford University Press, 1979, pp. 330–350.

Mitchell, Timothy, 'The Limits of the State: Beyond Statist Approaches and Their Critics,' *American Political Science Review* 85(1), 1991, pp. 77–96.

Morton, Stephen, 'Terrorism, Literature and Sedition in Colonial India,' in Elleke

Boehmer and Stephen Morton (eds.), *Terror and the Postcolonial: A Concise Companion* (Blackwell Concise Companions to Literature and Culture), Oxford: Wiley-Blackwell, 2010, pp. 202–225.

Moscotti, Albert D., *British Policy and the Nationalist Movement in Burma, 1917–1937* (Asian Studies at Hawai'i; no. 11), Honolulu: University Press of Hawai'i, 1974.

Mukherji, Susmita, 'The Bengali Revolutionaries in Burma, 1923–33,' in *Proceedings of the Indian History Congress: Millennium (61st) Session, Kolkata, 2000–2001*, Kolkata: Indian History Congress, 2001, pp. 1104–1117.

Nair, Janaki, 'Beyond Nationalism: Modernity, Governance and a New Urban History for India,' *Urban History* 36 (2), 2009, pp. 327–341.

Nandi, Sugata, 'Constructing the Criminal: Politics of Social Imaginary of the "Goonda,"' *Social Scientist* 38 (3/4), 2010, pp. 37–54.

Naono, Atsuko [直野温子], *State of Vaccination: The Fight against Smallpox in Colonial Burma*, Hyderabad: Orient Blackswan Private Limited, 2009.

Neill, Jeremy, '"This is a most disgusting case": Imperial Policy, Class and Gender in the "Rangoon Outrage" of 1899,' *Journal of Colonialism and Colonial History* 12 (1), 2011, no pagination (online journal).

Ohn Gyaw, *Lecture on Crime in Burma from 1899 to 1935 given at the Detective Training School, Insein*, Rangoon: New Burma Press, n.d.

Palace, Wendy, 'Sir John Jordan and the Burma border 1905–12,' *Asian Affairs* 30 (3), 1999, pp. 317–325.

Pearn, Bertie Reginald, *A History of Rangoon*, Rangoon: American Baptist Mission Press, 1939.

Popplewell, Richard J., *Intelligence and Imperial Defence: British Intelligence and the Defence of the Indian Empire, 1904–1924*, London: Frank Cass, 1995.

Purcell, Victor, *The Chinese in Southeast Asia*, 2nd ed., London: Oxford University Press, 1965.

Rao, Narayana, *Contract Labour in Burma*, Madras: Current Thought Press, 1930.

Reinecke, Christiane, 'Governing Aliens in Times of Upheaval: Immigration Control and Modern State Practice in Early Twentieth-Century Britain, Compared with Prussia,' *International Review of Social History* 54, 2009, pp. 39–65.

Richell, Judith, *Disease and Demography in Colonial Burma* (Nordic Institute of Asian Studies Monograph Series; No. 103), Copenhagen: NIAS Press, 2006.

Sadan, Mandy, 'Constructing and Contesting the Category "Kachin" in the Colonial and Post-Colonial Burmese State,' in Mikael Gravers (ed.), *Exploring Ethnic Diversity in Burma*, Copenhagen: NIAS Press, 2007, pp. 34–76.

Saha, Jonathan, 'The Male State: Colonialism, Corruption and Rape Investigations in the Irrawaddy Delta c. 1900,' *Indian Economic and Social History Review* 47 (3), 2010, pp. 343–376.

——, *Law, Disorder and the Colonial State: Corruption in Burma c.1900*, Houndmills: Palgrave Macmillan, 2013.

Salem-Gervais, Nicolas and Rosalie, Metro, 'A Textbook Case of Nation-Building: The Evolution of History Curricula in Myanmar,' *The Journal of Burma Studies* 16 (1), 2012, pp. 27–78.

Satish Kumar, M., 'The Census and Women's Work in Rangoon, 1872–1931,' *Journal of Historical Geography* 32(2), 2006, pp. 377–397.

Scott, James C., *The Art of Not Being Governed: An Anarchist History of Upland Southeast Asia*, New Heaven: Yale University Press, 2009.

Sechler, Robert P., *Electric Traction in the Burmese Capital: A History of the Rangoon Electric Tramway and Supply Company, Limited.*, Cypress, C.A., USA: Robert P. Sechler, 2000.

Selth, Andrew, 'Myanmar's Police Forces: Coercion, Continuity and Change,' *Contemporary Southeast Asia* 34(1), 2012, pp. 53–79.

Shein, *Burma's Transport and Foreign Trade in Relations to the Economic and Development of the Country, 1885–1914*, Rangoon: Department of Economics, University of Rangoon, 1964.

Singha, Radhika, 'Punished by Surveillance: Policing "Dangerousness" in Colonial India, 1872–1918,' *Modern Asian Studies* 49(2), 2015, pp. 241–269.

Spate, O. H. K., 'Beginnings of Industrialization in Burma,' *Economic Geography* 1941(1), 1941, pp. 75–92.

Spate, O. H. K. and L. W. Trueblood, 'Rangoon: A Study in Urban Geography,' *Geographical Review* 32, 1942, pp. 56–73.

Tagliacozzo, Eric, 'Ambiguous Commodities, Unstable Frontiers: The Case of Burma, Siam, and Imperial Britain, 1800–1900,' *Comparative Studies in Society and History* 46(2), 2004, pp. 354–377.

——, *Secret Trades, Porous Borders: Smuggling and States along a Southeast Asian Frontier, 1865–1915*, New Haven: Yale University Press, 2005.

Taw Sein Ko., *Burmese Sketches*, Rangoon: British Burma Press, 1913.

——, *Burmese Sketches*, vol. 2, Rangoon: British Burma Press, 1920.

Taylor, Robert T., 'The Relationship between Burmese Social Classes and British-Indian Policy on the Behavior of the Burmese Political Elite, 1937–1942,' Ph.D. Dissertation, Cornell University, 1974.

——, *The State in Burma*, Honolulu: University of Hawai'i Press, 1987.

——, 'The Legal Status of Indians in Contemporary Burma,' in K. S. Sandhu and A. Mani (eds.), *Indian Communities in Southeast Asia*, Singapore: Times Academic Press; Institute of Southeast Asian Studies, 1993, pp. 666–682.

Terwiel, B. J., 'Acceptance and Rejection: The First Inoculation and Vaccination Campaigns in Thailand,' *Journal of the Siam Society* 76, 1988, pp. 186–201.

Thant Myint-U, *The Making of Modern Burma*, Cambridge: Cambridge University

Press, 2001.
Thongchai Winichakul, *Siam Mapped: A History of the Geo-body of a Nation*, Honolulu: University of Hawai'i Press, 1994.
Tinker, Hugh, *The Foundation of Local Self-Government in India, Pakistan and Burma* (University of London Historical Studies No. 1), London: Athlone Press, 1954.
Turner, Alicia, *Saving Buddhism: The Impermanence of Religion in Colonial Burma*, Honolulu: University of Hawai'i Press, 2014.
Van Schendel, Willem, 'Geographies of Knowing, Geographies of Ignorance: Jumping Scale in Southeast Asia,' *Environment and Planning D: Society and Space* 20 (6), 2002, pp. 647-668.
Warren, James Francis, *Ah Ku and Karayuki-san: Prostitution in Singapore, 1870-1940*, Singapore: Singapore University Press, 2003 (the first edition was published in 1993 by Oxford University Press, Singapore).
Who's Who in Burma: A Biographical Record of Prominent Residents of Burma with Photographs and Illustrations, Calcutta; Rangoon: Indo-Burma Publishing Agency, 1927.
Wilson, H. H., *A Glossary of Judicial and Revenue Terms: and of Useful Words occurring in Official Documents relating to the Administration of the Government of British India, from the Arabic, Persian, Hindustani, Sanskrit, Hindi, Bengali, Uriya, Marathi, Guzarathi, Telugu, Karnata, Tamil, Malayalam, and Other Languages*, London: W. H. Allen and Co., 1855.
Wolters, O. W., *History, Culture, and Region in Southeast Asian Perspectives*, Revised Edition, Ithaca: Southeast Asia Program, Cornell University, 1999 (The original edition was published in 1982 by the Institute of Southeast Asian Studies, Singapore).
Woodman, Dorothy, *The Making of Burma*, London: The Cresset Press, 1962.
Wright, Arnold, H. A., Cartwright and O. Breakspear (eds.), *Twentieth Century Impressions of Burma: Its History, People, Commerce, Industries and Resources*, London: Lloyd's Greater Britain Publishing Co., 1910.
Yang, Anand A. (ed.), *Crime and Criminality in British India*, Tucson: The University of Arizona Press, 1985.
Yeoh, Brenda S. A., *Contesting Space: Power Relations and the Urban Built Environment in Colonial Singapore*, Kuala Lumpur; New York: Oxford University Press, 1996.

(2)日本語
青山志保 「文明化の手段としての医療――仏領インドシナにおける種痘政策」『六甲台論集(法学政治学篇)』46(2), 1999年, 1-15頁。
アンダーソン, ベネディクト, 白石さや・白石隆訳 『増補 想像の共同体――ナショ

ナリズムの起源と流行』NTT 出版，1997年(Benedict Anderson, *Imagined Communities: Reflection on the Origin and Spread of Nationalism*, Revised Edition, London; New York: Verso, 1991)。
飯島渉　『ペストと近代中国――衛生の「制度化」と社会変容』研文出版，2000年。
池田一人　「ビルマにおけるカレンの民族意識と民族運動の形成」東京大学大学院提出博士論文，2008年。
――「ビルマ植民地期末期における仏教徒カレンの歴史叙述――『カイン王統史』と『クゥイン御年代記』の主張と論理」『東洋文化研究所紀要』156，2009年，359-430頁。
石川登　『境界の社会史――国家が所有を宣言するとき』京都大学学術出版会，2008年。
石島紀之　『雲南と近代中国――“周辺”の視点から』(シリーズ中国にとっての20世紀)青木書店，2004年。
伊東利勝　「下ビルマの開発と移民――上ビルマからの移民をめぐって」『社会経済史学』47(4)，1981年，33-56頁。
――「イラワジ川の世界」石井米雄・桜井由躬雄編『東南アジア史 I 大陸部』(新版世界各国史 5)山川出版社，1999年，111-132頁。
――「「日本人」の「ビルマ進出」について――「からゆきさん」先導型進出パラダイム批判」阿曽村邦昭・奥平龍二編『ミャンマー――国家と民族』古今書院，2011年，2016年，127-154頁。
――編　『ミャンマー概説』めこん，2011年。
岩城高広　「コンバウン朝の成立――「ビルマ国家」の外延と内実」桜井由躬雄責任編集『東南アジア近世国家群の展開』(岩波講座 東南アジア史 4)岩波書店，2011年，265-286頁。
岩下明裕　『入門国境学――領土，主権，イデオロギー』(中公新書)中央公論新社，2016年。
内田直作　「ラングーンにおける華僑社会構造――福建帮と広東帮について」『成城大学経済研究』45，1974年，61-84頁。
大野徹　「英領ビルマ」矢野暢責任編集『東南アジアの国際関係』(講座東南アジア学 9)弘文堂，1991年，32-54頁。
鬼丸武士　『上海「ヌーラン事件」の闇――戦間期アジアにおける地下活動のネットワークとイギリス政治情報警察』書籍工房早山，2014年。
片岡樹　「領域国家形成の表と裏――冷戦期タイにおける中国国民党軍と山地民」『東南アジア研究』42(2)，2004年，188-207頁。
可児弘明　『近代中国の苦力と「豬花」』岩波書店，1979年。
貴志俊彦編『近代アジアの自画像と他者――地域社会と「外国人」問題』(地域研究のフロンティア 1)京都大学学術出版会，2011年。
貴堂嘉之『アメリカ合衆国と中国人移民――歴史のなかの「移民国家」アメリカ』名古屋大学出版会，2012年。
斎藤紋子　「コンバウン時代のヤンゴン――巡礼の地から対外交易港へ」『東京外大東

南アジア学』5，1999年，125-141頁。

――「「バマー・ムスリム」という生き方――ビルマ政府の国民概念とムスリム住民の生存戦略」東京外国語大学提出博士論文，2008年。

――「ミャンマーにおける「バマー・ムスリム」概念の形成――1930年代ナショナリズム高揚期を中心に」『東南アジア―歴史と文化』41，2012年，5-29頁。

斎藤照子 「英領ビルマにおける初期土地制度 1826-1876」『東南アジア研究』23(2)，1985年，142-154頁。

――「ビルマにおける米輸出経済の展開」加納啓良責任編集『植民地経済の繁栄と凋落』(岩波講座 東南アジア史 6)岩波書店，2001年，145-167頁。

桜井由躬雄 「総説 東南アジアの原史――歴史圏の誕生」山本達郎責任編集『原史東南アジア世界』(岩波講座 東南アジア史 1)岩波書店，2001年，1-25頁。

サルカール，スミット，長崎暢子・臼田雅之・中里成章・粟屋利江訳『新しいインド近代史――下からの歴史の試み(I)(II)』研文出版，1993年(Sumit, Sarkar, *Modern India 1885-1947*, Delhi: Macmillan, 1982)。

篠崎香織 「シンガポールの海峡華人と「追放令」――植民地秩序の構築と現地コミュニティの対応に関する一考察」『東南アジア―歴史と文化』30，2000年，72-97頁。

清水洋 「蘭領東印度における「からゆきさん」の研究――19世紀末から1930年代初めにかけて」『名古屋商科大学論集』38(1)，1993年，47-76頁。

――・平川均 『からゆきさんと経済進出――世界経済のなかのシンガポール―日本関係史』コモンズ，1998年。

白石隆 「華民護衛署の設立と会党――19世紀シンガポール華僑社会の政治的変化」『アジア研究』22(2)，1975年，75-102頁。

――『海の帝国――アジアをどう考えるか』(中公新書)中央公論新社，2000年。

新谷忠彦編『黄金の四角地帯――シャン文化圏の歴史・言語・民族』慶友社，1998年。

高谷紀夫 『ビルマの民族表象――文化人類学の視座から』法蔵館，2008年。

竹中千春 『盗賊のインド史――帝国・国家・無法者(アウトロー)』有志舎，2010年。

ダニエルス，クリスチャン編『東南アジア大陸部 山地民の歴史と文化』言叢社，2014年。

土屋健治『カルティニの風景』めこん，1991年。

――『インドネシア――思想の系譜』勁草書房，1994年。

坪内良博「総説 東南アジア社会の特質」坪内良博責任編集『東南アジアの社会』(講座東南アジア学 3)弘文堂，1990年，1-14頁。

トーピー，ジョン，藤川隆男監訳『パスポートの発明――監視・シティズンシップ・国家』法政大学出版局，2008年(John Torpey, *The Invention of the Passport: Surveillance, Citizenship and the State*, Cambridge: Cambridge University Press, 2000)。

ニパーポーン・ラチャタパタナクン「近代バンコクにおける公共事業――道路建設・衛生管理地区・公衆衛生」京都大学提出博士論文，2012年。

根本敬 「1930年代ビルマ・ナショナリズムにおける社会主義受容の特質――タキン

党の思想形成を中心に」『東南アジア研究』27(4)，1990年，427-447頁。

——『アウン・サン——封印された独立ビルマの夢』岩波書店，1996年。

——「ビルマのナショナリズム——中間層ナショナリスト・エリートたちの軌跡」池端雪浦責任編集『植民地抵抗運動とナショナリズムの展開』（岩波講座 東南アジア史 7）岩波書店，2002年，213-240頁。

——「「英系ビルマ人」が「ビルマ国民」になるとき——血統主義，出生地主義，「国家への忠誠」」根本敬編『東南アジアにとって20世紀とは何か——ナショナリズムをめぐる思想状況』東京外国語大学アジア・アフリカ言語文化研究所，2004年，89-110頁。

——『抵抗と協力のはざま——近代ビルマ史のなかのイギリスと日本』岩波書店，2010年。

——「英系ビルマ人の歴史と記憶——日本占領期(1942～45年)とビルマ独立をめぐって」永原陽子編『生まれる歴史，創られる歴史——アジア・アフリカ史研究の最前線から』刀水書房，2011年，181-223頁。

箱田恵子 『外交官の誕生——近代中国の対外態勢の変容と在外公館』名古屋大学出版会，2012年。

濱下武志 「移民と商業ネットワーク——潮州グループのタイ移民と本国送金」『東洋文化研究所紀要』116，1992年，61-106頁。

堀田桂子 「ビルマにおける近代小説の登場—— novel と vatthu のはざま」『東南アジア——歴史と文化』16，1987年，76-112頁。

ホーム，ロバート，布野修司・安藤正雄監訳，アジア都市建築研究会訳『植えつけられた都市——英国植民都市の形成』京都大学学術出版会，2001年(Robert Home, *Of Planting and Planning: The Making of British Colonial Cities*, London: E & FN Spon, 1997)。

三瀬利之 「史料の歴史学——英領インド国勢調査資料の由来」森明子編『歴史叙述の現在—— 歴史学と人類学の対話』人文書院，2002年，36-63頁。

宮城由美子 「『国民報』社説にみる国家と国民について」『佛教大学大学院紀要 文学研究科篇』37，2009年，231-244頁。

渡辺佳成「コンバウン朝ビルマと「近代」世界」斎藤照子責任編集『東南アジア世界の再編』（岩波講座東南アジア史 5）岩波書店，2001年，129-160頁。

(3)中国語
陳孺性 「緬甸華僑史略」『南洋文摘』 5 (2)，1964年，24-56頁。
徐友春主編 『民國人物大辭典』増訂版第二版，石家庄：河北人民出版社，2007年。
余定邦 「清朝政府在仰光設置領事的過程——兼論清廷所派領事与華僑的関係」『中山大学学報 社会科学版』1990(1)，1990年，59-66頁。
張正藩 「莊銀安」祝秀侠主編『華僑名人傳』臺北：中央文物供應社，1955年，109-117頁。

(4)ビルマ語

Bagalêi, *Shweitalêi Katwûn (Shwetalay Cartoons)*, Mandalei: Ludù Saou'tai', 1969（バーガレィ『シュエターレー漫画』マンダレー：ルードゥー書店）.

Dòubama Asîayôun Thamâin Pyùsùyêi Ahpwè, *Dòubama Asîayôun Thamâin*, vol. 1, Yangoun: Sapêibei'man, 1976（ドバマーアスィーアヨウン史編纂委員会『ドバマーアスィーアヨウン史』第1巻, ヤンゴン：サーペーベイッマン）.

Hbà Thân, 'Myanma Nainngan Thatînsa Thamâin,' in *Sanezîn Thamâin Satânmyâ*, vol. 1, Yangoun: Sapêibei'man, 1975, pp. 1–75（バタン「ビルマ新聞史」『出版史論文集』第1巻, ヤンゴン：サーペーベイッマン）.

Thêin Hpei Myìn, *1930 tawai' Myanma Pyi Nainnganyêi Thamâin*, Yangoun: Nàntha tai', 1969（テインペェミン『1930年頃のミャンマー政治史』ヤンゴン：ナンター出版社）.

Thân Wîn Hlâin, *Ahni' hcou' Myanma Thamâin Abìdan*, Yangoun: Pinnyashweitaun, 2010（タンウィンフライン『ビルマ歴史辞典』ヤンゴン：ピンニャーシュエタウン）.

註

序章　境界をうむ都市

1 Maurice Collis, *Trials in Burma*, New edition, London: Faber and Faber Limited, 1945(1937), p. 143.

2 *Ibid*., p. 147; Narayana Rao, *Contract Labour in Burma*, Madras: Current Thought Press, 1930, p. 169. 死亡した犠牲者の多くが身元を明らかにするのが難しい単身の出稼ぎ労働者であったこと，川に投げ捨てられた死体が多かったことなどから，正確な犠牲者数を明らかにするのが困難であった。この暴動に関する調査委員会報告には死者数は約120人とある。E. J. L. Andrew, *Indian Labour in Rangoon, London*: Oxford University Press, 1933, p. 292. しかし，これは同時代の人びとにも少ない見積もりであると考えられていたようである。ビルマ語の記述でも死者数約250人としているものがある。Thêin Hpei Myìn, *1930 tawai' Myanma Pyi Nainnganyêi Thamâin*, Yangoun: Nàntha tai', 1969, p. 81.

3 同文書は，我らビルマ人協会(註 5 参照)の公式歴史書に収録されている。Dòubama Asîayôun Thamâin Pyùsùyêi Ahpwè, *Dòubama Asîayôun Thamâin*, vol. 1, Yangoun: Sapêibei'man, 1976, pp. 127-132. なお，同文書を解説した根本敬は，その出版時期を 6 月上旬としている。根本敬「1930年代ビルマ・ナショナリズムにおける社会主義受容の特質——タキン党の思想形成を中心に」『東南アジア研究』27(4), 1990年，429頁。

4 テルグ人とタミル・ムスリムを指すビルマ語呼称のコーリンヂー(koringyi)とチューラヤー(kyulàya)は，同時代の英語資料にあらわれる語彙では，それぞれコリンギー(Coringhi)とチュリヤ(Chuliya)に相応する。

5 我らビルマ人協会については，同協会の公式歴史書を参照。Dòubama Asîayôun Thamâin Pyùsùyêi Ahpwè, *Dòubama Asîayôun Thamâin*. そのほか，根本敬の一連の研究がある。例えば，根本「1930年代ビルマ・ナショナリズムにおける社会主義受容の特質」; 根本敬「ビルマのナショナリズム——中間層ナショナリスト・エリートたちの軌跡」池端雪浦責任編集『植民地抵抗運動とナショナリズムの展開』(岩波講座東南アジア史 7)岩波書店，2002年，213-240頁。

6 こうした地域認識については，以下を参照。桜井由躬雄「総説 東南アジアの原史——歴史圏の誕生」山本達郎責任編集『原史東南アジア世界』(岩波講座東南アジア史 1)岩波書店，2001年，1-25頁。

7 Edmund R. Leach, 'The Frontiers of "Burma,"' *Comparative Studies in Society and History* 3(1), 1960, p. 50.

8 マンダラ論については以下を参照。O. W. Wolters, *History, Culture, and Region in Southeast Asian Perspectives*, Revised Edition, Ithaca: Southeast Asia Program, Cornell University, 1999. 渡辺佳成の描く，対外遠征の成功と失敗によって勢力圏を伸縮させるコンバウン朝の姿は，こうしたマンダラ国家の像に重なる。渡辺佳成「コンバウン朝ビルマと「近代」世界」斎藤照子責任編集『東南アジア

世界の再編』(岩波講座東南アジア史 5)岩波書店，2001年，138-149頁。

9 この地域に着目して，開放的・流動的な空間としての山地や海域を描く研究に，以下のものがある。新谷忠彦(編)『黄金の四角地帯——シャン文化圏の歴史・言語・民族』慶友社，1998年；Willem Van Schendel, 'Geographies of Knowing, Geographies of Ignorance: Jumping Scale in Southeast Asia,' *Environment and Planning D: Society and Space* 20(6), 2002, pp. 647-668; James C. Scott, *The Art of Not Being Governed: An Anarchist History of Upland Southeast Asia*, New Heaven: Yale University Press, 2009; クリスチャン・ダニエルス(編)『東南アジア大陸部 山地民の歴史と文化』言叢社，2014年；重松伸司「ベンガル湾という世界——14-16世紀の地域交易圏」溝口雄三ほか編『地域システム』(アジアから考える 2)東京大学出版会，1993年，51-84頁；Sugata Bose, *A Hundred Horizons: The Indian Ocean in the Age of Global Empire*, Cambridge, Mass.: Harvard University Press, 2006; Sunil S. Amrith, *Crossing the Bay of Bengal: The Furies of Nature and the Fortunes of Migrants*, Cambridge, Mass.; London: Harvard University Press, 2013.

10 世界の一体化のなかで空間の再編成が継起するという理解については，以下を参考にした。Neil Brenner, 'Beyond State-Centrism?: Space, Territoriality, and Geographical Scale in Globalization Studies,' *Theory and Society* 28(1), 1999, pp. 39-78. 人の移動を管理する国際的なレジームの変化については，以下を参照。ジョン・トーピー，藤川隆男監訳『パスポートの発明——監視・シティズンシップ・国家』法政大学出版局，2008年；Alison Bashford, 'Immigration Restriction: Rethinking Period and Place from Settler Colonies to Postcolonial Nations,' *Journal of Global History* 9(1), 2014, pp. 26-48. これらも含め，近年，境界地域や境界形成に関する研究が蓄積されており，ボーダー・スタディーズという学問分野を形成しつつある。岩下明裕『入門国境学——領土，主権，イデオロギー』(中公新書)中央公論新社，2016年。

11 境界が画定され，国家領域を示す地図が作製されることで，領域が可視的な記号として流布し，国民国家の「地理的な身体」を形づくるという議論は以下を参照。Thongchai Winichakul, *Siam Mapped: A History of the Geo-body of a Nation*, Honolulu: University of Hawai'i Press, 1994. しかし，本書は，境界管理の現場における行政権力の実践と，そこに住む人びとの経験により大きな関心を寄せる。こうした問題関心をもつ，東南アジアを事例とした研究には以下のものがある。片岡樹「領域国家形成の表と裏——冷戦期タイにおける中国国民党軍と山地民」『東南アジア研究』42(2)，2004年，188-207頁；Eric Tagliacozzo, *Secret Trades, Porous Borders: Smuggling and States along a Southeast Asian Frontier, 1865-1915*, New Haven: Yale University Press, 2005; 石川登『境界の社会史——国家が所有を宣言するとき』京都大学学術出版会，2008年。なお，「よちよち歩きの近代国家」という用語は，次から借用した。白石隆『海の帝国——アジアをどう考えるか』(中公新書)中央公論新社，2000年，55-60頁。

12 国家を行政実践の効果として捉える見方については，以下を参照。Timothy

Mitchell, 'The Limits of the State: Beyond Statist Approaches and Their Critics,' *American Political Science Review* 85(1), 1991, pp. 77-96; Thomas Blom Hansen and Finn Stepputat (eds.), *States of Imagination: Ethnographic Explorations of the Postcolonial State*, Durham: Duke University Press, 2001. こうした国家観に基づいて，植民地国家の末端行政における不正を扱ったビルマ近代史研究に以下がある。Jonathan Saha, *Law, Disorder and the Colonial State: Corruption in Burma c.1900*, Houndmills: Palgrave Macmillan, 2013. また，境界管理に関して，国家による行政実践に着目した研究には，例えば，20世紀初頭のイギリスとプロイセンの外国人管理を比較した次のものがある。Christiane Reinecke, 'Governing Aliens in Times of Upheaval: Immigration Control and Modern State Practice in Early Twentieth-Century Britain, Compared with Prussia,' *International Review of Social History* 54, 2009, pp. 39-65.

13 Thongchai, *Siam Mapped*; ベネディクト・アンダーソン，白石さや・白石隆訳『増補 想像の共同体――ナショナリズムの起源と流行』ＮＴＴ出版，1997年，274-310頁；土屋健治『インドネシア――思想の系譜』勁草書房，1994年，21-38頁；古田元夫『ベトナムの世界史』東京大学出版会，1995年。

14 ３度の戦争は，第一次英緬戦争(1824～26)，第二次英緬戦争(1852)，第三次英緬戦争(1885～86)。英領インドの１州としてのビルマ州は1862年に設置されたが，第三次英緬戦争での上ビルマ併合をへて，おおむね現在のビルマ国家に等しい領域が形成された。周辺国家との国境線の画定については，つぎを参照。Dorothy Woodman, *The Making of Burma*, London: The Cresset Press, 1962; 大野徹「英領ビルマ」矢野暢責任編集『東南アジアの国際関係』（講座東南アジア学 9)弘文堂，1991年，32-54頁；Thant Myint-U, *The Making of Modern Burma*, Cambridge: Cambridge University Press, 2001, p. 220. しかし，以上の研究を含め，従来の植民地ビルマの代表的な行政史研究では，ビルマ政庁の行政実践がビルマの領域性を高め，インドとは別個の国家を形成していった過程は扱われてこなかった。J. S. Furnivall, 'The Fashioning of Leviathan: The Beginnings of British Rule in Burma,' *Journal of Burma Research Society* 29(1), 1939, pp. 3-137; J. S. Furnivall, *Colonial Policy and Practice: A Comparative Study of Burma and Netherlands India*, New York: New York University Press, 1956 (1948); Robert T. Taylor, *The State in Burma*, Honolulu: University of Hawai'i Press, 1987.

15 19世紀を通じたビルマとタイ両国による国境管理の進展にもかかわらず，その後も国家の課税しえない越境交易や密輸がはびこり続けたことについては以下を参照。Eric Tagliacozzo, 'Ambiguous Commodities, Unstable Frontiers: The Case of Burma, Siam, and Imperial Britain, 1800-1900,' *Comparative Studies in Society and History* 46(2), 2004, p. 375. また，現在のビルマ―バングラデシュ国境を挟んだ地域について，18世紀後半のコンバウン朝期から植民地化をへた19世紀半ばまでの時期に南北間の人口流動と文化交流が盛んにおこなわれていた様子を描写し，同地域がひとつの連続体をなしていたことを強調した研究に以下のものがある。Michael W. Charney, 'Beyond State-centered Histories in Western Burma:

Missionizing Monks and Intra-Regional Migrants in the Arakan Littoral, c.1784–1860,' in Jos Gommans and Jacques Leider (eds.), *The Maritime Frontier of Burma: Exploring Political, Cultural and Commercial Interaction in the Indian Ocean World, 1200–1800*, Leiden: KITLV Press, 2002, pp. 213–224.

16 東南アジアが伝統的に小人口世界を形成してきたことについては，以下を参照。坪内良博「総説 東南アジア社会の特質」坪内良博責任編集『東南アジアの社会』（講座東南アジア学 3）弘文堂，1990年，5-9頁。東南アジアの近代都市統治については，以下を参照。Edwin Lee, *The British as Rulers: Governing Multiracial Singapore, 1867–1914*, Singapore: Singapore University Press, 1991; Brenda S. A. Yeoh, *Contesting Space: Power Relations and the Urban Built Environment in Colonial Singapore*, Kuala Lumpur; New York: Oxford University Press, 1996; ニパーポーン・ラチャタパタナクン「近代バンコクにおける公共事業——道路建設・衛生管理地区・公衆衛生」京都大学提出博士論文，2012年。

17 植民地インドにおける都市問題と統治について論じた研究として，主に以下を参照。Sandip Hazareesingh, *The Colonial City and the Challenge of Modernity: Urban Hegemonies and Civic Contestations in Bombay City, 1900–1925*, Hyderabad: Orient Longman, 2007; Prashant Kidambi, *The Making of an Indian Metropolis: Colonial Governance and Public Culture in Bombay, 1890–1920*, Aldershot; Burlington: Ashgate, 2007. また，近年の植民地インド都市史研究で，近代性や統治性が主題となりつつある状況について，手際良くまとめたレビュー論文に以下のものがある。Janaki Nair, 'Beyond Nationalism: Modernity, Governance and a New Urban History for India,' *Urban History* 36(2), 2009, pp. 327–341.

18 ビルマ州政庁の放任主義的な移民政策とそれへの批判については，以下を参照。J. S. Furnivall, *An Introduction to the Political Economy of Burma*, 3rd ed., Rangoon: People's Literature Committee and House, 1957 (1931), pp. 71–73; Cheng Siok-Hwa, *The Rice Industry of Burma, 1852–1940*, Kuala Lumpur: University of Malaya Press, 1968, pp. 117–124; Michael Adas, *The Burma Delta: Economic Development and Social Change on an Asian Rice Frontier, 1852–1941*, Madison: University of Wisconsin Press, 1974, pp. 83–102; Nalini Ranjan Chakravarti, *The Indian Minority in Burma: The Rise and Decline of an Immigrant Community*, London; New York: Oxford University Press for the Institute of Race Relations, 1971, pp. 43–55.

19 ラングーンには，1874年に限定的な都市自治制度が導入され，以後，漸次的に自治の度合いが拡充されてはいったものの，州行政の中枢であったため，都市行政には一貫してビルマ政庁の統治的関心が色濃く反映され続けることになった。ビルマにおける市町村レベルの地方自治制度の進展を，英領インド全体のなかに位置づけた研究として以下がある。Hugh Tinker, *The Foundation of Local Self-Government in India, Pakistan and Burma, London*: Athlone Press, 1954.

20 議会における移民統制をめぐる議論とビルマ人議員たちの振舞いに着目した研究

には以下のものがある。Usha Mahajani, *The Role of Indian Minorities in Burma and Malaya*, Westport, Conn.: Greenwood Press, 1960; Taylor, *The State in Burma*, pp. 162–174.

21 Furnivall, *Colonial Policy and Practice*, p. 304.

22 Adas, *The Burma Delta*.

23 *Ibid*., Ch. 8.

24 最近，公刊されたビルマ近代通史は，植民地都市ラングーンの発展とその社会的状況の描写に１章を割いており，ビルマ史における都市社会史の重要性が高まっていることを示している。Michael W. Charney, *History of Modern Burma*, Cambridge: Cambridge University Press, 2009, Ch. 2. なお，植民地都市のコスモポリタニズムを強調するものとして，英字新聞を媒介とした理念の共有を主張する以下の研究もある。Su Lin Lewis, 'Print Culture and the New Maritime Frontier in Rangoon and Penang,' *Moussons: recherche en sciences humaines sur l'Asie du Sud-Est* 17, 2011, pp. 127–144.

25 Chie Ikeya, *Refiguring Women, Colonialism, and Modernity in Burma*, Honolulu: University of Hawai'i Press, 2011. そのほか，ビルマを事例にイギリス帝国のジェンダー規制を論じた研究に以下のものがある。M. Satish Kumar, 'The Census and Women's Work in Rangoon, 1872–1931,' *Journal of Historical Geography* 32(2), 2006, pp. 377–397; Jonathan Saha, 'The Male State: Colonialism, Corruption and Rape Investigations in the Irrawaddy Delta c. 1900,' *Indian Economic and Social History Review* 47(3), 2010, pp. 343–376; Jeremy Neill, '"This is a most disgusting case": Imperial Policy, Class and Gender in the "Rangoon Outrage" of 1899,' *Journal of Colonialism and Colonial History* 12(1), 2011; Penny Edwards, 'Half-cast: Staging Race in British Burma,' *Postcolonial Studies* 5(3), 2002, pp. 279–295; Penny Edwards, 'On Home Ground: Settling Land and Domesticating Difference in the 'Non-Settler' Colonies of Burma and Cambodia,' *Journal of Colonialism and Colonial History* 4(3), 2003.

26 Alicia Turner, *Saving Buddhism: The Impermanence of Religion in Colonial Burma*, Honolulu: University of Hawai'i Press, 2014.

27 Ikeya, *Refiguring Women*, pp. 134–140.

第１章　都市複合社会の諸相

1 O. H. K. Spate and L. W. Trueblood, 'Rangoon: A Study in Urban Geography,' *Geographical Review* 32, 1942, p. 57.

2 アラウンパヤー以前のダゴンについては，差し当たり以下を参照。Bertie Reginald Pearn, *A History of Rangoon*, Rangoon: American Baptist Mission Press, 1939, Ch. 2. なお，『隋書』などの漢籍にあらわれる「陀洹」や「陀桓」という地名は，かつてダゴンに比定されたが，現在では必ずしもそのような比定はなされないようである。伊東利勝「イラワジ川の世界」石井米雄・桜井由躬雄編『東南アジア史　Ⅰ　大陸部』（新版世界各国史 5）山川出版社，1999年，113頁。

3　初期のコンバウン朝については以下を参照。岩城高広「コンバウン朝の成立——「ビルマ国家」の外延と内実」桜井由躬雄責任編集『東南アジア近世国家群の展開』（岩波講座東南アジア史 4）岩波書店，2001年，265-286頁。コンバウン朝期のラングーンについては以下を参照。Chen Yi-Sein, 'The Chinese in Rangoon During the 18th and 19th Centuries,' in Ba Shin, Jean Boisselier and A. B. Griswold (eds.), *Papers on Asian History, Religion, Languages, Literature, Music Folklore, and Anthropology*, Ascona, Switzerland: Artibus Asiæ Publishers, 1966, pp. 107-111; Pearn, *A History of Rangoon*, Ch. 3-8; 斎藤紋子「コンバウン時代のヤンゴン——巡礼の地から対外交易港へ」『東京外大東南アジア学』5，1999年，125-141頁。

4　斎藤紋子「コンバウン時代のヤンゴン」，132-133頁。

5　同上，136-138頁。

6　Sarah Heminway Maxim, 'The Resemblance in External Appearance: The Colonial Project in Kuala Lumpur and Rangoon,' Ph.D. Dissertation, Cornell University, 1992, pp. 25-26.

7　*Ibid.*, pp. 36-39; 斎藤紋子「コンバウン時代のヤンゴン」，138-139頁。

8　Maxim, 'The Resemblance in External Appearance,' pp. 40-41.

9　アーサー・パーヴス・フェーヤー大佐はベンガル陸軍の将校で，1834年以来，アラカンやテナセリムで勤務する。1852年にペグー州弁務官に就任，1862年に行政単位がビルマ州へと統合されるにともない初代の弁務長官となる。流暢なビルマ語を話し，『ビルマ史』（1883）を著した。*Ibid.*, pp. 30-31.

10　最初のラングーン設計案は，1852年の９月に提出されたウィリアム・モンゴメリによるものである。彼はベンガル陸軍の軍医であり，1819年から42年まで新設されたシンガポールで勤務，その間，治安判事や市委員会書記官を歴任した。その後，52年に軍医監として軍隊とともにラングーンへはいり，都市設計案を描いた。モンゴメリ案を修正継承したのが，ベンガル工兵隊のA. フレイザー中尉である。彼は，２度にわたって設計案を提出したが，二つ目の設計案がさらに修正され，最終的に採用されることになった。これらの都市設計案については以下に詳細な記述がある。Pearn, *A History of Rangoon*, pp. 182-190.

11　Maxim, 'The Resemblance in External Appearance,' pp. 41-50.

12　Pearn, *A History of Rangoon*, p. 176.

13　I. G. Lloyd, *The Rangoon Town Lands Manual*, Rangoon: Office of the Superintendent, Govt. Printing, 1911, pp. 31-32. マキシムは，このような強引な施策を可能にした原因のひとつは，イギリス人たちのビルマの慣習的土地制度に対する理解のあり方にあると主張する。その理解とは，すなわち，ビルマの慣習において土地に対する権利は所有（property）ではなく占有（occupancy）の権利であり，ある人物がどこかの地片への居住を認められたとしても，一度その地を離れてしまえばその権利も無効になる，というものであった。Maxim, 'The Resemblance in External Appearance,' pp. 57-58. たしかに，こうした考えは前出のフェーヤーの言説にも垣間見え，それが土地官有化を正当化する根拠になっているように読み

取れる。ところが英領初期の土地制度を概観した斎藤照子によると，フェーヤーはビルマの土地制度に完全な処分権を有する自由土地保有権を認めていたという。斎藤照子「英領ビルマにおける初期土地制度 1826-1876」『東南アジア研究』23(2)，1985年，147頁。この振幅は地域差によるのかもしれないが，「ビルマの土地制度」に対する認識が統治の都合に左右されたことの証左であるようにも思える。

14 Lloyd, *The Rangoon Town Lands Manual*, p. 29. この時期の売却は，その売却がなされた個々の条件によって，購入者の獲得する権原に相違があり，ときにはその権利に制限が加えられることがあった。このような権原の総称として一般に，制限された自由保有(restricted freehold tenure)という用語がなされたという。*Ibid.*, p. 32. こののちの史料に現われる自由保有地(freehold land)とはこのような土地のことを指している。

15 これらの建築のいくつかは現在まで残っているが，これまで特段の保存措置が採られてこなかった。近年になり，これらを歴史的遺産として保存しようという動きが民間から生まれてきている。Association of Myanmar Architects, *30 Heritage Buildings of Yangon: Inside the City that Captured Time*, Chicago: Serindia Publications, 2012.

16 米経済の発展については以下を参照。Cheng Siok-Hwa, *The Rice Industry of Burma, 1852-1940*, Kuala Lumpur: University of Malaya Press, 1968.

17 O. H. K. Spate, 'Beginnings of Industrialization in Burma,' *Economic Geography* 1941(1), 1941, pp. 79-80. なお，ビルマ米は19世紀の間は主としてヨーロッパへ輸出され，20世紀にはいるとインドなどアジア市場の重要性が増していった。Cheng, *The Rice Industry of Burma*, Ch. 8; 斎藤照子「ビルマにおける米輸出経済の展開」加納啓良責任編集『植民地経済の繁栄と凋落』(岩波講座東南アジア史 6)岩波書店，2001年，145-148頁。

18 Michael Adas, *The Burma Delta: Economic Development and Social Change on an Asian Rice Frontier, 1852-1941*, Madison: University of Wisconsin Press, 1974, Ch. 5; 伊東利勝「下ビルマの開発と移民――上ビルマからの移民をめぐって」『社会経済史学』47(4)，1981年，33-56頁。

19 移民の招致と放任については以下を参照。J. S. Furnivall, *An Introduction to the Political Economy of Burma*, 3rd ed., Rangoon: People's Literature Committee and House, 1957 (1931), pp. 71-73; Cheng, *The Rice Industry of Burma*, pp. 117-124; Adas, *The Burma Delta*, pp. 83-102.

20 Pearn, *A History of Rangoon*, p. 187.

21 インドおよびビルマのセンサスの来歴については以下を参照。三瀬利之「史料の歴史学――英領インド国勢調査資料の由来」森明子編『歴史叙述の現在――歴史学と人類学の対話』人文書院，2002年，36-63頁；Judith Richell, *Disease and Demography in Colonial Burma*, Copenhagen: NIAS Press, 2006. なお，センサスの人口統計を利用するにあたっては，その分類の恣意性や利用の際の注意点について以下を参考にした。N. Gerald Barrier, 'Introduction,' in N. Gerald Barrier

(ed.), *The Census in British India: New Perspective*, New Delhi: Manohar, 1981, pp. v-xiv; Charles Hirschman, 'The Meaning and Measurement of Ethnicity in Malaysia: An Analysis of Census Classifications,' *The Journal of Asian Studies* 46(3), 1987, pp. 555-582.

22 1921年のセンサスでは，本書での包括的な「ビルマ人」概念に含まれる人びとのうち，95%が狭義の「ビルマ人」人種である。Census 1921, Imperial Table XIII, part II.

23 例えば，1931年のラングーンでは，公務員と専門職従事者は23,255人で，所得保持者全体の10%近くを占めていた。他の職業については，統計が産業別になっているので階層的抽出が難しいが，中間層は少なく見積もっても3万人は存在したであろうと考えられる。Census 1931, Imperial Table X, part II.

24 ロバート・テイラーは，1931年のビルマ全体について，階層分析をおこなっている。Robert T. Taylor, 'The Relationship between Burmese Social Classes and British-Indian Policy on the Behavior of the Burmese Political Elite, 1937-1942,' Ph.D. Dissertation, Cornell University, 1974, pp. 42-88.

25 例えば，以下を参照。Robert Talbot Kelly, *Burma: Painted & Described*, London: Adam and Charles Black, 1905, p. 6.

26 1931年のセンサスでは，ラングーン市の男性所得保持者の総数は198,760人であり，そのうち，「職人」あるいは「非熟練ないし半熟練労働者」という範疇に含まれたインド人の数は100,966人であった。Census 1931, Provincial Table VI, part II; James Baxter, *Report on Indian immigration*, Rangoon: Superintendent, Government Printing and Stationery, 1941, Appendix 15(a).

27 インド人を分類する際にカーストは重要である。ところが，ビルマにおけるインド人移民労働者については，ほとんどが下層カーストの出身者であるとは考えられるものの，その出身カーストを詳らかにするのは難しい。カーストによるインド人の分類が試みられたのは，1891年センサスが最初であったが，多くのインド人が答申を拒んだり，虚偽の申告をしたりしたことによって，その結果は不正確なものになってしまったという。Census 1891, p. 187; 1901, pp. 107-108; 1911, pp. 242-243. こうした不便さから，1921年以降のセンサスでは，カーストによる分類は省略されることとなった。Census 1921, pp. 216-217.

28 Royal Commission on Labour in India, *Burma* (Evidence Vol. X), part I, Simla: Government of India Press, 1931, pp. 1-2; J. J. Bennison, *Report of an Enquiry into the Standard and Cost of Living of the Working Classes in Rangoon*, Rangoon: Superintendent, Govt. Print and Stationery, 1928, pp. 5-6.

29 Census 1891, p. 177.

30 各回のセンサスは2月から3月に実施されたが，日付が遅いほどラングーンへのインド人の集中が起こっていると考えられることには注意が必要である。伊東「下ビルマの開発と移民」，40頁。

31 ここでは各年次の数値はあげないが，1872年から1931年まで割合はあまり変化しない。Census 各年次宗教別年齢別人口統計。

32 1931年のビルマ人男性所得保持者の数は30,213人で，全男性所得保持者の15％を占めるにすぎなかった。他方で，全インド人男性所得保持者は70％を占めていた。Census 1931, Provincial Table VI, part II. また，女性労働者については，イギリス人植民地行政官のジェンダー規範が統計の範疇設定に反映されているため，その存在が統計上みえづらくなっているという。M. Satish Kumar, 'The Census and Women's Work in Rangoon, 1872–1931,' *Journal of Historical Geography* 32 (2), 2006, pp. 377–397.

33 1921年には，ビルマ生まれのインド人の数は24,206人であり，ラングーンの全インド人人口の13％を構成した。1931年には，同じ数値が32,949人と15％になった。Census 1921; 1931. インド人の下位集団のなかでは，とくにタミル人にラングーンへの定着傾向が認められる。タミル人の男女比は1881年から1931年のあいだにかなり均衡に近づく。

34 統計上の「印緬混血」(Indo-Burman)は，ヒンドゥー教徒かムスリムのいずれかとビルマ人との混血を指したが，後者のほうが多数派であったようである。1930年代には彼らのなかから自らを「バマー・ムスリム」と位置づけ，土着性を強調する動きがみられるようになる。斎藤紋子「ミャンマーにおける「バマー・ムスリム」概念の形成——1930年代ナショナリズム高揚期を中心に」『東南アジア—歴史と文化』41，2012年，5–29頁。英系インド人は，統計上は1901年センサスまでは「ユーラシアン」(Eurasian)，1911年から31年のセンサスでは「英系インド人」(Anglo-Indian)と記載されたが，これらは基本的にヨーロッパ人とアジア人との混血をすべて含めたカテゴリーであった。Census 1921, p. 207. また，1935年のビルマ統治法では「英系ビルマ人」(Anglo-Burman)と記載されるようになるが，その定義は依然として曖昧なままであった。根本敬「「英系ビルマ人」が「ビルマ国民」になるとき——血統主義，出生地主義，「国家への忠誠」」根本敬編『東南アジアにとって20世紀とは何か——ナショナリズムをめぐる思想状況』東京外国語大学アジア・アフリカ言語文化研究所，2004年，90頁。なお，センサスの報告書では，多くの英系インド人が自らをヨーロッパ人と偽って申告していることが繰り返し指摘されている。Census 1921, p. 162; 1931, p. 232. 英領期ビルマの英系インド人に関しては，ほかに以下を参照。Penny Edwards, 'Half-cast: Staging Race in British Burma,' *Postcolonial Studies* 5(3), 2002; Penny Edwards, 'On Home Ground: Settling Land and Domesticating Difference in the 'Non-Settler' Colonies of Burma and Cambodia,' *Journal of Colonialism and Colonial History* 4(3), 2003; 根本敬「英系ビルマ人の歴史と記憶——日本占領期(1942〜45年)とビルマ独立をめぐって」永原陽子編『生まれる歴史，創られる歴史——アジア・アフリカ史研究の最前線から』刀水書房，2011年，181–223頁。

35 Census 1921, Imperial Table VII B.

36 センサスで人口統計をとるための地区割りは，徴税単位や選挙区とも異なる。明確な境界線は不明であり，時期によって変動もあったようである。しかし，各地区の相対的な位置は大体において変わっておらず，人口変動の傾向を知ることはできるだろう。

37 File No. 155 (1867–1868), Records of the Chief Secy. Office (NAD/1/1A/1239).
38 Letter No. 46, from Deputy Inspector-General, to Chief Commissioner, British Burma, dated the 8th February 1868, in File No. 155 (1867–1868), Records of the Chief Secy. Office (NAD/1/1A/1239).
39 *Ibid.*
40 Pearn, *A History of Rangoon*, p. 266.
41 カンパニャクについては，第3章で述べる。この逸話は彼の自伝にある。Charles Haswell Campagnac, *The Autobiography of a Wanderer in England & Burma: The Memoirs of a Former Mayor of Rangoon*, Raleigh, N.C.: LuLu Press, 2010, pp. 77–78.
42 Maxim, 'The Resemblance in External Appearance,' p. 63.
43 Pearn, *A History of Rangoon*, p. 231.
44 Letter No. 46, from Deputy Inspector-General, to Chief Commissioner, British Burma, dated the 8th February 1868, in File No. 155 (1867–1868), Records of the Chief Secy. Office (NAD/1/1A/1239).
45 *Ibid.*
46 内田直作「ラングーンにおける華僑社会構造――福建帮と広東帮について」『成城大学経済研究』45，1974年，65–66，73–74頁。
47 さらに1921年以降には，選択肢として「儒教信仰者」(Confucian)が加わる。このような揺れには，華人をビルマ人と区別して把握するか，それともひとまとめにしてしまうかという行政側の意図と，華人自身のアイデンティティとが双方向から影響をおよぼしているように思われる。その焦点のひとつであった，華人を仏教徒とみなしてビルマの慣習法を適用すべきか否かという議論については法制史家M・B・フッカーの研究がある。M. B. Hooker, 'The "Chinese Confusion" and the "Chinese Buddhist" in British Burma, 1881–1947,' *Journal of Southeast Asian Studies* 21(2), 1990, pp. 384–401.
48 Letter No. 46, from Deputy Inspector-General, to Chief Commissioner, British Burma, dated the 8th February 1868, in File No. 155 (1867–1868), Records of the Chief Secy. Office (NAD/1/1A/1239). 本段落はすべて同所からの引用。
49 *Ibid.*
50 テインビューにいつ碁盤目状の道路が敷設されるのか明らかでないが，1871年時点では，1，2本の道路しか通っていなかったという記述がある。Pearn, *A History of Rangoon*, p. 206. 19世紀末から20世紀初頭にかけてのどこかの時点で道路が敷設されたと考えられる。
51 この地域は，精米所の立ち並ぶ工業地帯に隣接していたにもかかわらず，1910年代半ばの時点でも労働者集合住宅がほとんどみられず，工業地帯の背後に家族で居住するビルマ人の大規模な集落が広がっていたという。*Reports of the Suburban Development Committee Rangoon: and the Departmental Committee on Town Planning Burma with Resolution of the Local Government*, Rangoon: Office of the Superintendent, Government Printing, 1921, p. 62. 地理的には核心

部と離れた場所にあるが，このような木造家屋の密集地帯という点で，核心部隣接諸地域と似通った性格をもっている。

第2章　華人統治

1　植民地ビルマの警察行政一般に関する研究には以下があるが，いずれもラングーン市の特殊事情や外来者統治への関心は薄い。Aung Myo, 'Police Administration in Myanmar (1885–1945),' Ph.D. Dissertation, Department of History, Mandalay University, 2007; Andrew Selth, 'Myanmar's Police Forces: Coercion, Continuity and Change,' *Contemporary Southeast Asia* 34(1), 2012, pp. 53–79; Lalita Hingkanonta Hanwong, *Policing in Colonial Burma*, Chiang Mai: Center for ASEAN Studies, 2015. また，植民地ビルマの政治情報収集に関する専論では，外来者に関する情報収集について若干の言及がみられるが，その対象時期は1930年以降に限定されている。Edmund Bede Clipson, 'Constructing an Intelligence State: The Colonial Security Services in Burma, 1930–1942,' Ph.D. Dissertation, University of Exeter, 2010. 本章では，20世紀初頭におけるビルマ州政庁の警察を介した情報収集についても意をはらって叙述したい。

2　植民地ビルマの華人統治について，先駆的研究に李軼の博士論文がある。Yi Li, 'Local and Transnational Institutions in the Formation of Chinese Migrant Communities in Colonial Burma,' Ph.D. Dissertation, School of Oriental and African Studies, London University, 2011, pp. 85–127.

3　ラングーン市警法(1899年)の制定による。Bertie Reginald Pearn, *A History of Rangoon*, Rangoon: American Baptist Mission Press, 1939, p. 271. これより前，1882年にラングーンにおける警察組織は市当局からビルマ州政庁に移管されていた。*Ibid.*, pp. 244–245.

4　*Report on the Rangoon Town Police* (hereafter RRTP) 1899, pp. i, 1.

5　RRTP 1899, p. 23.

6　ビルマ州全体の警察行政では，一般警察(civil police)にはビルマ人，軍事警察(military police)にはインド人が採用される傾向があった。Alleyne Ireland, *The Province of Burma: A Report prepared on behalf of the University of Chicago*, vol. 1, Boston; New York: Houghton, Mifflin and Company, 1907, p. 198.

7　表2-1と表2-2では，警部補以上(原語ではOfficers)と巡査部長以下(原語ではMen)の範疇の分け方が異なっていると思われる。例えば，表2-1では巡査部長等の範疇に含まれていた一部の階級(例えば，警部補代理Deputy Inspectorや準警部補Sub-Inspectorなど)が，表2-2ではOfficersの範疇に含まれている可能性がある。

8　市警年次報告とセンサスから算出すると，ラングーンの警察官1人当たりの人口は，1901年で250人，1911年で270人，1921年で222人，1931年で265人であった。ボンベイや，カルカッタの数値(1880年代に200人強)については以下を参照。Prashant Kidambi, *The Making of an Indian Metropolis: Colonial Governance and Public Culture in Bombay, 1890–1920*, Aldershot; Burlington: Ashgate,

2007, p. 128.

9 1920年代初頭，ラングーンにおける街区長制度改善のためにインドの他の都市の状況が研究されたところ，カルカッタやボンベイに類似の制度が存在しないことが明らかになった。RRTP 1922, p. 26: 1923, p. 21.

10 こうした村落制度は，1880年代にビルマ州の弁務長官(当時の執政長官)であったチャールズ・クロスウェイトによって導入された。J. S. Furnivall, *Colonial Policy and Practice: A Comparative Study of Burma and Netherlands India*, New York: New York University Press, 1956 (1948), pp. 74–75.

11 街区長制度は，ラングーン市警の設立以前から存在しており，当初はラングーン県長官が街区長を任命していた。RRTP 1899, p. 23. 毎年の市警報告書をみると，ラングーン市内の街区長の数は時代がくだるにつれて減少し，1人当たりの管轄区域が広がる傾向にあった。1900年代には500〜600人ほどいたのが，1920年代以降は200人前後になったことがわかる。

12 RRTP 1899, p. 23.

13 RRTP 1922, p. 26. 街区長には，村長に認められていた懲罰権限が与えられていなかった。RRTP 1909, p. 9; 1921, p. 11; 1923, p. 10.

14 例えば，以下参照。RRTP 1899, p. 23; 1904, p. 7; 1908, p. 7; 1919, p. 9; 1923, pp. 20–21.

15 以下の二つの事例では，どちらも犯人がラングーンから外国へ逃亡し，外国政府とのあいだで逃亡犯引き渡しのための手続きが踏まれたために，関係者の証言を含む諸文書がビルマ州政庁官房に残されることになった。これらの諸文書は，警察内部の文書が未公開である現状では，植民地期の都市社会と犯罪捜査の様子をうかがい知るうえで貴重かつ興味深い材料を提供している。

16 下記のビルマ国立公文書局所蔵ファイルに収録された諸文書より再構成した。File No. 4E-10 (1913), Records of the Chief Secy. Office (NAD/1/1C/9269).

17 下記のビルマ国立公文書局所蔵ファイルに収録された諸文書より再構成した。File No. 4E-16 (1913), Records of the Chief Secy. Office (NAD/1/1C/9271).

18 東南アジアにおける帝国の治安維持と越境者との関わりについては，1930年頃の国際共産主義運動に焦点を合わせた以下の研究がある。鬼丸武士『上海「ヌーラン事件」の闇——戦間期アジアにおける地下活動のネットワークとイギリス政治情報警察』書籍工房早山，2014年。しかし，刑事犯の国際的取り締まりについては，研究蓄積が少ない。

19 海峡植民地や蘭領東インドにおける日本人娼館の展開については，以下を参照。清水洋「蘭領東印度における「からゆきさん」の研究——19世紀末から1930年代初めにかけて」『名古屋商科大学論集』38(1)，1993年，47–76頁；清水洋・平川均『からゆきさんと経済進出——世界経済のなかのシンガポール—日本関係史』コモンズ，1998年，20–60頁；James Francis Warren, *Ah Ku and Karayuki-san: Prostitution in Singapore, 1870–1940*, Singapore: Singapore University Press, 2003 (1993). また，タイと中国を結ぶ潮州華人のネットワークについては，以下を参照。濱下武志「移民と商業ネットワーク——潮州グループのタイ移民と本国

送金」『東洋文化研究所紀要』116，1992年，61-106頁。

20 例えば，1899年には，ラングーン市警による監視対象となっていたにもかかわらず，1年のうちに行方がわからなくなった者が86人いた。そのうち51人が華人とインド人であった。1900年は122人中，55人がインド人，16人が華人であった。RRTP 1899, pp. 21-22; 1900, p. 6.

21 1902年に全市10警察署管内の犯罪件数1869件中，ラター警察署管内の犯罪件数は498件(27%)であった。このあと，犯罪件数は年々増加し，1906年には全市2652件中，ラター警察署管内637件(24%)にいたる。RRTP 各年次。

22 1902年から1905年にかけての時期に，このように強制捜査がなされた華人クラブの名前と，それぞれの強制捜査の結果，有罪判決を受けた者の数が，以下の手紙にリスト化されている。Letter No. 668—2P.-39, from H. S. Hartnoll, Commissioner, Pegu Division, to the Chief Secretary to the Government of Burma, dated the 18th September 1905, in File No. 10C-44 (1905), GoB Police (Conf.) Procd. A. (IOR/P/7502).

23 File No. 10C-52 (1904), GoB Home Procd. B. (IOR/P/6739).

24 *Ibid.*

25 Letter No. 3266—70.M.F.C., from R. G. P. P. McDonnell, C.I.E., Commissioner of Police, Rangoon, to the Chief Secretary to the Government of Burma, dated the 27th March 1905, in File No. 10C-44 (1905), GoB Police (Conf.) Procd. A. (IOR/P/7502).

26 この経緯は，以下の一連のファイルに含まれる1905年から1907年までのビルマ州政庁と各所との往復書簡より再構成した。File No. 10C-44 (1905) (IOR/P/7502); 10C-52 (1906) (IOR/P/7502); 10C-45 (1907) (IOR/P/7504).

27 本段落の華人問題顧問官の職務と廃止理由，華語試験官の新設については，つぎに所収された往復書簡を参照。File No. 2424 (1905) (IOR/L/PJ/6/731). ビルマ州華人問題顧問官の役割については，以下も参照。Yan-Kit Nancy Iu, 'Anglo-Chinese Diplomacy regarding Burma, 1885-1897,' Ph.D. Dissertation, School of Oriental and African Studies, University of London, 1960, pp. 166-304; Li, 'Local and Transnational Institutions,' pp. 87-100.

28 トー・セインコーの履歴については，以下を参照。Penny Edwards, 'Relocating the Interlocutor: Taw Sein Ko (1864-1930) and the Itinerancy of Knowledge in British Burma,' *South East Asia Research* 12(3), 2004, pp. 277-335; Taw Sein Ko, *Burmese Sketches*, Rangoon: British Burma Press, 1913, pp. 143-145.

29 ビルマ州政庁はインド中央政庁に対し，月給400ルピーの官職として華語試験官設置の裁可を仰いだが，結局，後者は月給を250ルピーに減額したうえで設置を認めた。File No. 2424 (1905) (IOR/L/PJ/6/731). ちなみに，後述する海峡植民地行政官ピーコックのビルマ州政庁へ出向中の月給は900ルピーであった。Letter No. 67—10C-45, from Officiating Chief Secretary to the Government of Burma, to the Colonial Secretary, Straits Settlements, dated the 4th April 1907, in File No. 10C-45 (1907), GoB Police (Conf.) Procd. A. (IOR/P/7504).

30 ビルマの華人人口の分布については，以下を参照。Census 1901, Imperial Table No. XIII; Victor Purcell, *The Chinese in Southeast Asia*, 2nd ed., London: Oxford University Press, 1965, pp. 41-48. ただし，国境地域はセンサスの実施が困難であったため，内陸部の華人人口は相当過少にでていると考えられる。

31 ピーコックの履歴は，以下の手紙に記されている。Letter No. India－702, from E. L. Brockman, Colonial Secretary, Straits Settlements, to the Chief Secretary to the Government of Burma, dated the 14th March 1907, in File No. 10C-45 (1907), GoB Police (Conf.) Procd. A. (IOR/P/7504). 華人保護署については，以下を参照。白石隆「華民護衛署の設立と会党――19世紀シンガポール華僑社会の政治的変化」『アジア研究』22(2)，1975年，75-102頁；可児弘明『近代中国の苦力と「豬花」』岩波書店，1979年，71-72頁；篠崎香織「シンガポールの海峡華人と「追放令」――植民地秩序の構築と現地コミュニティの対応に関する一考察」『東南アジア――歴史と文化』30，2000年，72-97頁。なお，官職としてのChinese Protectorとその部署を指すChinese Protectorateは，それぞれ「華民護衛司」と「華民護衛司署」と漢訳されるが，本書ではその日本語訳として「華人保護官」と「華人保護署」を採用する。

32 Letter No. 418T－10C-45, from W. H. A. St. Leeds, Officiating Chief Secretary to the Government of Burma, to W. Peacock, dated the 21st May 1907, in File No. 10C-45 (1907), GoB Police (Conf.) Procd. A. (IOR/P/7504).

33 Walther Peacock, *Report on Chinese Affairs in Burma*, Rangoon: Office of the Superintendent, Government Printing, 1908. この報告書は，以下のファイル所収。File No. 10C-1 (1908), GoB Police (Conf.) Procd. A. (IOR/P/7792). ビルマ政庁はその内容を検討しながら彼の意見を求めるため，当初，6月まで1年間の予定であったピーコックの任期を半年間延長した。

34 *Ibid.*, pp. 3-8.

35 これらのビルマの会党に関する入会儀礼や各支部の役職者名などについては以下を参照。*Ibid.*, pp. 10-25. また，海峡植民地における会党と植民地政庁の対応についてはつぎを参照。Wilfred Blythe, *The Impact of Chinese Secret Societies in Malaya: A Historical Study*, London: Oxford University Press, 1969; 白石「華民護衛署の設立と会党」。

36 和勝公司と建徳公司の械闘の経緯とその分析については，以下を参照。Peacock, *Report on Chinese Affairs in Burma*, pp. 58-63.

37 ラングーンにおける広東帮の行組織については，以下を参照。内田「ラングーンにおける華僑社会構造」，75-78頁。

38 Peacock, *Report on Chinese Affairs in Burma*, p. 63. ちなみにピーコックは，利城行と魯城行が名目的には広東人大工の同業者団体として始まったものの，福建人や客家をも会員として含んでその規模を拡大させたことから，両者を社交団体として分類している。*Ibid.*, pp. 4-5, 69.

39 以下のピーコックによる現行制度批判は，つぎを参照。*Ibid.*, p. 67.

40 *Ibid.*, p. 68.

41 *Ibid*., p. 67.

42 *Ibid*., p. 68.

43 *Ibid*., pp. 50-56, 68. 海峡植民地での追放政策については，以下を参照。篠崎「シンガポールの海峡華人と「追放令」」，81-82頁；白石「華民護衛署の設立と会党」，86-87頁。

44 当時のラングーン市警本部長マクドネルは，州政庁に対して華人統治のための新法制定の提案をする前に，これら４人の有力華人と会合をもち，提案への承認をとりつけていた。Letter No. 3266—70.M.F.C., from R. G. P. P. McDonnell, C.I.E., Commissioner of Police, Rangoon, to the Chief Secretary to the Government of Burma, dated the 27th March 1905, in File No. 10C-44 (1905), GoB Police (Conf.) Procd. A. (IOR/P/7502).

45 *Peacock, Report on Chinese Affairs in Burma*, p. 57.

46 *Ibid*., pp. 43-49.

47 *Ibid*., pp. 41-42. なお，ビルマには「娼館奴隷制」が存在しないというビルマ州政庁の広東人娼館に関する認識は，以下のファイル所収の書簡で開陳されている。File No. 1531 (1894), Public and Judicial Dept. Annual Files (IOR/L/PJ/6/380).

48 Letter No. 455—5F-10, from H. L. Eales, I.C.S., Commissioner, Pegu Division, to the Chief Secretary to the Government of Burma, dated the 11th July 1908, in File No. 10C-1, part 2 (1908), GoB Police (Conf.) Procd. A. (IOR/P/8070).

49 Letter No. 1522T—10C-1, from W. F. Rice, I.C.S., Chief Secretary to the Government of Burma, to the Secretary to the Government of India, Home Department, dated the 23rd October 1909, in File No. 10C-37, part 2 (1909), GoB Police (Conf.) Procd. A. (IOR/P/8070).

50 ちなみに，ビルマ州政庁は賭博の規制については，ピーコックの提言通りの法改正をおこなう意図があったが，この法改正は警察による収賄を促進する恐れがあるとしてインド中央政庁に拒否された。Letter No. 275 (Judicial), from Sir Harold Stuart, K.C.V.O., C.S.I., Secretary to the Government of India, Home Department, to the Chief Secretary to the Government of Burma, dated the 24th February 1910, in File No. 10C-17 part 1 (1910), GoB Police (Conf.) Procd. A. (IOR/P/8348).

51 1864年外国人法の条文は次に所収。Act III of 1864 in *A Collcection of the Acts passed by the Governor General of India in Council in the year 1864*. 第３条の条文は以下の通り。

> 参事会におけるインド総督は，書面によって，いかなる外国人に対しても英領インドから退去するように，あるいは，命令のなかに明記された特定のルートを通って退去するように命じることができる。そして，どの地方政庁も，書面によって，その政庁の管轄区域内のあらゆる外国人について同様の命令を発することができる。

英領インドの外国人政策における1864年外国人法の位置づけについては，以下を参照。Paula Banerjee, 'Aliens in a Colonial World,' in Ranabir Samaddar (ed.),

Refugees and the State: Practices of Asylum and Care in India, 1947-2000, New Delhi: Sage Publications, 2003, pp. 69-105.

52 Letter No. 1279T—10C-1, from W. F. Rice, I.C.S., Chief Secretary to the Government of Burma, to the Commissioner of Police, Rangoon, dated the 29th October 1908, in File No. 10C-1, part 2 (1908), GoB Police (Conf.) Procd. A. (IOR/P/8070).

53 Letter No. 2216—85D.D., from H. C. Gadsden, Officiating Commissioner of Police, Rangoon, to the Chief Secretary to the Government of Burma, dated the 4th December 1908, in File No. 10C-37, part 2 (1909), GoB Police (Conf.) Procd. A. (IOR/P/8070).

54 残りの１人は，それまでにすでにビルマ州をたち清国に戻っていた。Letter No. 1439T—10C-1, from W. F. Rice, I.C.S., Chief Secretary to the Government of Burma, to the Commissioner of Police, Rangoon, dated the 17th October 1909, in File No. 10C-37, part 2 (1909), GoB Police (Conf.) Procd. A. (IOR/P/8070).

55 Notification of the Police Department, the Government of Burma, dated Maymyo, the 20th October 1909, in File No. 10C-37, part 2 (1909), GoB Police (Conf.) Procd. A. (IOR/P/8070).

56 例えば，２回目の追放者選定の際のラングーン市警本部長の手紙を参照。Letter No. 301—85D.D., from W. N. Baines, Commissioner of Police, Rangoon, to the Chief Secretary to the Government of Burma, dated the 3rd February 1910, in File No. 1M-13 (1910), GoB Police (Conf.) Procd. A. (IOR/P/8348).

57 1909年から21年までのビルマ州政庁の警察機密資料(IOR/P/8070; IOR/P/8348; IOR/P/8628; IOR/P/8881; IOR/P/9126; IOR/P/9402; IOR/P/CONF/3; IOR/P/CONF/15; IOR/P/CONF/28; IOR/P/CONF/38; IOR/P/CONF/48; IOR/P/CONF54; IOR/P/CONF63)に含まれる関連ファイルを網羅的に調査し数え上げた。各ファイルについては参考文献を参照。なお，上記資料に含まれる若干数のタヴォイからの追放事例や，再追放の事例，後述の『光華日報』編集者の追放事例などは，とられた手続きが異なるので，この34件には含まれない。

58 政庁により強制退去命令が発せられたのち，それが対象者に宣告される前に対象者が自発的に出国していた場合は，政庁によって退去させられたのと同じとみなした。退去命令が撤回された３例のうち２例は，対象者が退去命令を受けたあとに逃亡し，のちに発見された際，すでに更生しているとの理由から命令が撤回された。File No. 1M-28 (1913) (IOR/P/9126); File No. 1M-10, part 4 (1916) (IOR/P/CONF/15). もうひとつの撤回事例については，本文で後述する。File No. 1M-47 (1913) (IOR/P/9402).

59 RRTP 1910, p. 3.

60 追放者の帰還については，以下のファイルを参照。File No. 1M-13, part 2 & 4 (1910) (IOR/P/8348); 1M-20 (1912) (IOR/P/8881); 1M-45 (1913) (IOR/P/9126); 1M-10, Pt. 2 (1916) (IOR/P/CONF/15); 1M-52 (1917) (IOR/P/CONF/38); 1M-51 (1919) (IOR/P/CONF/48).

61 File No. 1M-26 (1914), GoB Police (Conf.) Procd. A. (IOR/P/9402).

62 Statement of Kow Bway, Deportee, attached to the Letter No. 1085—85D.D., from the Commissioner of Police, Rangoon, to the Chief Secretary to the Government of Burma, dated the 30th May 1910, in File No. 1M-13, part 3 (1910), GoB Police (Conf.) Procd. A. (IOR/P/8348).

63 File No. 1M-13, part 2 (1910), GoB Police (Conf.) Procd. A. (IOR/P/8348).

64 Memorial of Tan Tien of Henzada, Trader, dated the 1st October 1910, in File No. 1M-13, part 3 (1910), in GoB Police (Conf.) Procd. A. (IOR/P/8348).

65 タン・キムチャイは，19世紀半ばに厦門から移住したタン・ブンテー(陳文鄭)の長子として，1869年にラングーンで出生し，1909年の父の死後，その事業を継いだ。Arnold Wright, H. A. Cartwright and O. Breakspear (eds.), *Twentieth Century Impressions of Burma: Its History, People, Commerce, Industries and Resources*, London: Lloyd's Greater Britain Publishing Co., 1910, p. 313; Li, 'Local and Transnational Institutions,' p. 279. また，ビルマ華人の商業会議所は，1908年に設立され，当初の漢字名は「商務団体会」といった。その後，辛亥革命後に「中華総商会」，1932年に「華商商会」と改名し，現在にいたっている。陳孺性「緬甸華僑史略」『南洋文摘』5 (2)，1964年，38頁。

66 しかしながら，1912年と1914年に第２期，第３期の華人諮詢局が任命されたときには，タン・キムチャイはそのメンバーに含まれた。File No. 10C-55 (1912) (IOR/P/8881); File No. 1M-20 (1914) (IOR/P/9402).

67 本段落の事例は以下のファイルを参照。File No. 1M-47 (1913), GoB Police (Conf.) Procd. A. (IOR/P/9402).

68 Memorial from Wee Nga Sang, Rangoon, to Sir Harvey Adamson, M.A., LL.D., KT., K.C.S.I., I.C.S., Lieutenant-Governor of Burma, dated the 11th December 1913, in File No. 1M-47 (1913), GoB Police (Conf.) Procd. A. (IOR/P/9402).

69 『光華日報』関係者の追放の経緯については，ビルマ州政庁官房に保管されたつぎの一連のファイルを参照。File No. 1C-61 (1908) (NAD/1/1B/6491); 1C-3 (1909) (NAD/1/1B/6590); 1C-16 (1910) (NAD/1/1B/6762); 1C-16, part B (1910) (NAD/1/1A/3800); 1C-10 (1911) (NAD/1/1A/3854); 1C-40, part 1 (1912) (NAD/1/1B/6968); 1C-40, Pt. 2 (1912) (NAD/1/1B/6969). また，この事件は，辛亥革命とビルマ華人との関わりを論ずる中国語の研究では必ずといってよいほど言及される。例えば，以下を参照。陳「緬甸華僑史略」，49頁；余定邦「清朝政府在仰光設置領事的過程——兼論清廷所派領事与華僑的関係」『中山大学学報 社会科学版』1990(1)，1990年，64-65頁。

70 秦力山は，戊戌の政変後に渡日し梁啓超らと親交を結んだが，1900年に漢口での武装蜂起に失敗して再び日本へ逃れ，梁ら変法派と決別して反清革命運動に身を投じた。1901年には東京で反帝国主義・反清革命の宣伝手段として『国民報』を創刊し，その総編輯に就いた。宮城由美子「『国民報』社説にみる国家と国民について」『佛教大学大学院紀要 文学研究科篇』37，2009年，231-244頁。

71 陳「緬甸華僑史略」，41-42頁。

72 File No. 1C-61 (1908) (NAD/1/1B/6491).

73 1894年の「続議滇緬界務商務条約」によって，清国がラングーンに領事館を設置する権利が認められていた。清国領事館設置にいたる経緯については，以下を参照。箱田恵子『外交官の誕生——近代中国の対外態勢の変容と在外公館』名古屋大学出版会，2012年，134-142頁；余「清朝政府在仰光設置領事的過程」。

74 Note by R. F. Rice, the Chief Secretary to the Government of Burma, dated the 1st December 1909, in File No. 1C-3 (1909) (NAD/1/1B/6590).

75 Note by H. T. White, the Lieutenant Governor of Burma, dated the 2nd December 1909, in File No. 1C-3 (1909) (NAD/1/1B/6590).

76 清国領事からの情報提供は以下より引用。Letter from Y. H. Hsiao, Consul for China at Rangoon, to the W. F. Rice, I.C.S., Chief Secretary to the Government of Burma, dated the 23rd February 1910, in File No. 1C-16 (1910) (NAD/1/1B/6762). 引用中の「カイッベン Kaik Beng」は「改変」の音訳であろうか。

77 植民地行政側の英文資料では，印刷者と編集者の名前はそれぞれチン・ワンペン(Chin Wan Peng, Chin Han Peng)とリウ・コックセン(Liu Kôk Seng)とされる。中国語の研究と対照すると，前者は陳漢平，後者は居正である。陳「緬甸華僑史略」，44頁；余「清朝政府在仰光設置領事的過程」，65頁。リウ・コックセンは，居正の姓と字・覚生の音写と思われる。以下では，両者の名前を漢字で表記する。陳漢平の詳しい履歴は不明であるが，居正については以下を参照。徐友春主編『民國人物大辭典』増訂版，第二版，石家庄：河北人民出版社，2007年，951-952頁。

78 Note by R. F. Rice, the Chief Secretary to the Government of Burma, dated the 4th March 1910, in File No. 1C-16 (1910) (NAD/1/1B/6762). なお，ここで言及されている人物はシャームジー・クリシュナヴァルマーである。この人物は，1905年にロンドンに在外インド人革命家たちのセンター「インド会館」を設立し，1908年以降はパリにその拠点を移していた。スミット・サルカール，長崎暢子・臼田雅之・中里成章・粟屋利江訳『新しいインド近代史——下からの歴史の試み(I)(II)』研文出版，1993年，196-199頁；Harald Fischer-Tiné, 'Indian Nationalism and the "World Forces": Transnational and Diasporic Dimensions of the Indian Freedom Movement on the Eve of the First World War,' *Journal of Global History* 2(3), 2007, pp. 325-344.

79 Demi-official letter No. 25P—1C-16, from W. F. Rice, I.C.S., Chief Secretary to the Government of Burma, to S. H. Butler, C.S.I., C.I.E., I.C.S., Secretary to the Government of India, Foreign Department, dated the 7th March 1910, File No. 1C-16 (1910) (NAD/1/1B/6762).

80 Telegram (P.) No. 185, from S. H. Butler, C.S.I., I.C.S., Secretary to the Government of India, Foreign Department, to W. F. Rice, I.C.S., Chief Secretary to the Government of Burma, dated the 21st March 1910, in File No. 1C-16 (1910) (NAD/1/1B/6762).

81 Letter No. 115P—1C-16, from W. F. Rice, I.C.S., Chief Secretary to the Govern-

ment of Burma, to W. N. Baines, Commissioner of Police, Rangoon, dated 24th March 1910, in File No. 1C-16 (1910) (NAD/1/1B/6762). ちなみに，この退去命令は，辛亥革命後の中華民国政府からの要請により，1912年12月24日に解除された。File No. 1C-40, part 1 (1912) (NAD/1/1B/6968); 1C-40, part 2 (1912) (NAD/1/1B/6969).

82 Demi-official letter No. 33P—1C-16, from W. F. Rice, I.C.S., Chief Secretary to the Government of Burma, to M. J. Chisholm, Officiating Deputy Inspector-General of Police for Railways and Criminal Investigation, Burma, dated the 9th March 1910, File No. 1C-16 (1910) (NAD/1/1B/6762). エドマンド・クリプソンによれば，ビルマ州の犯罪捜査局は1891年に設置された。Clipson, 'Constructing an Intelligence State,' p. 11. 他方で，英領インド全体の情報政策を概観したリチャード・ポップルウェルによれば，各地方行政体の犯罪捜査局はカーゾン卿の総督在任時の1903年から設置が始まったという。ただし，ポップルウェルはビルマ州における犯罪捜査局の設置には言及していない。Richard J. Popplewell, *Intelligence and Imperial Defence: British Intelligence and the Defence of the Indian Empire, 1904-1924*, London: Frank Cass, 1995, p. 51.

83 Demi-official letter No. 593—39M, from J. L. Ommanney, Personal Assistant to the Deputy Inspector-General of Police for Railways and Criminal Investigation, Burma, to W. F. Rice, I.C.S., Chief Secretary to the Government of Burma, dated the 12th March 1910, File No. 1C-16 (1910) (NAD/1/1B/6762).

84 Demi-official letter No. 34—C.R.D., from Taw Sein Ko, Examiner in Chinese, Burma, to W. F. Rice, I.C.S., Chief Secretary to the Government of Burma, dated the 12th April 1910, File No. 1C-16 (1910) (NAD/1/1B/6762). なお，ビルマ州政庁の認識した Kei Ming Tang や後出の Geh Min Dan は，中国語資料に対応する漢字表記を確認できない。本書では暫定的に「革命党」と括弧つきで表記する。

85 チェン・グンアンの履歴については，以下を参照。張正藩「莊銀安」祝秀俠主編『華僑名人傳』臺北：中央文物供應社，1955年，109-117頁；徐主編『民國人物大辭典』，1128頁。なお，1909年3月の時点ですでに清国は『光華日報』の論調に責任を有する者としてチェン・グンアンの追放を要請していた(このとき，チェン・グンアンは莊銀安の北京語音写である Chuang Yin An として英文史料上に現われる)。Translation of letter from Shih Tseng, Administrator of Foreign Affairs for the Province of Yunnan, to the British Acting Consul-General at Yunnanfu, dated the 22nd March 1909, in File No. 1C-3 (1909) (NAD/1/1B/6590). また，政庁の考古学研究官兼華語試験官のトー・セインコーは，チェン・グンアンと個人的な交際があり，彼が『光華日報』の経営者である旨を犯罪調査局へ報告していた。Demi-official letter No. 3—C.R.D., from Taw Sein Ko, Examiner in Chinese, Burma, to M. J. Chisholm, Officiating Deputy Inspector-General of Police for Railways and Criminal Investigation, Burma, dated the 3rd January 1910, File No. 1C-16 (1910) (NAD/1/1B/6762).

86 File No. 1C-16 (1910) (NAD/1/1B/6762).

87 Note by R. F. Rice, the Chief Secretary to the Government of Burma, dated the 4th March 1910, in File No. 1C-16 (1910) (NAD/1/1B/6762).

88 Letter No. 1361/3.G., from Lieutenant-Colonel H. B. Walker, D.S.O., General Staff Officer, Burma Division, to W. F. Rice, I.C.S., Chief Secretary to the Government of Burma, dated the 29th June 1912, in File No. 1C-33 (1912), Records of the Chief Secy. Office (NAD/1/1A/3878). 以下，本段落は上記のファイルと続編のFile No. 1C-36 (1913) (NAD/1/1A/3896)に基づく。

89 片馬事件については以下を参照。Dorothy Woodman, *The Making of Burma*, London: The Cresset Press, 1962, pp. 498-503; Wendy Palace, 'Sir John Jordan and the Burma Border 1905-12,' *Asian Affairs* 30(3), 1999, pp. 317-325; Thomas E. McGrath, 'A Warlord Frontier: The Yunnan-Burma Border Dispute, 1910-1937,' *Ohio Academy of History Proceedings*, 2003, pp. 11-14. また，この時代を含む20世紀前半の雲南の政治史一般については，以下を参照。石島紀之『雲南と近代中国――"周辺"の視点から』青木書店，2004年。

90 Letter No. 1845―40M, from M. J. Chisholm, Deputy Inspector-General of Police for Railways & Criminal Investigation Department, Burma, to W. F. Rice, Chief Secretary to the Government of Burma, dated the 30th September 1913, in File No. 1C-36 (1913), Records of the Chief Secy. Office (NAD/1/1A/3896).

91 コー・バンパンについては表2-4を参照。コー・バンパンは1892年に，テオ・エンホックは1901年にそれぞれイギリス臣民籍を取得している。File No. 2N-2 (1892) (NAD/1/1A/3223); 2N-9 (1901) (NAD/1/1A/3492). しかし，警察関係のファイルではTeoh Eng Hockと綴られるテオ・エンホックの名が，イギリス臣民籍取得の書類ではTiahu Eng Huatという表記で作成されていたため，ビルマ州政庁は，少なくとも1914年頃までは，これがテオ・エンホックの書類であることに気がついておらず，彼を追放可能な外国人であるとみなしている。File No. 1C-3 (1914) (NAD/1/1B/7086).

92 以下，本段落は以下のふたつのファイルに基づく。File No. 1C-35 (1913) (NA-D/1/1C/9246); 1C-3 (1914) (NAD/1/1B/7086).

93 中華民国領事は1914年1月14日と3月13日の2度にわたって州政庁に手紙をだした。どちらもFile No. 1C-3 (1914) (NAD/1/1B/7086)に所収されている。引用箇所は後者の手紙より。なお，1913年12月の大理蜂起は，辛亥革命のときに騰越蜂起に参加した楊春魁が，孫文と李根源の名を掲げて袁世凱からの独立を宣言した反乱である。石島『雲南と近代中国』，65頁。反乱に巻き込まれた李根源は，ラングーン経由で日本へ逃亡した。

94 タン・チョウチョオとタン・スーキムは，ストランド通りに店を構える商人。1910年出版の名士録によると，タン・スーキムは，商店エンビー(Eng Bee)と精米所エンベンフエッ(Eng Ban Whet)の共同経営者の1人で，1906年に事業創始者である父タン・ブンバンが死亡したのち，事業を一部継承した。Wright, et al., *Twentieth Century Impressions of Burma*, p. 326. 註65のタン・ブンテー，タン・キムチャイ父子とは姓と社名が同じであり，近しい関係にあるかもしれない。

95 また，タン・チョウチョオとタン・スーキムはストランド通りのタン・セイックワの商店の両隣にそれぞれ店を構えていた。File No. 1C-3 (1914) (NAD/1/1B/7086). タン・セイックワは，1912年から14年までのどこかの時点で，タン・ポーチャウン(表2-4)と入れ替わるかたちで華人諮詢局のメンバーに任命された。File No. 10C-55 (1912) (IOR/P/8881); 1M-20 (1914) (IOR/P/9402).

96 File No. 1M-20 (1914), GoB Police (Conf.) Procd. A. (IOR/P/9402)

97 しかしながら，トー・セインコーは，タン・チョウチョオと義兄弟の関係にあり，チェン・グンアンと交際があったにもかかわらず，懲罰的な措置を受けなかったようである。File No. 1C-3 (1914) (NAD/1/1B/7086)および註85参照。

98 石島『雲南と近代中国』，27-83頁。

99 1915年末から16年前半にかけて雲南から袁世凱討伐のための護国戦争が起こると，ビルマの華人たちに対して，雲南や東京の革命陣営からも義捐金の督促があった。こうした動きを察知したビルマ州政庁は，追放措置で威嚇して，州内の華人たちに関与しないよう警告を与えた。しかし，集金と送金を防ぐことは不可能であり，ビルマ州政庁も事態の把握と警告以上の行動を起こす意図はなかった。File No. 1C-46 (1915) (NAD/1/1A/4039); 1C-3 (1916) (NAD/1/1B/7282); 1C-3, part 2 (1916) (NAD/1/1A: 4048)]。

100 1931年に起きた，共産主義活動を理由に華人４人が追放された事例においても，４人は政治活動のためにビルマへきた新来者であった。Li, 'Local and Transnational Institutions,' p. 167.

101 F. R. Nethersole, 'An Inquiry into the Cause of Crime in the Tharrawaddy District and a Search for Their Remedy: Report,' unpublished, 1917. この報告書は以下のファイルに所収されている。File No. 10C-46, part 1 (1917), GoB Police Procd. A. (IOR/P/10153).

102 Nethersole, 'An Inquiry into the Cause of Crime in the Tharrawaddy District,' paragraph 54.

103 File No. 6M-4 (1918), Records of Irrawaddy Division (NAD/1/15E/4185).

104 Letter No. 133—1M-44, from W. F. Rice, C.S.I., I.C.S., Chief Secretary to the Government of Burma, to the Commissioner, (Pegu/Irrawaddy/Tenasserim/Arakan/Mandalay/Meiktila/Sagaing/Magwe) Division, dated the 11th October 1918, in File No. 1M-44 (1918), GoB Police (Conf.) Procd. A. (IOR/P/CONF/38). なお，クラドックはインド中央政庁の行政参事会時代，インド人の政治活動に対する強硬路線をとったが，ビルマ州赴任中は，ビルマ人は政治的未熟ゆえに従順であるとの想定のもと，インドの政治的動揺がビルマへおよばないように腐心した。サルカール『新しいインド近代史』，190頁；John Frank Cady, *A History of Modern Burma*, 2nd ed., Ithaca: Cornell University Press, 1958, p. 202. 華人の「平和的浸透」論でも同様に，外来の悪影響から素朴な土着民を守るという発想がみられる。こうした父権主義的な態度は，こののち，ビルマ・ナショナリズムからの反発を招くことにもなる。

105 各管区からの反応については，つぎのファイルを参照。File No. 1M-4 (1919),

GoB Police (Conf.) Procd. A. (IOR/P/CONF/48).

106 Letter No. 4345, from J. S. Furnivall, I.C.S., Deputy Commissioner, Myaungmya, to the Commissioner, Irrawaddy Division, dated the 31st May 1918, in File No. 6M-4 (1918), Records of Irrawaddy Division (NAD/1/15E/4185). この手紙は州政庁からの問い合わせがくる以前のものである。問い合わせがあったときにファーニヴァルは休暇中であったが，職務代行者から同様の意見が提出された。

107 英字紙に掲載されたものと思われる1918年6月19日付のエッセイ「タラワディ県の華人」は以下に所収。Taw Sein Ko, *Burmese Sketches*, vol. 2, Rangoon: British Burma Press, 1920, pp. 128-131.

108 華人問題顧問官再設置計画の顚末については，以下の諸ファイルを参照。File No. 1M-1 (1920), GoB Police (Conf.) Procd. A. (IOR/P/CONF/54); File No. 1C-26 (1920), Records of the Chief Secy. Office (NAD/1/1B/7528); File No. 3335 (1920), Public and Judicial Dept. Annual Files (IOR/PJ/6/1679).

109 Letter No. 339T—1M-4, from C. M. Webb, I.C.S., Chief Secretary to the Government of Burma, to the Secretary to the Government of India, Home Department, dated the 13th June 1919, in File No. 1M-1 (1920), GoB Police (Conf.) Procd. A. (IOR/P/CONF/54).

110 *Ibid.*

111 File No. 1C-26 (1920), Records of the Chief Secy. Office (NAD/1/1B/7528); File No. 3335 (1920), Public and Judicial Dept. Annual Files (IOR/PJ/6/1679). ビルマ州政庁は1926年頃まで華人問題顧問官の設置を試み続けたが，結局，実現しなかった。Li, 'Local and Transnational Institutions,' pp. 93-94.

112 Purcell, *The Chinese in Southeast Asia*, p. 45.

第3章　帰属を問う

1 Usha Mahajani, *The Role of Indian Minorities in Burma and Malaya*, Westport, Conn.: Greenwood Press, 1960, pp. 42-44.

2 インドにおける体制改革の一環で，1923年にビルマ州は知事州へと格上げされ，両頭制が導入された。行政についてはビルマ州知事と4人の大臣からなる行政参事会が設けられ，立法については，立法参事会の議席数が103へと拡充された。議席のうち23が指名による議席，80が選挙による議席であった。選挙議席は，58議席が一般選挙区，15議席がコミュニティ別選挙区（インド人8，カレン人5，英系インド人1，イギリス人1），残りの7議席が商業団体や大学に割り振られた。John Frank Cady, *A History of Modern Burma*, 2nd ed., Ithaca: Cornell University Press, 1958, pp. 242-243.

3 *Report on the Rangoon Town Police* (hereafter RRTP) 1921, p. 1.

4 例えば，以下を参照。RRTP 1916, p. 9; 1917, p. 8; 1919, p. 3; 1920, p. 1; 1922, p. 19. 1910年代半ばには，テインビュー地区の東側や，マルワゴンといった地域が，新興住宅地として注視された。RRTP 1916, p. 9; 1917, p. 8.

5 S. M. Edwardes, *Crime in India: A Brief Review of the more Important Offenc-*

es included in the Annual Criminal Returns with Chapters on Prostitution & Miscellaneous Matter, London: Oxford University Press, 1924, p. 42.

6 前者の例としては，1916年から18年にかけてデルタ諸県を席巻したチッマウン強盗団がある。RRTP 1916, p. 9; 1917, pp. 7–8; 1918, p. 8.

7 RRTP 1922, p. 17.

8 これらの犯罪者集団については以下を参照。RRTP 1916, pp. 7–9.

9 例えば，1920年には，ビルマ州の1.5倍から4倍の人口を有する連合州，ビハール，オリッサ，パンジャーブ，ボンベイの諸地域と比べても，殺人や強盗といった重大犯罪は，ビルマ州の発生件数が最大であった。また，次段落にみるように人口に対する収監者数の比率が大きかったこともこうした認識を導いた。当時の諸議論については，以下を参照。John LeRoy Christian, *Modern Burma: A Survey of Its Political and Economic Development*, Berkeley: University of California Press, 1942, pp. 157–164; J. S. Furnivall, *Colonial Policy and Practice: A Comparative Study of Burma and Netherlands India*, New York: New York University Press, 1956 (1948), pp. 137–141; Taw Sein Ko, *Burmese Sketches*, vol. 2, Rangoon: British Burma Press, 1920, pp. 110–138.

10 Ian Brown, 'South East Asia: Reform and the Colonial Prison,' in Frank Dikötter and Ian Brown (eds.), *Cultures of Confinement: A History of the Prison in Africa, Asia and Latin America*, London: Hurst & Co., 2007, pp. 230, 248–249; Ian Brown, 'A Commissioner Calls: Alexander Paterson and Colonial Burma's Prisons,' *Journal of Southeast Asian Studies* 38(2), 2007, p. 294.

11 監獄行政年次報告からの引用は，以下の文献より。Brown, 'South East Asia,' pp. 249–250.

12 *Ibid*., pp. 235–236. 監獄への出入りを繰り返す常習犯の存在は，ラングーンでは19世紀末から指摘されていた。RRTP 1899, p. 21.

13 アレクサンダー・パターソンは，1922年に38歳の若さで英国監獄行政の最高位機関である監獄委員会(Commission for Prisons in England and Wales)に名を連ね，1947年の退任までその職にとどまった。彼のビルマ州への招致に関しては，以下を参照。Brown, 'A Commissioner Calls.'

14 Brown, 'South East Asia,' pp. 255–256; Brown, 'A Commissioner Calls,' pp. 296–301.

15 1926年9月4日にラングーン大学にておこなわれた講演。Spencer Harcourt Butler, *Collection of Speeches by Sir Harcourt Butler*, Rangoon: Govt. Press, n.d., pp. 180–181.

16 *Ibid*., p. 177.

17 Radhika Singha, 'Punished by Surveillance: Policing "Dangerousness" in Colonial India, 1872–1918,' *Modern Asian Studies* 49(2), 2015, pp. 243–244. 以下の叙述はこの著作に拠るところが大きい。「善行の担保」条項は1861年刑事訴訟法第296条。ラディカ・シンハは前掲論文で，19世紀中の刑事訴訟法典の数度の改正を通じて，この条項が許す行政の自由裁量が議論の対象となりつつも基本的には維持されて

いく過程を詳細に跡づけている。また，犯罪部族法については，先駆的であった以下の論文集以来，インド法制史研究の主要テーマのひとつとなっている。Anand A. Yang (ed.), *Crime and Criminality in British India*, Tucson: The University of Arizona Press, 1985. 邦語文献には以下がある。竹中千春『盗賊のインド史――帝国・国家・無法者(アウトロー)』有志舎，2010。

18 David Arnold, 'Crime and Crime Control in Madras, 1858-1947,' in Anand A. Yang (ed.), *Crime and Criminality in British India*, Tucson: The University of Arizona Press, 1985, pp. 85-86; Prashant Kidambi, *The Making of an Indian Metropolis: Colonial Governance and Public Culture in Bombay, 1890-1920*, Aldershot; Burlington: Ashgate, 2007, pp. 117-155; Sugata Nandi, 'Constructing the Criminal: Politics of Social Imaginary of the "Goonda,"' *Social Scientist* 38 (3/4), 2010, pp. 37-54.

19 Statement of Objects and Reasons for the Burma Habitual Offenders Restriction Bill, 1919, in *Burma Gazette* (hereafter BG), 1919, part III, pp. 3-4.

20 法律の条文は，以下を参照。BG, 1919, part III, pp. 38-40. なお，ビルマ常習犯移動制限法は，監視対象となる犯罪者に移動制限を課す点で犯罪部族法とも共通性をもつ。犯罪部族法は1924年の改正でビルマ州を含む全インドに適用されたが，ビルマ州ではあまり用いられなかった。ビルマ警察史家ラリータ・ハンウォンによれば，「一般的にビルマの警察は，犯罪者たちを犯罪カーストの一部としてよりは，むしろ個人としてみなした」という。Lalita Hingkanonta Hanwong, *Policing in Colonial Burma*, Chiang Mai: Center for ASEAN Studies, 2015, p. 129.

21 Singha, 'Punished by Surveillance,' p. 265.

22 Nandi, 'Constructing the Criminal'; Singha, 'Punished by Surveillance,' pp. 266-267.

23 RRTP 1922, p. 23.

24 Statement of Objects and Reasons for the Burma Habitual Offenders Restriction Amendment Bill, 1923, in File No. 3300 (1923), Public and Judicial Dept. Annual Files (IOR/L/PJ/6/1851).

25 1923年の常習犯移動制限改正法の条文は以下を参照。*The Burma Code*, 6th edition, Rangoon: Superintendent, Government Printing and Stationery, 1934 (hereafter *Burma Code*), p. 1044.

26 RRTP 1924, p. 20.

27 RRTP 1923, pp. 19-20.

28 この背景には，英領インドの刑罰における流刑の位置づけの変化もあったかもしれない。1919年から20年にかけてのインド監獄委員会は，アンダマン諸島への受刑者の移送を止めるように提言し，これを受けて21年にインド中央政庁はすべての流刑入植地の廃止を決定した。Clare Anderson, 'Sepoys, Servants and Settlers: Convict Transportation in the Indian Ocean, 1787-1945,' in Frank Dikötter and Ian Brown (eds.), *Cultures of Confinement: A History of the Prison in Africa, Asia and Latin America*, London: Hurst & Co., 2007, p. 211. 結局，第二次

世界大戦期の日本軍によるアンダマン諸島占領にいたるまで，流刑制度は完全に廃止されなかったが，その役割を相対的に減じつつあったのであろう。ビルマ州では，その穴を埋めるかたちで追放措置が浮上してきたのではないか。

29 J. E. デュバーンは，ビルマ在住ヨーロッパ人とユーラシアンの権益を代表する議員で，当時，ビルマ常習犯移動制限法案の審議のために，立法参事会内に設置された選抜委員会のメンバーであった。デュバーンについては，以下を参照。*Who's Who in Burma: A Biographical Record of Prominent Residents of Burma with Photographs and Illustrations*, Calcutta; Rangoon: Indo-Burma Publishing Agency, 1927, pp. 63-64. また，引用箇所は以下の立法参事会議事録からのもの。*Abstract of the Proceedings of the Council of the Lieutenant-Governor of Burma* (hereafter APCLGB), 1919, p. 565.

30 例えば，海峡植民地生まれの華人ティン・マーは，1910年と13年と21年の３度にわたって華人諮詢局から追放対象者として選定された。ティン・マーはインド人マフィアの首領メシディと組んで(註35参照)，違法賭博や密輸に関わっていた。File No. 1M-13 (1910) (IOR/P/8348); 1M-47 (1913) (IOR/P/9402); 4F-3 (1921) (IOR/P/CONF/63).

31 ミャンマーの国立公文書局には，1863年から1939年までにビルマ州で申請された帰化に関連する文書が収蔵されている。管見の限り，そのファイル数は312ある。ただし，これらのファイルが，同期間のすべての帰化申請文書を網羅的にカバーしているわけではない。資料には散逸がみられ，残存状況は年度によって異なっている。1927年までについては，ビルマ州において登録された帰化臣民の総数が332人と判明している。File No. 207B (1927) (NAD/1/1A/4650). そのうち残存ファイルから名前がわかるのは64％にあたる212人のみである。これらの資料を概観すると，ビルマ州における帰化者の約半数を華人が占めていることがわかる。ついで多いのはジュルファ出身のアルメニア人，バグダード出身のユダヤ人，ギリシア人であるが，それぞれ５～10％程度を占めるにすぎない。ドイツ，フランス，アメリカからの帰化はさらに少ない。帰化申請文書は，申請者の履歴が記載されている場合が多く，ビルマ州(とくにラングーン)の社会的実態の一側面をうかがい知ることのできる貴重な資料群である。しかし，本書では煩雑になるのですべてのファイル名をあげることはせず，本文中に言及があるものに限って参考文献に記載することにする。

32 1920年，ラングーン華人街の娼館や阿片窟を庇護下においていた利城行(表2-3)の役職者の１人が，殺人と械闘に関与したという理由で追放されると，利城行の他の役職者たちが一斉に帰化申請をおこなった。しかし，州政庁はこれを認めず，すべて却下した。File No. 2N-7 (1920) (NAD/1/1A/4291). なお，この契機となった追放事例についての関連ファイルがロンドンとヤンゴンのどちらの文書館にも見当たらなかった。したがって，本書で数え上げた1921年までの被追放者31人にこの人物は含まれていない。同種のファイルが収められている警察(機密)資料にこの記録がないのは，1920年と1921年が，ロンドンへの行政文書の移送のされ方が変化する端境期にあたることと関係しているかもしれない。

33 RRTP 1909, p. 3.

34 RRTP 1910, p. 3.

35 メシディについての言及は以下の通り。RRTP 1912, p. 7; 1917, p. 7; 1922, pp. 17-18, 21. マムサについては以下を参照。RRTP 1912, p. 7; 1918, p. 7. また，メシディは，未公刊の警察行政文書のなかで，しばしば華人との関係が取りざたされている。例えば，メシディが建徳公司のメンバーであるとの証言，海峡生まれの華人ティン・マーがメシディとともに賭博や密売に関わっているという証言，メシディと覚民書報社がおそらく賭場であろうクラブを共同出資で開いたという報告がある。File No. 1M-13, part 2 (1910), GoB Police (Conf.) Procd. (IOR/P/8348); 1C-36 (1913), Records of Chief Secy. Office (NAD/1/1A/3896).

36 1922年には，メシディの片腕であった男が集団武装強盗の首謀者として流刑に処せられている。RRTP 1922, pp. 17-18.

37 RRTP 1923, p. 19.

38 ラングーンにおける売春は植民地行政の関心の的であり続けた。1915年から1921年ビルマ娼館抑圧法にいたるまでの議論は以下のファイルに収められている。File No. 2987 (1916), Public and Judicial Dept. Annual Files (IOR/L/PJ/6/1448). なお，近年，植民地期ラングーンの性やジェンダーをめぐる問題に学問的関心が向けられるようになってきた(序章註25参照)。とくに売春については，以下を参照。Chie Ikeya, *Refiguring Women, Colonialism, and Modernity in Burma*, Honolulu: University of Hawai'i Press, 2011, pp. 122-129; Michael W. Charney, *History of Modern Burma*, Cambridge: Cambridge University Press, 2009, pp. 26-28; 伊東利勝「「日本人」の「ビルマ進出」について――「からゆきさん」先導型進出パラダイム批判」阿曽村邦昭・奥平龍二編『ミャンマー――国家と民族』古今書院，2016年，127-154頁。

39 同法第17条。条文は前掲ファイルに所収。File No. 2987(1916) (IOR/L/PJ/6/1448).

40 Letter No. 13124－14A, from W. H. Tarleton, Commissioner of Police, Rangoon, to the Chief Secretary to the Government of Burma, dated the 19th November 1913, in File No. 1M-42 (1913), GoB Police Procd. A. (IOR/P/9126).

41 1921年２月26日の立法参事会における法案提出者ルイソンの発言を参照。APCLGB 1921, p. 764.

42 1923年，24年，25年の被追放者数はそれぞれ４人，６人，４人。RRTP 各年度。

43 以下の物乞い流入問題に関する記述は，官報に記載された1914年４月３日の立法参事会議事録に拠っている。BG 1914 part III, pp. 56-61.

44 *Ibid.*, p. 58.

45 *Ibid.*, p. 59. こうした措置の法的根拠は，ラングーン市警法の1907年改正で挿入された第41A 条である。さまざまな種類の物乞いに，罰金50ルピーないし１カ月以内の収監ないしその双方を課した。条文については，以下を参照。*Burma Code*, p. 377.

46 BG, 1914, part III, pp. 56-57.

47 *Ibid.*, pp. 59-61. 引用箇所はいずれも59頁。

48 *Burma Code*, p. 378.

49 RRTP 各年度。

50 RRTP 1923, p. 18; 1924, p. 18.

51 再追放された７人，タヴォイからの鉱山労働者５人の追放，『光華日報』事件での２人の追放を含めた。第２章註57参照。

52 1920年代以降の時代については，それ以前の時代と行政文書の残り方が異なっているため，一般的に行政機構内部での政策決定過程を詳細に追うことが難しくなる。

53 RRTP 1925, p. 14.

54 例えば，以下を参照。RRTP 1924, p. 20.

55 Burma Act No. I of 1926. 以下に所収。*Burma Code*, pp. 1078-1081.

56 ビルマ州立法参事会における来航者課税法案についての議論は以下を参照。*Proceedings of the Legislative Council of the Governor of Burma* (hereafter PLCGB), 1925, vol. III, pp. 42-57, 390-446, 517-519. 犯罪者追放法案についての議論は以下を参照。PLCGB, 1925, vol. III, pp. 57-74; vol. IV, pp. 175-199. なお，これらの法案がビルマ人議員とインド人議員との対立を導いたことについては，マハジャニが論及している。Mahajani, *The Role of Indian Minorities in Burma and Malaya*, pp. 39-44.

57 これらの記事の抜粋は，以下の文献に収録されている。Indo-Burma Unity, *Burma Government's Crusade against Indians*, Bombay: Sunshine Pub. House, 1929.『ラングーン・デイリー・ニュース』は，発行部数3000部と比較的規模が大きく，その論調は植民地権力から「穏便」と評価されていた。*Statement of Newspapers and Periodicals Published in the Province of Burma*, 1926, pp. 10-11. また，同紙の単独の所有者であったモハメド・アウザムは当時におけるラングーンのムスリム・コミュニティの領袖で，ラングーンのインド人選挙区から選出された立法参事会議員としても法案に反対していた。*Who's Who in Burma*, p. 12.

58 ビルマ州立法参事会での採決は賛成56，反対15であった。PLCGB, 1925, vol. IV, pp. 198-199. インド総督により公表された拒否の理由は，「この法律に示された課税原則は認められない」というものだった。Indo-Burma Unity, *Burma Government's Crusade against Indians*, p. 17. この法案については，ビルマ州の商業会議所からの反発がとくに強かったことが勘案されたと思われる。

59 インド帝国立法参事会からの不認可要請(採決は賛成69，反対33)，およびインド省内の議論については，以下のファイルを参照。File No. 1645 (1925), Public and Judicial Dept. Annual Files (IOR/L/PJ/6/1906).

60 例えば，以下を参照。PLCGB, 1925, vol. IV, pp. 178, 180-181.

61 Note by Vernon Dawson, dated the 23rd March 1926, and Note by Arthur Hirtzel, Permanent Under-Secretary to State, India Office, dated the 25th March 1926, in File No. 1645 (1925), Public and Judicial Dept. Annual Files (IOR/L/PJ/6/1906).

62 Note by Earl Winterton, Parliamentary Under-Secretary to State, India Office, dated the 26th March 1926, in File No. 1645 (1925), Public and Judicial Dept. Annual Files (IOR/L/PJ/6/1906).

63 PLCGB, 1925, vol. III, p. 60.

64 チャールズ・カンパニャクについては，以下の自伝を参照。子どもたちのために1960年代に著わしていたものが近年出版された。Charles Haswell Campagnac, *The Autobiography of a Wanderer in England & Burma: The Memoirs of a Former Mayor of Rangoon*, Raleigh, N.C.: LuLu Press, 2010. また，ビルマの英系インド人(あるいは英系ビルマ人)を扱った研究については，第1章註34も参照。

65 PLCGB, 1925, vol. III, p. 70. 18年間というのは立法参事会の議論のなかで，一例としてでてきた期間である。

66 *Ibid.*, p. 72.

67 *Burma Code*, p. 1078.

68 例えば，ラングーンのインド人選挙区から選出されたパールシーの議員 J. K. ムンシの発言を参照。PLCGB, 1925, vol. III, p. 68.

69 法律に添付されたふたつの表を参照。*Burma Code*, p. 1081.

70 煽動罪はインド刑法の第124A 条(国家反逆罪の範疇に含まれる)にあたり，植民地権力による政治思想統制手段の冠たるものであった。Stephen Morton, 'Terrorism, Literature and Sedition in Colonial India,' in Elleke Boehmer and Stephen Morton (eds.), *Terror and the Postcolonial: A Concise Companion*, Oxford: Wiley-Blackwell, 2010, p. 206.

71 PLCGB, 1925, vol. III, p. 73.

72 1920年代のビルマ州におけるベンガル人急進派の動向については，以下を参照。Susmita Mukherji, 'The Bengali Revolutionaries in Burma, 1923-33,' in *Proceedings of the Indian History Congress: Millennium (61st) Session, Kolkata, 2000-2001*, Kolkata: Indian History Congress, 2001, pp. 1104-1117.

73 Letter No. 34-Public, from The Earl of Birkenhead, Secretary of State for India, to The Lord Irwin, Governor-General of India in Council, dated the 22nd April 1926, in File No. 1645 (1925), Public and Judicial Dept. Annual Files (IOR/L/PJ/6/1906).

74 Burma Act No. IV of 1926. 以下に所収。*Burma Code*, p. 1083.

第4章　防疫線としての港

1 Mark Harrison, 'Quarantine, Pilgrimage, and Colonial Trade: India 1866-1900,' *Indian Economic and Social History Review* 29, 1992, p. 123. なお，オーストラリアについては以下の研究を参照。Alison Bashford, *Imperial Hygiene: A Critical History of Colonialism, Nationalism, and Public Health*, New York: Palgrave Macmillan, 2004; Alan Mayne, '"The Dreadful Scourge": Responses to Smallpox in Sydney and Melbourne, 1881-82,' in Roy MacLeod and Milton Lewis (eds.), *Disease, Medicine, and Empire: Perspectives on Western Medicine*

and the Experience of European Expansion, London; New York: Routledge, 1988, pp. 219-241; Alan Mayne, 'Guardians at the Gate: Quarantine and Racialism in Two Pacific Rim Port Cities, 1870-1914,' *Urban History* 35(2), 2008, pp. 255-274. 海港における衛生の制度化と国家形成という視点については，近代中国を事例とするつぎの研究も参照。飯島渉『ペストと近代中国——衛生の「制度化」と社会変容』研文出版，2000年。

2 ビルマ州における種痘政策については，すでに直野温子が詳細な研究をおこなっており，そのなかで海港における強制種痘の制度化も論じられてはいる。Atsuko Naono, *State of Vaccination: The Fight against Smallpox in Colonial Burma*, Hyderabad: Orient Blackswan Private Limited, 2009, pp. 186-195. しかし，直野の研究の強調点は，ビルマ州行政における医務官の権限拡大によって衛生の制度化が進展したというところにあり，移民に対する衛生政策の進展がインド人を他者化した点については十分な検討がなされていない。また，本章が注目する1917年海港種痘調査委員会への言及もない。

3 ビルマ州内のコレラ流行の原因をインド人の「不潔な習慣」に帰する衛生行政官たちの認識については，以下を参照。Judith Richell, *Disease and Demography in Colonial Burma*, Copenhagen: NIAS Press, 2006, p. 175.

4 1898年のビルマ地方自治法において，下宿屋は，「下宿に貸し出されている，もしくは複数の家族の構成員によってある程度共同して占有されている１棟の建築あるいはその一部」と定義されたが，1910年代までにはクーリー・バラックや共同住宅の同義語として，「都市部における成人独身の労働者階級の膨大な人口を収容する建築」を指す言葉として用いられるようになっていたという。*Reports of the Suburban Development Committee Rangoon: and the Departmental Committee on Town Planning Burma with Resolution of the Local Government*, Rangoon: Office of the Superintendent, Government Printing, 1921 (hereafter *Suburban Development Committee Report*), p. 23.

5 ビルマ州衛生行政年次報告に付されたラングーン民医官(Civil Surgeon)報告より引用。*Report on the Sanitary Administration of British Burma* (hereafter RSABB) 1871, p. 15.

6 1873年のラングーン民医官報告中の表現。RSABB 1873, p. 45. なお，ラングーン都市史を著したバーティ・パーンは，1882年度のラングーン市保健衛生部長の報告から，類似した表現(「病気の巣」)を引用している。Bertie Reginald Pearn, *A History of Rangoon*, Rangoon: American Baptist Mission Press, 1939, p. 258.

7 発足当初の市政委員会は官製の色合いの濃いものであったが，1882年にはインド総督リポンの地方自治に関する決議にしたがって選挙制が導入され，24人の委員のうち，18人が選出委員，６人がビルマ政庁による任命委員となった。選挙は，コミュニティ別の代表制がとられ，選出委員の枠はビルマ人５人，ヨーロッパ人５人，華人２人，ヒンドゥー教徒２人，ムスリム２人，商業会議所１人，カレン人１人と設定された。なお，1882年当時の選挙資格保持者は市の総人口の５％であった。*Ibid.*, pp. 223, 243. この体制は基本的に1922年にラングーン都市自治法

が制定されるまで維持された。

8 *Ibid.*, pp. 238, 257-259; *Report on the Public Health of Rangoon*, Rangoon: Superintendent, Government Printing and Stationery, 1927, vol. I, p. 86. ヒュー・ティンカーは，ラングーンの衛生問題の解決に際して，市政委員会がほとんど機能しなかったことを，牛乳の衛生管理やゴミ処理の問題とともに，労働者集合住宅の管理問題を事例として取り上げて示した。Hugh Tinker, *The Foundation of Local Self-Government in India, Pakistan and Burma*, London: Athlone Press, 1954, pp. 299-306.

9 1920年代後半から30年代はじめに出版されたラングーンのインド人労働者の惨状に関する著作や報告では，こうした劣悪な居住環境に関する非難が繰り返された。*Report on the Public Health of Rangoon*, vol. I, pp. 29-32, 84-90; J. J. Bennison, *Report of an Enquiry into the Standard and Cost of Living of the Working Classes in Rangoon*, Rangoon: Superintendent, Govt. Print and Stationery, 1928, pp. 89-90; Narayana Rao, *Contract Labour in Burma*, Madras: Current Thought Press, 1930, pp. 82-119; Royal Commission on Labour in India, *Burma* (Evidence vol. X), part I, Simla: Government of India Press, 1931, pp. 6-8; E. J. L. Andrew, *Indian Labour in Rangoon*, London: Oxford University Press, 1933, pp. 166-181.

10 *Report on the Public Health of Rangoon*, vol. I, pp. 30, 32. こうした状況はメイストリ制度によっても助長された。インド人労働者の多くは故郷でメイストリと呼ばれるリクルーター兼現場監督の親方によって集団雇用され，ビルマへの渡航費用の前貸しや現地での住居を含む生活全般の世話を受けた。この制度のもとで，メイストリが一定額で労働者住宅の部屋を借り，そこにできる限り多くの労働者を詰め込むということが慣行的におこなわれていたのである。ひどい場合にはひとつの部屋が昼に寝る組と夜に寝る組の２組に同時に貸し出されていたこともあった。Bennison, *Report of an Enquiry into the Standard and Cost of Living of the Working Classes in Rangoon*, p. 90. メイストリ制度については以下も参照。Adapa Satyanarayana, '"Birds of Passage": Migration of South Indian Labour Communities to Southeast Asia,' *Critical Asian Studies* 34(1), 2002, pp. 100-102; Andrew, *Indian Labour in Rangoon*, pp. 43-89.

11 Census 1911, p. 21.

12 環境が体質を決定するという議論は18世紀にさかんであったが，19世紀に，生物学的な遺伝によって人間の特性が決まるという近代的な人種概念が登場すると，しだいにその重要性を減退させていった。Mark Harrison, *Climates and Constitutions: Health, Race, Environment and British Imperialism in India*, New Delhi: Oxford University Press, 1999, p. 110. しかし，それは，ヨーロッパ人が長期の滞在によって熱帯の気候に順応することができるかどうかという議論において，そのような気候順化(acclimatization)の可能性が減退していったことを示しているのであって，環境が人間の性質を決定する因子として完全に打ち捨てられたことを意味するものではなかった。環境の影響は，１人の人間の体質をその一生のあいだに劇的に変化させられるほどのものとは考えられなくなったが，環境

が数世代にもわたって徐々に人間の性質を決定していくという考えは，19世紀にはいっても色濃く残っており，虚弱で病気にかかりやすいインド人というイメージがヨーロッパ人たちのあいだに形成されることになった。David Arnold, *Colonizing the Body: State Medicine and Epidemic Disease in Nineteenth Century India*, Berkeley: University of California Press, 1993, pp. 41–43.

13 ビルマとインドとを対照させるステレオタイプの形成は，衛生に関する言説のみに限られない。チエ・イケヤは，宗教やカーストの規範に縛られた不自由なインド人女性との対照で，ビルマ人女性の男性に対する立場の強さや自由さが過度に強調されたことを指摘している。Chie Ikeya, *Refiguring Women, Colonialism, and Modernity in Burma*, Honolulu: University of Hawai'i Press, 2011, p. 51.

14 RSABB 1874, p. 4.

15 例えば，1871年の衛生行政年次報告書では，ビルマ人の食べ物の管理が不衛生であることを指摘している箇所で，唐突にインド人が引き合いに出されて，「一般的に，彼ら〔ビルマ人〕がインド人よりもたくましく，活発である」ことは「真実」であり，彼らのいかなる病気も食事の不適切さに帰することはできないと結ばれている。RSABB 1871, p. 30.

16 Royal Commission on Labour in India, *Burma*, part I, pp. 9, 20.

17 O. H. K. Spate and L. W. Trueblood, 'Rangoon: A Study in Urban Geography,' *Geographical Review* 32, 1942, p. 71.

18 Pearn, *A History of Rangoon*, pp. 234–235.

19 J. S. Furnivall, *Colonial Policy and Practice: A Comparative Study of Burma and Netherlands India*, New York: New York University Press, 1956 (1948), pp. 119, 149; Royal Commission on Labour in India, *Burma*, part II, p. 278.

20 例えば，東南アジアの他の植民地地域およびタイへの種痘の導入については，以下を参照。Peter Boomgaard, 'Smallpox, Vaccination, and the Pax Neerlandica: Indonesia, 1550–1930,' *Bijdragen tot de Taal Land en Volkenkunde* 159(4), 2003, pp. 590–617; Ken De Bevoise, *Agents of Apocalypse: Epidemic Disease in the Colonial Philippines*, Princeton: Princeton University Press, 1995, pp. 94–117; B. J. Terwiel, 'Acceptance and Rejection: The First Inoculation and Vaccination Campaigns in Thailand,' *Journal of the Siam Society* 76, 1988, pp. 186–201; 青山志保「文明化の手段としての医療――仏領インドシナにおける種痘政策」『六甲台論集(法学政治学篇)』46(2)，1999年，1-15頁。

21 Arnold, *Colonizing the Body*, pp. 61–115.

22 *Ibid.*, p. 156.

23 1880年種痘法の条文は，以下に所収されている。*The Burma Code*, 6th edition, Rangoon: Superintendent, Government Printing and Stationery, 1934 (hereafter *Burma Code*), pp. 53–60. 英領インドにおける同法の制定過程については，つぎを参照。Arnold, *Colonizing the Body*, pp. 150–156.

24 ビルマでは，1880年法の実施される市や兵営地の数が増加する一方，1908年のビルマ人痘接種禁止および種痘官免許法によって，県単位での人痘接種禁止と種痘

義務化の実施が可能となった。また，対象範囲の面的な拡大のみならず，禁止行為の定義の拡張もなされた。1916年の同改正法によって，従来，痘漿(水疱の膿)を用いる行為とされた人痘接種の定義を拡大し，痘痂(水疱のかさぶた)を用いる行為も禁止の対象となった。こうした経緯については，つぎを参照。Naono, *State of Vaccination*, pp. 136–139, 176–178.

25 例えば，ビルマ州行政年次報告における以下の記述を参照。*Report on the Administration of Burma* (hereafter RAB) 1892, p. 115; 1893, p. 90; 1894, p. 86; 1895, p. 27; 1896, p. 89. しかし，ジュディス・リッチェルは，種痘官による出生登録数の確認が，住民が子どもを種痘官から隠匿したことなどによって失敗に終わった事例をあげている。Richell, *Disease and Demography in Colonial Burma*, p. 65.

26 文化的要因によるインド社会の種痘政策への反発を描いた研究に，アーノルドの著作がある。Arnold, *Colonizing the Body*. しかし，近年の研究では文化面よりも技術面が重視される傾向にある。Sanjoy Bhattacharya, Mark Harrison, and Michael Worboys, *Fractured States: Smallpox, Public Health and Vaccination Policy in British India, 1800–1947*, New Delhi: Orient Longman, 2005; Naono, *State of Vaccination*.

27 イギリスにおける反種痘運動の展開については，以下を参照。Nadja Durbach, *Bodily Matters: The Anti-Vaccination Movement in England, 1853–1907*, Durham: Duke University Press, 2005.

28 ドイツでは，反種痘運動の展開にもかかわらず，強制種痘政策が維持された。これについてイギリスとの比較で論じた研究がある。E. P. Hennock, 'Vaccination Policy against Smallpox, 1835–1914: A Comparison of England with Prussia and Imperial Germany,' *Social History of Medicine* 11(1), 1998, pp. 49–71. また，アメリカでは1905年に強制種痘の合憲性を認める連邦最高裁判所判決が出されたが，1920年代まで法改正を求める反種痘運動が勢力を保ち続けた。James Keith Colgrove, '"Science in a Democracy": The Contested Status of Vaccination in the Progressive Era and the 1920s,' *Isis* 96, 2005, pp. 167–191.

29 植民地インドへの反種痘運動の影響と政庁の対応については，以下を参照。Bhattacharya et al., *Fractured States*, pp. 214–220.

30 RAB 1896, p. 231; 1897, p. 96. 直野温子は，同時代の英字新聞の記事を用いて，この事件を，市政のなかでの市長と医療衛生部門との対立として描いている。Naono, *State of Vaccination*, pp. 175, 179–180. しかしながら，直野はそうした政治的説明に重きをおきすぎているように思われる。なぜならば，後述のように，事件のあと，このラングーン市長自身がビルマ州政庁に対し，海港における強制種痘の法制化を積極的に求めていくことになるからである。1896年８月の市長による労働者への強制種痘の禁止は，権力を伸張させる医療衛生部門に対する牽制というよりは，単に下級官吏たちの非合法行為を禁じたということにすぎなかったのではなかろうか。

31 David Arnold, 'Touching the Body: Perspectives on the Indian Plague, 1896–1900,'

in Ranajit Guha (ed.), *Writings on South Asian History and Society* (Subaltern Studies 5), New Delhi: Oxford University Press, 1987, p. 59.

32 ラングーンでは，ボンベイから来航した船を対象に隔離検疫がしかれた。*The Burma Plague Manual containing the Epidemic Diseases Act, 1897, and the Rules, Orders, and Notifications issued thereunder*, 1st edition, Rangoon: Superintendent, Government Printing, 1901, pp. 23-32; Harrison, 'Quarantine, Pilgrimage, and Colonial Trade,' p. 139.

33 A letter, No. 1656-1224, from H. L. Eales, President, Rangoon Municipality, to the Secretary to the Government of Burma, dated the 23rd March 1899, in Government of Burma Home Proceedings, March 1899 (IOR/P/5560).

34 *Ibid.*

35 Burma Home Department letter No. 599—1Z-13, from the Secretary to the Government of Burma, to the Secretary to the Government of India, Home Department, dated the 17th August 1897, in Government of Burma Home Proceedings, August 1897 (IOR/P/5100).

36 RAB 1898, p. 28; 1899, p. 91. 1900年の種痘改正法は，1909年の再改正で廃止されたため，本書で利用する1934年編纂の第6版ビルマ法典に条文が所収されていない。1900年種痘改正法の内容は，その再改正にあたって，新法案への認可を求めるビルマ政庁からインド政庁への手紙からうかがい知ることができる。Burma Medical Department letter No. 836—2Z-4, from W. F. Rice, Secretary to the Government of Burma, to the Secretary to the Government of India, Home Department (Medical), dated the 26th January 1907, in Government of Burma Medical Proceedings, January 1907 (IOR/P/7501).

37 Burma General Department Letter No. 169—1Z-4, from the Secretary to the Government of Burma, to the Chief Secretary to the Government of Madras, dated the 11th October 1898, in Government of Burma Home Proceedings, October 1898 (IOR/P/5340).

38 1905年にはラングーンだけで天然痘の罹患数は3,975件あり，うち死亡数が1,276件であった。RAB 1905, p. 63. ビルマ州全体では，1905年に6,161人，1906年に8,540人が天然痘により死亡し，その多くが下ビルマにおいてであった。RAB 1905, p. 61; 1906, p. 64.

39 RAB 1905, pp. 60-61.

40 ビルマ州のペスト対策については，以下を参照。*Sanitary Organization and Development in Burma*, Rangoon: Superintendent, Government Printing, 1915, pp. 12-13. ネズミの殲滅やワクチン接種も効果が薄かったので，1913年には，対ペスト政策にかけられる費用が大きく削減されることになった。

41 Burma Medical Department Letter No. 836—2Z-4, from W. F. Rice, Secretary to the Government of Burma, to the Secretary to the Government of India, Home Department (Medical), dated the 26th January 1907, in Government of Burma Medical Proceedings, January 1907 (IOR/P/7501).

42 *Ibid.*

43 1909年種痘改正法の条文は，ビルマ法典を参照。*Burma Code*, pp. 528–533. ただし，後に改正される第９条は，1934年版法典には元々のかたちでは収録されていない。第９条の改正前の原文は，1917年海港種痘調査委員会の報告書に記載されている。*Report of the Committee Appointed to Investigate the Alleged Hardships caused by the Compulsory Vaccination, under the Provision of Section 9 of the Burma Vaccination Law Amendment Act, 1909, of Labourers arriving in Rangoon by Sea*, Rangoon: Office of the Superintendent, Government Printing, 1918 (hereafter *Port Vaccination Committee Report*), p. 5.

44 1909年法は，第９条のほか，第７条と第10条が1900年種痘改正法の欠点を覆うかたちになっている。第７条では，下宿屋の居住者や工場の被雇用者のうちで免疫をもたない者に対しては，通知なしで種痘を受けるよう命令を出すことのできる権限が，種痘監査官に与えられた。しかも，この命令に従わない者がいた場合，種痘監査官は，警察官と同様に，必要があれば令状なしでその者を逮捕することができた（第10条）。*Burma Code*, pp. 529–530.

45 *Port Vaccination Committee Report*, p. 5.

46 *Report of the Port Health Officer, Rangoon* (hereafter RPHOR) 1915, p. 3; *Port Vaccination Committee Report*, p. ii.

47 *Ibid.*, pp. i–ii, 1. 委員会の正式名称は，「1909年ビルマ種痘改正法第９条の規定のもと，海路ラングーンへ到着した労働者たちへ施される強制種痘によって引き起こされると申し立てられている艱難について調査するために任命された委員会」である。

48 委員会多数派の意見にただ一人反対を表明したのは，インド人コミュニティ代表として委員会に名を連ねたP. J. メヘターであった。この人物とその主張については，次節で詳述する。

49 ただし，この調査委員会は，アラカンを考察の対象から外していた。*Ibid.*, p. 2.

50 *Ibid.*, pp. 1–11.

51 *Ibid.*, p. iv.

52 1901年の『ビルマ・ペスト・マニュアル』（初版）所収の規則。これは，疫病法第２条に基づき発出された1897年10月７日付総務部通知第207号を基礎として，1901年６月３日付総務部通知第110号までで随時改変が加えられたもの。*The Burma Plague Manual*, pp. 23–32.

53 1914年12月20日付総務部通知第426号に定められた規則。同通知は1908年インド海港法第６条第１項(p)に基づいて発出されたもので，1915年１月２日付の官報に所収されている。なお，この規則で検疫対象となった病気は，天然痘，水痘，麻疹，ペスト，コレラ，黄熱病，眠り病，チフス，猩紅熱，ツツガムシ病の10種類であった。*Burma Gazette* (BG), 1915, part I, pp. 6–18.

54 RPHOR 1915, p. 3.

55 RPHOR 1916, p. 1.

56 Sanitary Dept. Letter No. 2136, from Sanitary Commissioner of Burma, to the

Secretary to the Govt. of Burma, dated Rangoon the 14th May 1918, in RPHOR 1917, no pagination.

57 登録死亡者数の変遷が，どの程度，海港における衛生管理によるものか判断できない。また，とくに早い時期については，統計上の登録死亡者数が疫学的現実を反映している保証もない。ビルマ州における死亡統計利用の注意点については，以下を参照。Richell, *Disease and Demography in Colonial Burma*, pp. 57–84.

58 *Port Vaccination Committee Report*, p. 1.

59 A letter from the Secretaries, the Burma Provincial Congress Committee, to the Chief Secretary to the Government of Burma, dated the 31st May 1917, in Government of Burma Police Proceedings (Confidential), July 1917 (IOR/P/CONF/28).

60 P. J. メヘター(1864～1932)は1864年にグジャラート地方モールヴィーのジャイナ教徒の家に４人兄弟の末弟として生を享けた。ボンベイのグラント医科大学で学んだあと，1887年にブリュッセル自由大学へ留学し，1889年に医学博士号を取得した。同年，インドへ帰国して開業し，数年後にグジャラート地方イダル藩王国の医務官に就任した。1899年にビルマへ渡り，ラングーンで法廷弁護人，医者，ダイヤモンド商人として成功をおさめ，財産を築いた。メヘターの履歴については，以下を参照。S. R. Mehrotra, 'The "Reader" in Hind Swaraj, Dr. Pranjivan Mehta, 1864–1932,' *Dialogue* 12(2), 2010; S. R. Mehrotra, *The Mahatma & the Doctor: The Untold Story of Dr Pranjivan Mehta, Gandhi's Greatest Friend and Benefactor*, Mumbai: Vakils, Feffer and Simons Pvt. Ltd., 2014.

61 Nalini Ranjan Chakravarti, *The Indian Minority in Burma: The Rise and Decline of an Immigrant Community*, London; New York: Oxford University Pres, 1971, p. 99; Usha Mahajani, *The Role of Indian Minorities in Burma and Malaya*, Westport, Conn.: Greenwood Press, 1960, p. 34; Khin Maung Kyi, 'Indians in Burma: Problems of an Alien Subculture in a Highly Integrated Society,' in K. S. Sandhu and A. Mani (eds.), *Indian Communities in Southeast Asia*, Singapore: Times Academic Press; Institute of Southeast Asian Studies, 1993, p. 639.

62 メヘターとガンディーの関係については，註60にあげた研究にもっぱら依拠した。ガンディーは1909年の４カ月間の英国滞在を終えて南アフリカへと帰る船上で，当時の彼の思想の結晶である『ヒンド・スワラージ』を著したが，その執筆の直接の契機となったのがロンドンでのメヘターとの議論であったとのちにガンディー自身が述懐しているという。

63 *Report of the Committee Appointed to Enquire into the Allegations of Inconvenience and Hardship Suffered by Deck Passengers Travelling between Burma and India*. Rangoon: Office of the Superintendent, Government Printing, 1918 (hereafter *Deck Passengers Committee Report*), p. 1.

64 *Ibid*., pp. i–iii. なお，ラングーン港移民保護官補が，この決議の直後に任命されたかは不明である。ただし，1919年から30年までは，一時的な離職期間はあったものの，タミル語に堪能な E. J. L. アンドリューがこの任に就いていたようであ

る。Andrew, *Indian Labour in Rangoon*, pp. xi–xiii. アンドリューは退職後に『ラングーンのインド人労働者』(1933年)を著わした。

65 *Deck Passengers Committee Report*, p. i.

66 *Port Vaccination Committee Report*, p. 50.

67 *Ibid*., p. 15.

68 *Ibid*., p. 11.

69 *Ibid*.

70 *Ibid*., pp. 73–152.

71 *Ibid*., p. 96.

72 *Ibid*., p. 151.

73 *Suburban Development Committee Report*, p. 52.

74 *Port Vaccination Committee Report*, p. 150. なお，引用中，中ほどの括弧補足は原文のまま。

75 メヘターは，チッフラインなどのビルマ・ナショナリストと親交を結んでおり，思想的影響を与えた。Mahajani, *The Role of Indian Minorities in Burma and Malaya*, pp. 34–35.

76 *Port Vaccination Committee Report*, pp. 1–4.

77 *Ibid*., p. 74.

78 *Ibid*., pp. 73–74.

79 *Ibid*., p. 74.

80 *Ibid*., pp. 74–81. 引用箇所は，それぞれ75頁と74頁。

81 *Ibid*., pp. 85–86.

82 *Ibid*., p. 152.

83 *Ibid*., p. iv.

84 *Ibid*., p. 5.

85 *Ibid*., p. 10.

86 *Burma Code*, p. 528.

87 *Port Vaccination Committee Report*, p. 5.

88 *Ibid*.

89 サンジョイ・バッタチャルヤらによれば，こうした再種痘の必要性に関する認識の変化は，20世紀の最初の10年間に劇的に生じたという。Bhattacharya et al., *Fractured States*, p. 155.

90 *Port Vaccination Committee Report*, p. v.

91 *Ibid*., p. vi.

92 例えば，以下を参照。*Annual Report of the Health Officer for the City of Rangoon* (hereafter RHOR) 1925, p. 52; 1927, p. 15. ダラルは，第一次世界大戦中の任務でラングーンを離れていた時期を除き，1915年から10年間以上，同市の保健衛生部局に勤務していた。

93 翌年，変更なしで1928年種痘改正(改正)法として成立した。条文は以下を参照。*Burma Code*, pp. 1109–1110. 1928年法第３条の内容は，1909年法第９条の差し替

えであったが，差し替えられた新しい第９条では，旧第９条第２項が取り除かれて，第１項第１段落はつぎのように書き換えられた(下線は筆者による)。

船舶がラングーン港，もしくは政庁が通知によってこの法律のすべて，もしくは一部の条項を適用した他の港に到着した際，海港衛生監督官，もしくはその代わりに政庁によって特別に権限を付与された他の官吏は，適当と判断される場合，以下の条件の限りで，ビルマにやってくるという目的をもって乗船した，いかなる船客に対しても，種痘を受けるよう要求することができる。

(a) その船客が，自然に，もしくは人痘接種の結果として，天然痘に罹ったことのある形跡を示さない。あるいは，

(b) その船客が，ビルマへの到着から先立つこと７年以内に成功裏に種痘か再種痘を受けた証拠，もしくは，自分が種痘を受けつけないという証拠を，海港衛生監督官，もしくはその代わりに政庁によって特別に権限を付与された他の官吏が，申し分ないと考えるようなかたちで提示できない。

94 *Ibid.*, p. 1110.

95 1880年種痘法で，子どもに対する種痘の強制が認められていたとはいえ，同法で強制の対象となり得たのは，１カ月以上居住している者に限られており，渡航してきたばかりの者(例えば，移民労働者が連れ添った子どもなど)は対象外であった。したがって，1909年法で，14歳未満の子どもに対する種痘が言及されていなかったことは，同法の問題点として指摘されるところであった。*Port Vaccination Committee Report*, p. 5.

96 *Proceedings of the Legislative Council of the Governor of Burma* (PLCGB), 1927, vol. X, pp. 37-38.

97 *Ibid.*, p. 39.

98 ラングーン市保健衛生部長ダラルは，1928年種痘改正(改正)法に基づく，ラングーンでの子どもへの再種痘強制政策や海港での包括的種痘政策を英領インドではじめての措置だと自賛している。RHOR 1930, p. 44.

99 Royal Commission on Labour in India, *Burma*, part II, pp. 182-183.

100 *Ibid.*, p. 279.

第５章　都市空間の遠心力

1 Sarah Heminway Maxim, 'The Resemblance in External Appearance: The Colonial Project in Kuala Lumpur and Rangoon,' Ph.D. Dissertation, Cornell University, 1992.

2 Michael Adas, *The Burma Delta: Economic Development and Social Change on an Asian Rice Frontier, 1852-1941*, Madison: University of Wisconsin Press, 1974, Ch. 8.

3 原語は reclamation であり，水域の埋立や低湿地での盛土によって，自然排水が可能な土地を造成することを指す。以後，原則として，この reclamation を「埋立」と訳出する。

4 Bertie Reginald Pearn, *A History of Rangoon*, Rangoon: American Baptist Mis-

sion Press, 1939, p. 206.

5 *Report on the Administration of Burma* (hereafter RAB) 1893, p. 30.

6 I. G. Lloyd, *The Rangoon Town Lands Manual*, Rangoon: Office of the Superintendent, Govt. Printing, 1911, p. 32.

7 *Reports of the Suburban Development Committee Rangoon: and the Departmental Committee on Town Planning Burma with Resolution of the Local Government*, Rangoon: Office of the Superintendent, Government Printing, 1921 (hereafter *Suburban Development Committee Report*), p. 39.

8 RAB 1886, p. 19.

9 1896年に完了したブロックＪの埋立には12年間で総額348,682ルピーが費やされた。RAB 1896, p. 26. バーティ・パーンによれば，1885年度から90年度の５年間に埋立に充てられた費用は総額で20万ルピーにすぎず，１ブロックの埋立も完了しなかったという。Pearn, *A History of Rangoon*, p. 262. したがって，この期間はずっとブロックＪの埋立だけがなされていたと思われる。なお，ブロックの位置は，以下の地図から特定できる。W. S. Morrison, *Report on the Revision Settlement Operations in the Rangoon Town District, season 1911–12*, Rangoon: British Burma Press, 1913, Map No. 1.

10 Lloyd, *The Rangoon Town Lands Manual*, pp. 32–33.

11 RAB 1892, p. 60; Lloyd, *The Rangoon Town Lands Manual*, p. 34.

12 RAB 1902, p. 17; *Suburban Development Committee Report*, p. 39. なお，1897年にはランマドー地区の埋立計画が立てられるが，その計画案がインド中央政庁に却下されていた。RAB 1897, p. 27; 1898, p. 28; Pearn, *A History of Rangoon*, pp. 263, 274.

13 Shwe Zan Aung, *Report on the Enquiry regarding Rents of Government Land in Rangoon*, Rangoon: Office of the Superintendent Government Printing, 1910, p. 3; Pearn, *A History of Rangoon*, p. 275.

14 Lloyd, *The Rangoon Town Lands Manual*, p. 45.

15 Shwe Zan Aung, *Report on the Enquiry regarding Rents of Government Land in Rangoon*, p. 6. シュエザンアウンは，仏教学者としても高名であった。彼の履歴については以下を参照。*Who's Who in Burma: A Biographical Record of Prominent Residents of Burma with Photographs and Illustrations*, Calcutta; Rangoon: Indo-Burma Publishing Agency, 1927, p. 11.

16 *Suburban Development Committee Report*, p. 39; *Burma Gazette* (hereafter BG), 1919, part III, p. 192.

17 *Suburban Development Committee Report*, p. 91.

18 ラングーンと後背地を結ぶ道路・鉄道敷設については以下を参照。Shein, *Burma's Transport and Foreign Trade in Relations to the Economic and Development of the Country, 1885–1914*, Rangoon: Department of Economics, University of Rangoon, 1964. また，居住地域の拡大は市内交通の整備を促した。市内のトラム敷設についてはつぎの研究がある。Robert P. Sechler, *Electric traction in*

the Burmese capital: A history of the Rangoon Electric Tramway and Supply Company, Limited, Cypress, C.A., USA: Robert P. Sechler, 2000; Tilman Frasch, 'Tracks in the City: Technology, Mobility and Society in Colonial Rangoon and Singapore,' *Modern Asian Studies* 46(1), 2012, pp. 97-118.

19 史料中のスラムという語が指し示すものは，それが現われる文脈によって微妙に異なり，ときにランマドーを示唆していると思われるときもあるが，核心部がこれに含まれることはまずなかった。

20 *Suburban Development Committee Report*, p. 91.

21 ラングーン郊外の人口増加にともない財政負担の増加した，隣接するインセイン県が政庁に資金援助を申し出たことがきっかけであった。*Ibid.*, p. i.

22 *Ibid.*, p. 3.

23 *Ibid.*, pp. v-vi, 3-4, 6-12, 46.

24 *Ibid.*, p. 4.

25 *Ibid.*, p. 19.

26 *Ibid.*, p. 52. なお，ボンベイ改善トラストの模範的集合住宅チョウルの建設に関しては，以下を参照。A. R. Burnett-Hurst, *Labour and Housing in Bombay: A Study in the Economic Conditions of the Wage Earning Classes in Bombay*, London: P. S. King & Son, Ltd., 1925, pp. 19-34.

27 *Suburban Development Committee Report*, pp. 19-20.

28 *Ibid.*, p. 64.

29 *Ibid.*, pp. 43-49.

30 この委員会は財務長官を議長として，５人の植民地官僚から構成された。*Ibid.*, pp. 75-77.

31 *Ibid.*, p. 83. イギリスの1909年住居都市計画法，インドの1898年ボンベイ改善トラスト法，1911年カルカッタ改善トラスト法，1915年ボンベイ都市計画法が参照された。

32 *Suburban Development Committee Report*, p. 89. なお，これらの先行する英領インドの改善トラストについて，貧困層への住宅供給という社会的目的が置き去りにされたまま，スラムの粉砕と撲滅が自己目的化してしまったという指摘がある。Meller, H. E., 'Urbanization and the Introduction of Modern Town Planning Ideas in India, 1900-1925,' in K. N. Chaudhuri and Clive J. Dewey (eds.), *Economy and Society: Essays in Indian Economic and Social History*, Delhi: Oxford University Press, 1979, pp. 335-336. しかし，ボンベイでは，トラストによる土地集積が地主層や市政との対立を引き起こし，第一次世界大戦期に労働者の収容にもより大きな関心が払われるようになったという。Hazareesingh, Sandip, *The Colonial City and the Challenge of Modernity: Urban Hegemonies and Civic Contestations in Bombay City, 1900-1925*, Hyderabad: Orient Longman, 2007, pp. 26-53. いずれにせよこれらの個別の活動はスコットのいう都市改善の部類に属する。これに対し，マドラスでは1910年代中盤以降，都市計画家パトリック・ゲデスとヘンリー・ランチェスターの影響を受け，都市の破壊を最小限に抑え，インドの伝

統に配慮を示した都市計画が試みられた。Susan Lewandowski, 'Urban Planning in the Asia Port City: Madras, an Overview, 1920-1970,' *South Asia. New Series: Journal of South Asian Studies* 2(1), 1979, pp. 33-37; ロバート・ホーム，布野修司・安藤正雄監訳，アジア都市建築研究会訳『植えつけられた都市——英国植民都市の形成』京都大学学術出版会，2001年，233-235, 279-280頁。

33 ビルマ都市計画法案草稿第３条および第６条。*Suburban Development Committee Report*, pp. 101-103. ゾーニング規定の第６条は，ボンベイ都市計画法第３条から若干の変更を加えて転用されたが，その後，さらに若干の変更を加えて，のちの1921年ラングーン開発トラスト法第41条になる。BG, 1919, part III, p. 467; *The Burma Code*, 6th edition, Rangoon: Superintendent, Government Printing and Stationery, 1934 (hereafter *Burma Code*), p. 629.

34 *Suburban Development Committee Report*, pp. 117-118.

35 構成は財務長官を議長として，ペグー管区長官，立法参事会の選挙で選ばれた議員１人，ラングーン市政委員会から市長とその他２人，ビルマ商業会議所，ラングーン商業協会，ラングーン納税者協会，ラングーン港湾局の代表各１人，ビルマ鉄道の推薦者１人，『ラングーン・ガゼット』と『ラングーン・タイムズ』の編集者が各１人，ビルマ衛生局長，ビルマ工場視察官，政庁顧問建築家，インセイン県長官，ラングーン行政技官のほか，委員会に付属する書記として政庁の官吏が１人というものであった。*Ibid.*, p. iii. この委員会の報告に対する政庁の決議は以下に記載されている。BG, 1917, part III, pp. 933-940.

36 開発トラスト法案に関する立法参事会での議事は，1919年８月21日にはじめておこなわれた。BG, 1919, part III, pp. 190-199. そこで決議された同法案に関する選抜委員会での検討の結果，提出された報告および修正後の法案は12月20日付の官報にみられる。BG, 1919, part III, pp. 453-481. 翌1920年３月13日の立法参事会では最終的な法案が通過した。BG, 1920, part III, pp. 56-61. 土地取得に関する規定は，第33条および第34条。

37 発足当時のメンバーについては1921年１月26日の Notification of Municipal and Local Department No. 25および３月19日の No. 101(CORRIGEUM)を参照。BG, 1921, part I, pp. 102, 248.

38 BG, 1919, part III, p. 192.

39 *Ibid.*, part III, p. 193.

40 1916年の郊外開発委員会報告の記述。*Suburban Development Committee Report*, p. 16.

41 法案の起草は英系インド人議員のチャールズ・カンパニャクがおこなった。その経緯についての回想に以下がある。Charles Haswell Campagnac, *The Autobiography of a Wanderer in England & Burma: The Memoirs of a Former Mayor of Rangoon*, Raleigh, N.C.: LuLu Press, 2010, pp. 181-188.

42 BG, 1920, part III, p. 18.

43 *Ibid.*, p. 20. ここでの「家賃」の原語は rent であるが，「賃料」では漠然としすぎるため，便宜的に「家賃」と訳した。

44 *Ibid*., p. 44.

45 *Ibid*., p. 23.

46 *Ibid*., p. 42.

47 *Report of the Rangoon Development Trust*（hereafter RRDT）1921-22, p. 16.

48 *Ibid*., p. 1.

49 RAB 1922, p. 18.

50 家賃法第１条第２項。BG, 1920, part III, p. 84.

51 RAB 1923, p. 16; 1924, p. 11.

52 ラングーン社会奉仕連盟は，第４章で述べたように，1917年にP. J. メヘターによって設立されたインド人労働者のための権利擁護団体である。調査報告の末尾には６人のサインがなされ，うち５人がヨーロッパ人で，１人がインド人である。調査結果は「ラングーンにおける住宅状況に関する報告」と題され，公衆衛生委員会報告書の巻末に添付されている。*Report on the Public Health of Rangoon*, Rangoon: Superintendent, Government Printing and Stationery, 1927, vol. I, pp. 84-90. 労働者集合住宅の惨状を告発した社会奉仕連盟調査報告の波紋は大きく，このあと，さまざまな著者や政庁の調査委員会が引用している（第４章註９の文献参照）。なお，長年にわたりラングーン移民保護官補を務めたE. J. L. アンドリューはこの団体の一員であり，報告書作成のための査察に参加していた。E. J. L. Andrew, *Indian Labour in Rangoon*, London, Oxford University Press, 1933, p. 170.

53 *Report on the Public Health of Rangoon*, vol. I, p. 85.

54 *Ibid*., p. 36.

55 Statement from Dr. A. D. Spence, M.B., Medical Practitioner, Rangoon, in *Report on the Public Health of Rangoon*, vol. I, pp. 73-74.

56 *Ibid*., p. 74.

57 H. H. Wilson, *A Glossary of Judicial and Revenue Terms: and of Useful Words occurring in Official Documents relating to the Administration of the Government of British India, from the Arabic, Persian, Hindustani, Sanskrit, Hindi, Bengali, Uriya, Marathi, Guzarathi, Telugu, Karnata, Tamil, Malayalam, and Other Languages*, London: W.H. Allen and Co., 1855, p. 390.

58 家賃法は1926年12月31日をもって失効する。同年のラングーン公衆衛生委員会では，家賃統制の廃止は過密をさらに促進するおそれがあると考えられた。*Report on the Public Health of Rangoon*, vol. I, p. 36.

59 『トゥーリヤ』紙については，以下を参照。Thân Wîn Hlâin, *Ahni' hcou' Myanma Thamâin Abìdan*, Yangoun: Pinnyashweitaun, 2010, pp. 529-530; Hbà Thân, 'Myanma Nainngan Thatînsa Thamâin,' in *Sanezîn Thamâin Satânmyâ*, vol. 1, Yangoun: Sapêibei'man, 1975, p. 49; 堀田桂子「ビルマにおける近代小説の登場――novel と vatthu のはざま」『東南アジア―歴史と文化』16，1987年，104頁。創刊以来，フラペーが経営者兼編集長であったが，彼は1920年にその職を辞した。後任の編集長が誰であったかは確認がとれていない。バペーとフラペーについて

は以下を参照。*Who's Who in Burma*, pp. 176, 179.

60 *Statement of Newspapers and Periodicals Published in the Province of Burma* 1926, pp. 12-13. なお，この時期のラングーン仏教徒の識字率は61％であった。Census 1921, Imperial Table VIII B.

61 *Thurìyà* 1920/1/22.

62 *Thurìyà* 1921/1/26.

63 *Thurìyà* 1920/4/6. 良識ある人たち(lugyî-lugâun)は，英語の respectable people の訳語か。

64 *Ibid.*

65 *Thurìyà* 1920/4/6. このような認識は２日後の社説「ビルマのテルグ人クーリーと労働」でも繰り返される。*Thurìyà* 1920/4/8. このようなインド人移民労働者に対する蔑視をも含んだ厳しい非難が，いつごろから公然と『トゥーリヤ』紙上でなされるようになるかは不明である。しかし，1917年の時点での社説記事の論調をみると，インド人移民労働者が名指しで非難されることはなく，むしろ，彼らの勤勉な態度がビルマ人を啓蒙するための鑑として言及されることが多いように感じられる。1917年と20年のあいだの変化が，『トゥーリヤ』の編集長の交替によるものなのか，社会全体の思潮の変化であるのかは，本書での考察の対象外とせざるをえない。今後の課題としたい。

66 発足以前の開発トラストに対する批判は，発足直前の1921年１月26日に公示された理事会の構成に対する，当日の社説の批判のみである。14人の理事のなかで，ビルマ人２人，インド人１人を除いた全員がヨーロッパ人であることが批判された。*Thurìyà* 1921/1/26.

67 *Thurìyà* 1922/5/17.

68 *Ibid.* 原語の myeihngâgun は，逐語訳すれば「借地税」となる。実態は官有地における借地契約に基づく借地料(rent)である。以下，引用文中では，原語の語感を残して「地税」と訳し，それ以外では「地代」とする。

69 *Ibid.*

70 *Ibid.*

71 *Thurìyà* 1922/10/12.

72 *Ibid.*

73 *Ibid.*

74 *Thurìyà* 1922/11/10. ラングーン生まれのインド人有力者 N. M. カーワージーはラングーンの地主権益の代表者で，ビルマ・インド人協会会長，ラングーン地主協会会長，納税者協会会長，ラングーン開発トラスト理事を歴任した。*Who's Who in Burma*, p. 44.

75 *Thurìyà* 1922/11/10.

76 *Ibid.*

77 *Report on the Public Health of Rangoon*, vol. I, p. 48.

78 ただし，1855年のグロッサリーでは，バスティ(basti ないし bustee)の第一義は，「村，町，人の住む場所」とされ，スラムのような否定的な意味は含まれていな

い。Wilson, *A Glossary of Judicial and Revenue Terms*, p. 66.

79 Note on the Work of the Rangoon Development Trust in Rangoon, from the sanitary point of view, *Report on the Public Health of Rangoon*, vol. I, pp. 110-112.

80 *Ibid.*

81 *Ibid.*, p. 112. チンビェについては位置の確認をとれなかったが，オボとハイフンでつなげられて一緒にあらわれているので，その周辺に位置していると考えられる。

82 *Narayana Rao, Contract Labour in Burma*, Madras: Current Thought Press, 1930, p. 102. ラオは1923〜25年と1926〜28年の２期にわたり，立法参事会議員を務め，インド人労働者を擁護する立場にある人物だが，ここでは出稼ぎ労働者ではなく定着的な住民に言及している。

83 インド人労働者に対して繰り返された人種主義的批判は，例えば，1925年の社説「ラングーンの公衆衛生」を参照。*Thuriyà* 1925/10/16. 地主については，1926年以来，家賃法の廃止や復活がラングーンの選挙区における選挙戦の争点となると，紙面上でしばしばインド人地主批判が展開されるようになる。例えば，以下の社説記事を参照。*Thuriyà* 1928/10/31; 1929/5/21.

84 Report of the Rangoon Riots Enquiry Committee, Extracts from the Proceedings of the Government of Burma, Home and Political Department, No. 189-C30, dated the 11th August, 1930. ただし，原資料をイギリスやビルマの文書館で発見できなかったため，ここでは，同時代のラングーン港移民保護官補の著書に巻末付録として掲載されたものを参照。Andrew, *Indian Labour in Rangoon*, pp. 279-292.

85 *Ibid.*, p. 285. この事件を目撃したラングーン県治安判事コリスの回想録にも，郊外から都市中心部へビルマ人が流入してきたという記述がみられる。Maurice Collis, *Trials in Burma*, New edition, London, Faber and Faber Limited, 1945 (1937), pp. 141, 147.

終章　居座る境界

1 ラングーンの近代経験は，混成的な社会が長い時間をかけて醸成されてきた東南アジアの伝統的港市や近世植民地都市のそれとは異なっていたように思える。後者については，例えば，蘭領東インド（インドネシア）の社会統合・文化統合の核として，バタヴィア（ジャカルタ）のメスティーソ社会を論じた以下の著作がある。土屋健治『カルティニの風景』めこん，1991年，67-74，111-128頁。また，「内」と「外」の媒介者に着目し，東南アジア港市の融通性を通時的に描き出した以下の研究も参照。弘末雅士『東南アジアの港市世界——地域社会の形成と世界秩序』岩波書店，2004年。

2 植民地期の少数民族の民族形成史を扱う研究には，例えば以下のものがある。Mandy Sadan, 'Constructing and Contesting the Category "Kachin" in the Colonial and Post-Colonial Burmese State,' in Mikael Gravers (ed.), *Exploring Ethnic Diversity in Burma*, Copenhagen, NIAS Press, 2007, pp. 34-76; 池田一人「ビル

マにおけるカレンの民族意識と民族運動の形成」東京大学大学院提出博士論文, 2008年。マンダラ国家論を提唱したO. W. ウォルタースは, グローバル経済の時代におけるマンダラ的状況の再浮上を示唆し, これをネオ・マンダラの時代と呼んだ。O. W. Wolters, *History, Culture, and Region in Southeast Asian Perspectives,* Revised Edition, Ithaca, Southeast Asia Program, Cornell University, 1999, pp. 219–221.

3 ビルマ州の境界形成が, 英領インドのほかの境界形成(例えば, ベンガル分割)などと比べてどのような特殊性をもっていたのかは, 本書では掘り下げることができなかった。また, 英領インドの外の他地域についても, 国家機構による境界管理に焦点を合わせ, 個々の国民国家の包摂と排除の論理をあぶりだしてゆく研究が進められているが, 比較史的視野のなかでビルマの事例を位置づける作業は, 今後の課題としたい。後者については, 例えば, 以下を参照。貴堂嘉之『アメリカ合衆国と中国人移民――歴史のなかの「移民国家」アメリカ』名古屋大学出版会, 2012年；Bashford, Alison, *Imperial Hygiene: A Critical History of Colonialism, Nationalism, and Public Health,* New York: Palgrave Macmillan, 2004; 貴志俊彦編『近代アジアの自画像と他者――地域社会と「外国人」問題』京都大学学術出版会, 2011年。

4 筆者の『トゥーリヤ』紙の概観的サーヴェイによる印象。また, ビルマ人ナショナリストが土着少数民族の存在を意識せざるをえなくなるのは独立が間近に迫ってからだったとの指摘もある。根本敬『アウン・サン――封印された独立ビルマの夢』岩波書店, 1996年, 166–169頁。

5 ビルマ・ナショナリズムの展開に着目する代表的政治史研究には以下のものがある。John Frank Cady, *A History of Modern Burma,* 2nd ed., Ithaca, Cornell University Press, 1958; Albert D. Moscotti, *British Policy and the Nationalist Movement in Burma, 1917–1937,* Honolulu, University Press of Hawai'i, 1974; Robert T. Taylor, 'The Relationship between Burmese Social Classes and British-Indian Policy on the Behavior of the Burmese Political Elite, 1937–1942,' Ph.D. dissertation, Cornell University, 1974; 根本敬『抵抗と協力のはざま――近代ビルマ史のなかのイギリスと日本』岩波書店, 2010年。しかし, ビルマ語文献の渉猟と読解を通じて, ビルマ・ナショナリズムの思想潮流を描き出すような研究の数は限られている。池田一人の博士論文は, 近代のビルマ語圏において, 民族の優劣を決める基準が王統や仏教信仰の有無にあったことを論じていて示唆に富む。池田「ビルマにおけるカレンの民族意識と民族運動の形成」。

6 独立ビルマの民族政策一般については, 以下を参照。伊東利勝編『ミャンマー概説』めこん, 2011年；高谷紀夫『ビルマの民族表象――文化人類学の視座から』法蔵館, 2008年。とくに, 土着人種と外来人種の制度的区別については, つぎを参照。Robert T. Taylor, 'The Legal Status of Indians in Contemporary Burma,' in K. S. Sandhu and A. Mani (eds.), *Indian Communities in Southeast Asia,* Singapore: Times Academic Press; Institute of Southeast Asian Studies, 1993, pp. 666–682; 高谷『ビルマの民族表象』, 214–249頁；斎藤紋子「「バマー・ムス

リム」という生き方――ビルマ政府の国民概念とムスリム住民の生存戦略」東京外国語大学提出博士論文，2008年，28-46頁。

7 例えば，外来人種とみなされた人びとは，公務員に就けないとか大学入学資格をあたえられないとかいうことが報告されている。とくに国内のムスリムに対する風当たりは厳しく，イスラームを信仰している事実から，外来人種に属すると判断され，国民成員資格を制限されたり認められなかったりする事態が生じている。斎藤紋子「「バマー・ムスリム」という生き方」，47-87頁。

8 例えば，1950年代の国軍発行雑誌にみえる排外主義について，以下を参照。Bo Bo, 'Raising Xenophobic Socialism against a Communist Threat: Re-Reading the Lines of an Army Propaganda Magazine in 1950s Burma,' in Tony Day and Maya H. T. Liem (eds.), *Cultures at War: The Cold War and Cultural Expression in Southeast Asia*, Ithaca: Cornell University Press, 2010, pp. 171-194.

9 1920～30年代頃から，自民族の歴史を書物に書き著す民族集団が現われたことは興味深い。池田一人「ビルマ植民地期末期における仏教徒カレンの歴史叙述――『カイン王統史』と『クゥイン御年代記』の主張と論理」『東洋文化研究所紀要』156，2009年，359-430頁；斎藤紋子「ミャンマーにおける「バマー・ムスリム」概念の形成――1930年代ナショナリズム高揚期を中心に」『東南アジア―歴史と文化』41，2012年，5-29頁。

10 ビルマ民族化政策が，とくに1990年代以降，積極的に展開されるようになったことは以下で指摘されている。高谷『ビルマの民族表象』，242-249頁。これに関連して，ビルマ政府の言語政策と，公定の歴史教育において少数民族の存在が周縁化されていく過程については，それぞれ以下の研究がある。Mary P. Callahan, 'Language Policy in Modern Burma: Fashioning an Official Language, Marginalizing All Others,' in Michael E. Brown and Sumit Ganguly (eds.), *Fighting Words: Language Policy and Ethnic Relations in Asia*, Cambridge: MIT Press, 2003, pp. 143-175; Nicolas Salem-Gervais and Rosalie Metro, 'A Textbook Case of Nation-Building: The Evolution of History Curricula in Myanmar,' *The Journal of Burma Studies* 16(1), 2012, pp. 27-78.